홈 비즈니스 가이드

집에서 신나게 돈벌자

헬렌 크라이시즈 지음·김 희 정 옮김

한국경제신문사

고마운 사람들

나는 이 책을 위해 경험과 지식을 나눌 수 있도록 시간을 기꺼이, 그리고 너그러이 투자해 준 모든 사람들과 홈 비즈니스 기업가들에게 감사드리고 싶다. 그들이 들려 준 말과 지혜는 대단히 유용한 것이었으며, 일에 대한 헌신과 몰두에 대해 경의를 표하는 바이다. 또한 끊임없는 인내로 항상 낙천적인 자세를 유지하면서, 틀에 얽매이지 않는 생각으로 나를 도와 준 에이전트인 마가렛 코넬리에게도 감사의 인사를 전한다. 그녀는 재택근무와 가정생활을 결합하는 능력을 스스로 보여 줌으로써 내게 참으로 많은 영감을 주었다.

142쪽에 나와 있는 팩스 용지를 베껴 쓰도록 해 준 앤드류 매튜와 책 전반에 걸쳐 나오는 만화를 그려 준 앤드류 웰든에게도 감사를 드리고 싶다.

내가 이 책을 쓴 목적은 도덕적인 뒷받침과 함께 실질적인 지침을 제공하는 뭔가를 만들어 내기 위해서였다.

오래 전 내가 홈 비즈니스를 구상하고 있었을 때 읽고 싶어했던 바로 그 책인 셈이다. 말이 안 되는 정보는 하나도 없고, 실질적인 조언과 홈 비즈니스 사업자들이 스스로 알아 낸 생생한 지식들의 예를 보여 주는 그런 책 말이다.

　이 책을 써 나가는 동안, 나는 호주에서 가장 열심히 일하고 있으며 가장 성공을 거두고 있는 몇몇 작은 사업들의 배경에는 독창력, 결단력 그리고 어떤 원동력이 있다는 것을 발견했다. 이러한 과정은 내게 아주 매혹적이고 자극적이며, 보람 있고 기운을 북돋아 주는 독특한 경험이었다. 나는 이러한 것들을 독자들도 함께 나눌 수 있기를 바라고 있다.

　모든 정보는 이 책이 인쇄되는 시점에 맞추어져 있다. 충분한 확신을 가지고 쓰긴 했지만, 출판사와 저자는 이 책에 제공된 정보를 이용함으로써 일어나는 그 어떤 불리한 효과에 대해서는 책임이 없다.

책머리에

　　오늘날 기술은 우리에게 마음에 드는 작업환경을 고를 수 있는 선택권과 융통성 있는 업무 토대를 갖출 기회를 가져다 주었다. 집에서 일하는 것은 1990년대에 유행하는 하나의 큰 직업적인 추세이다. 여러분도 스스로가 사장이 됨으로써 작업의 형태와 구조를 조절할 수 있다.

　　혼자서 일하는 것이 단순히 가족들과 더 많은 시간을 함께 보내기에 충분한 수입을 얻기 위해서이든, 아니면 좀더 효과적이고 완벽하게 일하기 위해 시내에 있는 본부와 홈 비즈니스 사무실을 연결시키려는 것이든 간에 여러분은 작업의 내용, 의미, 그리고 목적까지도 창조해 낼 수 있다.

　　나는 이 글을 정기적인 테니스 게임을 하러 떠나기 전인 목요일 아침에 내 책상에 앉아 쓰고 있다. 집에 있는 내 사무실의 창문으로 조용한 거리에 접한 커다란 정원이 내려다보이며 편안한 풍경이 펼쳐지고 있다.

　교통대란 속으로의 질주, 위압적인 상사, 엄격한 업무시간, 지루하고 시간낭비일 뿐인 회의는 나한테는 해당되는 사항이 아니다. 언제 어떻게 일할 것인지는 내 스스로가 통제하고 조율할 수 있다. 내가 원할 때 일하고 쉴 수 있으며 저녁에 시간을 낼 수 있느냐 없느냐도 나한테 달렸다. 나는 더 적은 불만과 더 많은 만족으로 더 많이 성취해 낸다. 그리고 더 행복하다고 느끼고 훨씬 더 생산적이며, 내 자신의 삶과 운명을 내 손에 거머쥐고 있다. 내게 동참해 보라.

차 례

제 1 장

새로운 생활로의 유혹

찰리(Chalie)와 케이 로스(Kaye Ross)는 자기 집에서 수력학 사업을 운영하고 있기 때문에 아이들과 더 많은 시간을 함께 보낼 수가 있다. 그들은 아이들이 학교에서 돌아올 때쯤 언제나 집에 있다. '수력학에 살고 수력학에 숨쉬는' 남자인 찰리에게 있어 온종일 일과 가까이 있을 수 있다는 것은 완벽하게 만족스러운 일이다.

"이게 내 삶이자 취미입니다"라고 그는 말한다. 사업상의 동반자이자 인간적으로도 잘 어울리는 로스 부부는 이러한 환경 속에서 스트레스도 줄일 수가 있었다. "이제 우리는 늘 함께 있기 때문에 말다툼하는 일이 적어졌어요." 케이는 말한다. "우리는 7세부터 18세에 이르는 아이가 다섯이나 있습니다. 이런 방법이 아니었다면, 나는 내일을 한다는 건 꿈도 꾸지 못했을 거예요."

로저 폰테인(Roger Fountain)은 오후 늦게쯤 일이 잠시 한가해지는데, 그럴 때면 뉴사우스웨일즈(NSW)의 바이런 베이(Byron Bay)에 가서 파도를 타곤 한다. 오후에 한가로이 시간을 보낸다고 해서 아직까지 사업의 기회를 놓쳤던 적은 없다. 왜냐하면, 팩스가 밤 10시나 아침 7시에 도착하더라도 즉시 다른 주나 외국으로 회답해 줄수 있기 때문이다. 유지종자(oil seed) 전문회사의 세 관리자 중 한사람인 폰테인—나머지 두 사람은 다른 지역에 있다—은 언제나 쉽게 연락될 수 있어야 한다. 그래서 핸드폰과 모뎀을 갖춘 컴퓨터는 그에게 빼놓을 수 없는 필수품이 되었다. 현대기술은 그에게 출퇴근하는 데만 하루에 몇 시간씩을 허비해야만 했던 시드니에서의 미칠듯한 삶으로부터 벗어나 삶의 질에 집중할 수 있게 해 주었다.

이런 몇 사람들은 자신의 선택이나 필요에 의해 홈 비즈니스라는 이 세계적인 추세에 발맞추고 있는 호주 사람들 중 일부일 뿐이다. 그리고 그 수는 점점 늘고 있다. 그들은 이런 고용형태가 제공하는 자유와 융통성을 만끽하고 있다.

전세계적으로 소모적이고 시끄럽기 짝이 없는 사무실에서 하던 일을 집 중심의 직업으로 바꾼 사람들의 수는 점점 늘고 있다. 그리고 그것은 1990년대의 일반적인 경향이 되었다. 게다가 기술은 진보한데다 가격은 오히려 내려가서, 누구나 쉽게 장비들을 사용할 수 있게 되었다.

그들은 부대비용을 더 적게 들이고 길에서 허비하는 시간은 줄인반면, 늘어난 수입과 직업적 만족, 그리고 개인적 행복과 일할 의욕은 훨씬 많이 가지고 살아간다. 그렇다고 이들이 단지 구멍가게만한 사업만을 경영한다고 생각하면 오산이다. 어떤 이들은 1년 매상고가 수백만 달러에 이른다. 1주일에 하루나 이틀쯤 집에서 일하는 큰 회사의 근로자들은 온전히 사무실에서 일하는 사람들보다 훨씬 행복하고 효과적이며, 생산적이다.

자, 그렇다면 여러분은 무엇을 기다리는가?

정신 없는 생활과 사무실 정책, 그리고 긴 회의에서 벗어나고 싶다면 또는 단순히 사장이 돼서 자신의 상품을 개발하고 싶다면, 홈 비즈니스야말로 그 방법과 기회를 모두 제공해 줄 것이다.

우선 해야 할 일

자, 이제 당신은 이 매력적인 제안에 따라 집에서 혼자 일하기로 결심했다. 우선 다음 문제들을 생각해 보아야 한다. '정말 할 수 있겠는가?' '당신은 필요한 것들을 갖추고 있는가?' '당신은 그런 형태의 일과 생활방식에 어울리는 사람인가?'

당신이 무엇을, 어떻게, 그리고 왜 하려고 하는지 살피기 전에 다음의 중요한 질문들에 답해 보라.

집에서 일하는 게 적성에 맞는가?

1. 혼자 일하거나 한 사람 정도와 같이 일하는 것이 좋은가?
   a. 아니오.
   b. 가끔은 좋지만 그래도 사회적 접촉이 필요하다.
   c. 예.

2. 당신은 조직화가 잘 된 사람인가?

  a. 웬만큼은 돼 있고, 더 나아질 수도 있다.

  b. 아니, 모든 게 언제나 엉망진창이다.

  c. 조직화, 그게 바로 나다!

3. 현실적인 결승점을 정하고, 그것을 이루기 위해 일하는가?

  a. 물론이다. 그렇지 않다면 내가 뭘 할 수 있겠나?

  b. 보통 그렇게 한다.

  c. 결승점이라고? 나는 스포츠 경기를 하는 것이 아니다.

4. 얼마나 자주 목표를 달성하는가?

  a. 대부분 그렇다.

  b. 항상 그렇다.

  c. 그런 적이 없다.

5. 당신의 일과 관련된 모든 것을 할 준비가 돼 있는가?

  a. 아니다.

  b. 아마 할 수 있을 것이다. 안 되면 다른 사람을 고용할 수도
     있다.

  c. 물론이다. 지금이라도 할 수 있다.

6. 당신 자신이 사장이 된다는 생각에 가슴이 부푸는가?

  a. 두말하면 잔소리다.

  b. 아니다. 일이 잘못되었을 때 탓을 하거나 책임을 돌릴 사람
     이 없지 않은가?

c. 글쎄, 생각해 보겠다.

7. 의욕을 가지고, 자신을 통제하며, 끈기를 가질 수 있겠는가?

  a. 오, 어떻게 알았는가?

  b. 아마 기분이 좋은 날은 그럴 거다.

  c. 내 신조는 '내일 할 수 있는 일은 오늘 하지 말자'이다.

8. 계속되는 감독 아래서 일할 필요를 느끼는가?

  a. 때때로 그렇다. 그러나 혼자 일하는 데 곧 익숙해질 것이다.

  b. 아니다. 동료들로부터 칭찬이나 격려를 받을 때는 고맙지만.

  c. 그렇다. 그것이 내게 자신감과 자부심을 느끼게 한다.

9. 최소한 처음에는 더 오랜 시간 동안 일하고 수입은 더 적어질지도 모른다는 전망이 당신을 머뭇거리게 하는가?

  a. 아니다. 내게는 목표가 있다.

  b. 아마 그런 것 같다. 그러나 나는 처음부터 그 정도는 알고 있었고, 내게는 추진력과 야망이 있다.

  c. 일은 많고 수입은 적다고? 고맙지만 지금 내가 하고 있는 일도 괜찮은 것 같다.

10. 당신은 쉽게 실망하는가? 다른 사람들이 당신을 끊임없이 안심시켜 줘야 하는가?

  a. 둘다 아니다. 나는 독립적이고 혼자서 시작할 수 있다.

  b. 그렇다. 그리고 두 번째 질문에 대해서는 더더욱 그렇다.

c. 때로는 그렇다. 하지만 나는 새롭게 도전할 목표를 찾고 있다.

당신의 점수는 몇 점인가?

1.   a) 1   b) 2   c) 3
2.   a) 2   b) 1   c) 3
3.   a) 3   b) 2   c) 1
4.   a) 2   b) 3   c) 1
5.   a) 1   b) 2   c) 3
6.   a) 3   b) 1   c) 3
7.   a) 3   b) 1   c) 1
8.   a) 2   b) 3   c) 1
9.   a) 3   b) 2   c) 1
10.   a) 3   b) 1   c) 2

21점과 30점 사이

뭘 기다리고 있는가? 당신은 홈 비즈니스 기업을 차리고 싶은 욕구도 있고 적성도 맞다. 이 책을 읽고 어떻게 해야 하는지 배워라.

11점과 20점 사이

당신은 가능성에 대해 심사 숙고하고 있다. 손익을 저울질하고 있는 중이다. 당신은 온전히 마음을 결정하지는 못했지만, 새로운 전망에 대해서는 마음이 열려 있다. 이 책을 한 번 읽어 보고 좀더 배워 보라.

1점과 10점 사이

결국 현재의 일이나 환경도 괜찮지 않은가? 당신은 홈 비즈니스 기업을 차리는 데 적당한 사람은 아니다. 아직은 말이다.

그러나 생각 자체를 포기하지는 말라. 짐 펜맨(Jim Penman)도 언젠가 "기업가로서의 자질이 있는가?" 하는 경제잡지 퀴즈를 풀어 본 적이 있다. 그는 철저하게 공격당했고, 그렇게 낮은 점수라면 안전하고 보장된 지금의 직업에 꽉 눌러 있으라는 충고를 들었다. 이에 그는 호쾌한 웃음으로 받아넘겼다. 그 당시 〈비즈니스 리뷰 위클리(Business Review Weekly)〉지는 짐이 집에서 시작했던 기업을 〈짐즈 모우윙(Jim's Mowing)〉사라고 불렀고, 이 업체야말로 호주에서 가장 빨리 성장하는 기업 중의 하나로 꼽았다. 명예롭게도 210개나 되는 잔디깎기 가맹점을 확보하고 있었기 때문이다! 그러니 용기를 내서 계속 읽어 보라. 그리고 다른 사람들이 어떻게 성공했는지 알아내라.

퀴즈와 리스트는 단순히 가이드일 뿐이다. 기술은 습득될 수 있다. 시간을 조금 들이면 당신의 인간성과 성격마저 바꿀 수 있다. 그러나 당신이 갖는 목표에 대해 의욕이 충분하고 지식이 넉넉하며 현실적인 자세를 가진다면, 그리고 무엇보다도 성공하기로 굳게 마음먹었다면 굉장한 일들을 이룰 수 있을 것이다. 미국 대통령 캘빈 쿨리지의 말 중에 이런 것이 있다.

이 세상에 끈기의 자리를 대신할 수 있는 것은 아무것도 없다.

재능도 아니다; 재능이 있으면서 실패한 사람보다 더 흔한 것은 없다.

교육도 아니다; 세상은 교육받은 낙오자들로 가득차 있다.

천재성도 아니다; 보상받지 못한 천재성의 이야기는 너무나 흔하다.
끈기와 굳은 결심만이 전지전능하다.

'밀어붙이라'는 표어는 인류의 문제들을 해결해 왔고, 앞으로도 언제나 해결해 줄 것이다.

어쩌면 가수인 배트 미들러(Bette Midler)의 철학이 더 마음에 들지도 모르겠다. 그녀는 늘 이렇게 주장했다. "영리하거나 잘 생기거나 환상적일 필요는 없다. 당신에게 필요한 것은 오직 열광적이 되는 것이다."

여러 수치들

적어도 호주 전체 노동인구의 4%에 이르는 40만명이 최신형 컴퓨터와 팩스, 그리고 전화를 이용하여 홈 비즈니스 사무실에서 일하고 있는 것으로 추정된다. 〈아시아태평양전산망협회〉의 아드리안 린치(Adrian Lynch)에 따르면, 그 수는 해마다 15~17%씩 늘고 있다고 한다. 1996년에 개인용 컴퓨터를 가장 많이 구입한 곳은 큰 회사가 아니라 홈 비즈니스 기업들이었다는 것이 그 사실을 반영하고 있다고 그는 말한다.

〈텔스트라(Telstra)〉사는 기술의 빠른 진보 덕분에 10년 안에 호주인 4명 중 1명은 집에서 일하게 될 거라고 예측했다. 고용주들은 10억달러에 이르는 생산력 향상을 얻게 될 것이고, 사회는 교통 혼잡, 소음, 그리고 환경오염이 줄어듦으로써 5억달러를 아낄 수 있다.

최근 호주 통계국의 출판물인 〈1995년 9월, 집에 고용된 사람들〉

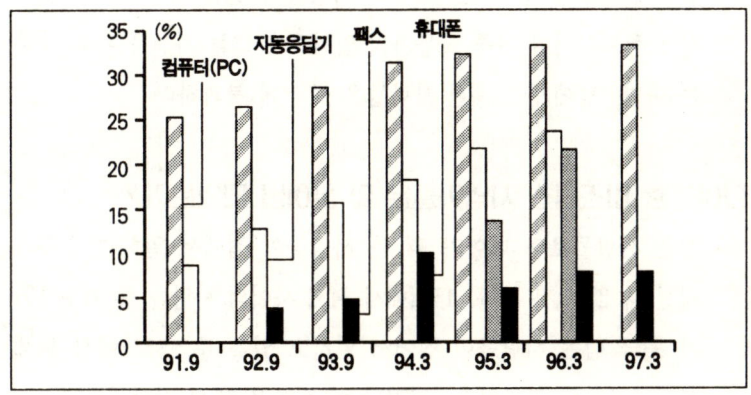

〈도표1〉　　　**컴퓨터(PC)/자동응답기/휴대폰/팩스의 가구당 보유비율**
　　　　　　(호주, 1991-1996)

이 화제가 되고 있다. 농부, 농장 근로자, 농원 보조원들을 제외한 이 조사에서는 집에서 일하는 형식으로 고용된 사람을 '다른 곳보다 집에서 더 많은 시간을 일하는 사람'이라고 정의한다. 그런 사람들의 총 숫자는 34만 3,300명으로, 지난 1992년 3월의 조사때보다 11.5% 증가했음을 보여 준다. 비록 다른 곳과 집에서 동시에 일하는 사람들도 포함되어 있지만 말이다. 또 이 보고서는 210만명의 인구, 즉 호주 노동인구의 26%가 매주 얼마간은 집에서 일하고 있다는 데 주목했다. 여기 그 주요한 조사결과들이 있다.

얼마나 많은 호주인이 집에서 일하는가?

• 1995년 9월 현재, 15세 이상의 사람 중 약 830만명이 고용되어 있는 것으로 추정된다. 그들 중 4%가 집에서 일하고 있고, 26%

는 몇 시간 정도만 집에서 일한다.

자가 고용 - 자기 자신의 고용주 되기

- 집에서 일하는 형식으로 고용된 사람들의 절반 이상(52%)이 자립 노동자이거나 가족 노동자의 일원으로 그들 자신을 위해 일하는 반면, 남에게 고용된 사람들은 37%에 불과하다.

나이 - 홈 비즈니스 사업가들은 몇 살이나 되었는가?

- 젊은 사람들보다 나이가 꽤 든 사람들이 집에서 일하는 경우가 훨씬 더 많은 것 같다. 15세에서 24세 사이의 사람들 중 겨우 1%가 조금 넘는 사람들이 집에서 일하고 있을 뿐, 35세에서 44세 사이도 5%에 불과하다. 그러나 이 비율은 55세 이상에서 8%로 올라간다.

남성과 여성 - 어느 쪽이 더 많이 집에서 일하는가?

- 집에서 일하는 여성(23만 1,700명)은 남성(11만 2,600명)보다 훨씬 많다. 또 이들은 전체 고용여성의 64%에 이른다. 한편 집에서 일하는 남성은 전체 고용남성의 2.4%를 이루고 있다.

집에서 일하는 이유 - 왜 집에서 일할까?

- 집에서 일을 시작하는 가장 흔한 이유는 가족이 하는 사업(배우자와 함께)을 시작하거나 운영하기 위해서이다. 그리고 17%는 아이들이 너무 어리다거나 아이 돌보기를 더 좋아하기 때문이라고 말한다. 집에서 일하는 기혼자의 54%는 아이들이 15세 미만이다.

직업-홈 비즈니스 사업가들은 어떤 일을 하는가?

• 집에서 일하는 사람들 중 대부분은 사무원(39%)으로 대다수 (95%)가 여성이다. 여성보다 남성이 더 많이 종사하는 직업은 경영인, 관리자, 전문가, 전문가 보조, 그리고 소매상인이다. 집에서 일하는 사람들의 수가 가장 많은 산업은 재산관리와 기업에 대한 서비스업(20%), 그리고 건설업(14.6%)이다.

업무시간-몇 시간 정도 일하는가?

• 집에서 일하는 사람들의 거의 3분의 2는 보통 1주일에 35시간이 채 안 되는 시간 동안 일한다. 40시간 이상 일하는 사람은 약 28%로 추정된다. 남성의 49%가 40시간 이상 일을 하는 것에 비해 여성의 경우는 18%만이 그 시간을 넘긴다.

자격-어떻게 교육받았는가?

• 1992년 3월 조사에 의하면, 집에서 일하는 사람들의 반 이상 (56%)이 학교 졸업 후에 얻은 자격증(postschool qualifications) 을 가지고 있었다. 남성은 67%, 여성은 49%로, 남성이 여성보다 졸업 후에 취득한 자격증을 더 많이 갖고 있는 것으로 나타났다.

자가 고용 기간-집에서 일한 기간

• 1995년 가을 현재, 집에서 일하는 자가 고용자들의 55%는 5년 이하, 9%는 20년 이상 집에서 일해 왔다.

〈로이 모건 리서치 센터(The Roy Morgan Research Centre)〉는 집

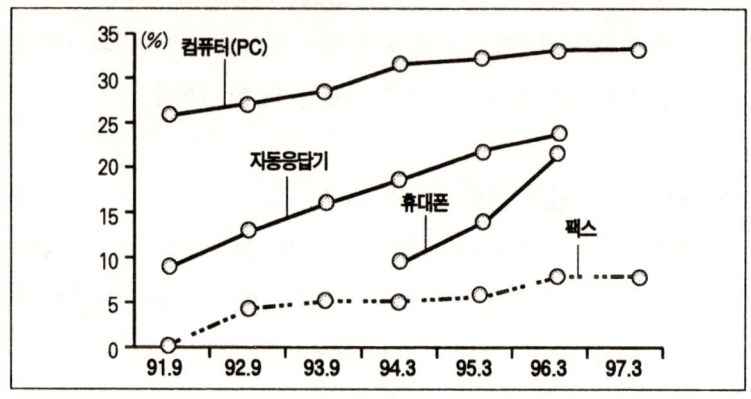

〈도표2〉 컴퓨터(PC)/자동응답기/휴대폰/팩스의 가구당 보유비율 증가
(호주, 1991-1996)

에서 사용하는 개인용 컴퓨터, 자동응답기, 팩스, 그리고 핸드폰의 수가 꾸준히 증가하고 있다는 사실을 알아 냈다. 1996년 6월 조사에서 이제 호주 사람의 53%가 자기 집에 4가지 중 적어도 하나씩을 가지고 있다고 밝혔다. 홈 비즈니스 사무실과 관련될 것 같은 제품들을 살펴보자면, 조사 대상자들의 8%가 집에 팩스를 가지고 있고, 34%가 컴퓨터, 6%가 모뎀, 그리고 14%가 사업용 소프트웨어를 가지고 있다.

그렇다면 나는 집에서 무엇을 할 수 있을까?

홈 비즈니스 기업을 경영하는 데는 여러 가지 수준과 다양한 방법들이 있다. 그 중에는 당신이 이미 홈 비즈니스인 줄 알고 있는 판매업과 직업들도 있고, 당신을 놀래 줄 다른 것들도 있다. 단지 다음과 같은 몇 가지 제약이 있을 뿐이다.

- 당신의 사업 내용과 집의 위치가 어울리는가?
- 당신의 사업이 관련기관의 인가를 받을 수 있는가?
- 그리고, 물론 홈 비즈니스 사업이건 그렇지 않건; 당신의 사업
  은 전망이 좋은가?

이 세 가지 대답이 모두 '그렇다'라면, 다른 제약은 오직 당신의
상상에 지나지 않는다.

그렇다면 사람들은 홈 비즈니스를 통해 무엇을 제공하는가? 셋
중에 하나다.

- 서비스 제공
- 상품 판매
- 상품 생산

서비스를 제공한다는 것은 타이핑에서 유리창 청소까지, 경영자문
에서 그래픽 디자인이나 치과 치료까지를 모두 포함한다.

판매라는 것은 직접적인 소매나 도매를 모두 말한다. 전화의 이용
(텔레마케팅), 방문판매, 파티의 기획, 통신망, 그리고 다단계판매
같은 것들이 이에 속한다.

생산에 대해 말하자면, 당신은 잠수복이나 패션 의류를 만들 수도
있고, 모기장을 깁거나 보석으로 멋진 작품을 창작할 수도 있다.

그렇다면 나는 집에서 어떻게 일하는가?

홈 비즈니스 작업의 유연함과 융통성은 끝이 없다. 어떤 사람들은
전기기사나 배관공이 주로 그러는 것처럼 집을 단순히 근거지로서만

이용하고, 또 다른 사람들은 도자기의 채색이나 의학적 수술, 세무회계, 그리고 법적인 소송까지 모든 일을 집에서 다 해낸다. 어떤 사람들은 홈 비즈니스 기업을 단지 배우자의 수입을 보충하기 위해 이용한다. 또 어떤 사람들은 그들의 사업이 생활을 보장해 줄 수 있는가를 알기 위해서나 또는 사업이 충분히 성장해서 건물을 임대할 수 있는 때를 기다리면서 잠정적으로 집에서 일한다. 거대 전기기구회사인 〈캠브룩(Kambrook)〉도 그렇게 시작되었다.

오늘날 많은 홈 비즈니스 노동자들은 컴퓨터와 전자통신 기구들을 활발히 사용하고 있다. 전신통근자(telecommuter)로 알려진 사람들은 1주일에 며칠만 사무실에 있고 나머지는 멀리 떨어진 집에서 일한다. 그리고 또 다른 이들은 전업제 전신노동자들인데, 그들은 혼자 일하면서 집에서 많은 고객들에게 서비스를 제공한다.

통신근무

잭 우드(Jack Wood) 교수는 거의 10년 전에 호주에 전신근무와 전신통근 개념을 소개했다. 그 개념은 원래 1960년대 후반 미국의 잭 닐(Jack Nilles) 교수가 고안해 냈는데, 그는 한 도시계획자와 이야기를 나누다가 통근시 교통문제를 하나의 단순한 방법으로 해결할 수 있다는 것을 깨달았다. 사람들이 집에서 일하게 함으로써 말이다! 그는 남캘리포니아 대학에서 이 생각을 발전시켜 '전신통근(telecommuting)'이라는 단어를 만들어 냈는데, 이는 '전자통신(telecommunications)'과 '통근(commuting)'이 합쳐져서 이루어진 말이다.

미국의 잭 닐 교수와 마찬가지로 잭 우드 교수는 호주 전신통근의 아버지로 알려져 있다. 그는 전신통근자를 고용주를 위해 일정 시간 동안 집에서 일하고 나머지 시간을 본사에서 일하는 사람으로 표현했다. 그들은 컴퓨터를 이용하여 본사와 연결될 수 있다.

홈 비즈니스 근무는 주중의 얼마간은 집에서 일하면서도 공공기관 같은 고용주를 위해 전임으로 일할 수 있도록 해 준다. 1994년에 뉴사우스웨일즈 도로교통국은 시범 프로그램으로 전신통근을 시도했다. 6개월 동안 77명의 종사관, 시스템 관리자, 사무원, 기술자, 그리고 컴퓨터 시스템 관리자들은 1주일의 하루나 이틀은 집에서, 그리고 그 나머지 시간을 본사에서 보냈다.

그리고 그 결과는 긍정적이었다. 생산력은 증가했으며, 사람들은 이런 체계 속에서 더 행복하고 스트레스는 훨씬 적어졌다고 보고했다. 그 중 한 사람은 평소에는 한나절이나 걸려서 하던 일을 집에서 1시간만에 해냈다고 밝혔다.

〈텔스트라〉에서 전신통근과 홈 비즈니스 기업에 대한 전국관리자였던 폴 청(Paul Chung)에 따르면, 전신통근은 고객에 대한 서비스를 개선시킬 가능성이 엄청나게 높기 때문에 기업에도 아주 유리하다고 한다. 홈 비즈니스 근로자들에게 전신으로 연락할 수 있는 기업들은 24시간 서비스를 제공할 수 있거나, 근로자와 본사가 서로 우왕좌왕할 걱정 없이 작업의 변화를 재빨리 재정비할 수 있다.

전신근무는 개인에게 막대한 자유를 안겨 준다. 뉴사우스웨일즈의 벨리나(Ballina)에 사는 컴퓨터 과학자는 전자통신을 이용해 캘리포니아에서의 일을 아직도 계속 하고 있다.

또한 '외주(아웃 소싱 ; outsourcing)'라고 알려진 현상도 계속 증가하고 있는데, 이것은 큰 기업과 조직들이 하나의 프로젝트를 위해 계약제로 개인들을 고용하는 것을 말한다. 이 방법이 결국은 기업들에게 보다 저렴하고 효과적일 수 있다. 계약근로자는 휴일도 없고 병가 수당도 없다. 다만 이를 보상하기 위해 임금이 조금 높을 뿐이다. 우리는 명성과 정기적인 일감을 얻고 싶어하는 외주 근로자들로부터 더 나은 작업결과를 기대할 수 있다. 이런 형태의 체계는 양쪽 모두에게 유리하다.

어쩌면 집이 주는 편리함 속에서 큰 기업을 위해 일하게 될 수 있을지도 모른다. 폴 청이 시드니(Sydney)에서 브리스베인(Brisbane)으로 가는 비행기를 예약하려고 여행안내원에게 전화를 걸었을 때, 그는 그 안내원이 집에서 일하고 있음을 알게 되었다. "이건 고객에 대한 서비스를 개선시킬 수 있는 엄청난 가능성을 보여 주는 것입니다"라고 말하며, 그는 이렇게 덧붙였다. "전신통근은 업무의 모든 구조를 바꾸어 놓았습니다."

로저 폰테인(Roger Fountain)은 더 많은 자유를 누리게 해 준, 자신의 서류 가방에 다 들어가는 이동 사무실, 즉 노트북 컴퓨터, 팩스, 그리고 핸드폰에 감사한다. 오늘은 시드니의 호텔에서 일하고, 내일은 퍼스(Perth)의 아파트에서 일할 수 있는 것은 그 물건들 덕분이다.

폴 청은 이에 대해 이렇게 말한다. "기술을 통해 우리는 이제 일을 나누어 줄 수 있고, 사람들은 자신이 원하는 방식대로 살 수 있게 되었습니다. 산업화에 의해 우리를 눌러 왔던 압박들로부터 놓여나게 된 거죠. 한때는 통제와 엄격한 계급구조로 경영이 이루어졌던 곳도 이제 신뢰와 결과에 의지해서 경영될 수 있습니다."

그러나 장비들이 기본적인 것이든 잘 갖추어져 있든 간에, 당신은 어쨌든 그것들을 최고로 활용해야 할 필요가 있다. 그러나 언제나 '어떻게'가 문제이다. 바로 여기 그 방법들이 있다.

출발점

대부분의 사람들은 홈 비즈니스 기업으로 옮겨올 때 자신들이 이미 갖고 있던 기술, 소양, 그리고 경험에 의지한다. 그러나 전직 건축업자인 존 에임(John Ehm) 같은 몇몇 사람들은 급진적이고 새로운 방향을 향해 힘차게 나아가기도 한다. 에임은 관광객들에게 숙소를 제공해 주는 민박 체인을 만들었다. 그러나 그는 여행업에 대한 아무런 사전 지식이 없었고, 그와 어떤 관련도 가져 본 적이 없었기 때문에, 먼저 시장을 조사하고 산업체나 관련 기관과 대화하면서 철저한 조사를 하는 데 거의 8개월을 보냈다.

그래픽 아티스트인 킴 듀발(Kim Val)은 회사의 고용인으로 일하다가 같은 일을 하는 홈 비즈니스 기업을 차리는 훨씬 평범한 과정을 거쳤다. "나는 내 운명의 주인이 되기를 원했습니다. 다른 사람들을 위해 16년을 일한 뒤에야 나는 그 속에 포함되어 있던 것이 무엇인지를 알았습니다"라고 그는 고백한다.

위험요소와 단점을 인식하라

그러나 당신이 선택한 길이 무엇이든 간에 '준비하라'라는 보이스카웃의 표어를 기억하라. 뉴캐슬대학의 경영학 교수였던 앨런 윌리엄스(Alan Williams)의 연구에 따르면, *소규모 기업체의 90%는 10년 안에 실패한다. 그리고 11%는 처음 3개월만에 실패한다고 한다.*

20년이 넘게 계속된 그의 조사를 통해 호주 전역에서 소규모 사업의 평균 30%가 첫해에 실패하고, 68~70%가 5년 안에 망한다는 사실이 알려졌다. 그는 또 그 실패율에는 산업들 사이에 격차가 아주 심하게 나타난다고 지적한다. 예를 들면, 기술 자문업은 중고차 판매업보다 자본당 실패율이 낮았다.

이러한 사실들은 홈 비즈니스 기업에만 한정된 것이 아니고 모든 소규모 사업들에 해당된다는 것을 명심하라. 우리는 제2장에서 그 사업들이 왜 실패했는지를 다룰 것이다. 그러나 무엇보다도 단순히 잔디를 깎거나 맛있는 잼을 팔거나 멋진 신사복을 만드는 데 능숙하다는 것만으로는 충분하지 않다는 사실을 깨닫는 것이 중요하다. 일단 자신의 사업을 시작했다면, 당신은 그 사업의 모든 면에 책임을 져야한다. 성공과 실패가 모두 당신의 어깨에 달려 있는 것이다.

집에서 일하는 것에 따른 이익

독립성과 자율성

"집에서 나 자신을 위해 일하는 것은 다른 방식으로는 얻을 수 없었던 즐거움과 기회를 주었어요"라고 부동산 투자 전문가인 잰 소머즈(Jan Somers)는 말한다. 그녀는 자비로 처녀 출판한 〈투자를 통해 부를 얻는 법〉이 20만 부 이상 팔렸던 전직 고등학교 교사이다. 37세에 교직에서 물러난 백만장자인 소머즈는 이제 다른 사람들에게 재정적인 독립을 얻는 법을 알려 주는 사명을 수행하고 있다.

유연함과 융통성

"나는 내 작업시간을 다른 일을 위해 쓸 수 있지만, 여전히 하루에 해내는 일의 양은 같습니다"라고 수 캐니(Sue Carney)는 설명한다. 〈리더스 다이제스트〉의 수석 편집자인 그녀는 1주일에 사흘은 블루마운틴(Blue Mountains)에 있는 집에서 일하고, 그 나머지는 시드니에 있는 사무실로 출근한다. "만약 내가 사무실에만 있어야 한다면 아이들의 치과 예약시간에 맞추느라 한나절은 일할 수 없을 거예요. 그러나 내 근무방식은 아이들이 잠든 저녁에 잃어버린 시간을 만회할 수 있게 해 준답니다."

전자출판업자(desktop publisher)인 밀 클레이(Mil Clay)는 가족들을 위해 바비큐에 불을 지피고는 잠시 동안 사무실에 돌아와서 일을 하고, 곧 다시 가족들과 합류하여 스테이크를 요리한다.

수요일 오후에 골프를 치고 싶은가? 그렇게 하라. 매일 아침 테니스를 치거나 1주일에 세 번씩 체육관에 가고 싶은가? 당장 달려가라. 일요일에 일하는 대신 금요일에는 드라이브를 하면서 쉬는 것이 어떤가? 당신이 원하는 것, 당신에게 맞는 바로 그것을 하라.

직업 창출과 증가된 작업 기회

"나는 직장을 구하려고 안 가 본 곳이 없습니다. 무슨 일이든, 심지어 거리청소라도 할 결심이었습니다." 영국에서 호주로 건너온 61세의 로이 윌리엄스(Roy Williams)는 일을 찾는 데만 거의 4년이나 허비했다. "사람들은 내가 너무 늙었다고 생각했지요. 그래서 나는 전에 했던 일, 그러니까 잠수용 수영복을 만들어 내는 일로 홈 비즈니스를 시작했습니다. 그리고 그 때부턴 뒤를 돌아볼 틈조차 없었어요." 사실 로이는 밀려드는 주문에 거의 파묻힐 지경이었다!

사무실 중심으로 일할 수 있는 형편이 안 된다면, 예를 들어, 변변한 교통수단 없이 휠체어에 앉아 있다거나 아니면 아이들 때문에 집에 묶여 있거나, 뭐 또 다른 이러저러한 이유들이 있더라도 걱정할 필요 없다. 당신은 집에서 얼마든지 일할 수 있다.

집에서 근무하는 것은 완전히 새로운 일을 시작하거나 현재의 일에서 어느 한 갈래로 전문화될 수 있도록 해 준다.

넬리 그리어(Nelli Greer)는 자기 집에서 모기장을 주문받아 만드는 일을 한다. "내 사업을 시작해야만 했지만 돈이 부족했어요. 그래서 처음에는 비용을 줄이려고 집에서 일했지요." 그리고 그녀는 이렇게 덧붙인다. "아시겠지만, 나는 불평하고 있는 게 아니에요. 집에 있다는 건 내가 항상 딸을 위해 그렇다는 것을 의미하니까요. 그리고 또 어디 가서 이렇게 향기로운 숲에 둘러싸인 발코니 작업실을 가질 수 있겠어요?"

출퇴근에서 절약되는 시간과 돈

"나는 오가는 시간을 절약했을 뿐만 아니라, 수많은 스트레스와 긴장에서 벗어날 수 있었습니다." 조직심리학자인 브루스 크로웨(Bruce Crowe)는 시드니에 있는 주상복합 아파트의 10층에서 살면서 일도 그 곳에서 하고 있다. "나는 문 하나를 지나서 1미터를 걸어간 다음, 다른 문으로 들어갑니다. 거기가 내 홈 비즈니스 사무실입니다."

가족과 보내는 더 많은 시간

"나는 아들이 자라는 것을 볼 수가 있습니다. 그건 정말 값을 매길 수 없는 경험이지요." 건축 설계사인 엘비오 페라라(Elvio Ferrara)의 말이다. "아직은 어린 아들을 학교에서 데려올 수 있는데다가, 고객들은 그애를 보면서 딱딱한 분위기에서 벗어나 부드러운 인상을 가진답니다."

비용절감

작가이고 만화가이자 연설가인 앤드류 매튜(Andrew Matthews)의 경우다. "나는 임대료를 매년 최소한 2,500달러 아낄 수 있습니다. 덕분에 테니스 코트를 살 수 있었죠. 그것은 내게 있어서 아주 중요한 일입니다. 나는 스포츠를 사랑하고 또 매일 운동을 하려고 노력하고 있거든요."

더 높은 수입을 올릴 가능성

"내 수입은 이제 내가 쏟은 노력이 어느 정도인가에 달려 있습니다." 컴퓨터 상담가이자 판매원인 웨슬리 브라운(Wesley Brown)의 말이다. "그건 아주 큰 자극이 됩니다. 내 수입이 내 능력과 내가 생산해 내는 것에 의해 정해진다는 것은 정말 멋진 일이거든요. 만약 잠을 잘 필요가 없다면, 나는 아주 큰 돈을 벌 수 있을 겁니다."

〈다이얼－에이－와이프(Dial-A-Wife)〉 청소용역회사의 잰 서들랜드(Jan Sutherland)의 경우도 비슷하다. "내가 집에서 시작한 사업이 두 사람 몫의 수입 정도는 충분히 얻을 수 있을 만큼 성장했어요. 그래서 남편도 나와 합류했습니다. 우리는 곧 대리점을 낼 거예요. 지금 고용하고 있는 사람은 25명에서 30명 정도입니다."

생산성 증가와 직업 만족도

이 문제는 여러 가지 이유로 작업이 중단되는 일이나 이런저런 방해들이 적어졌기 때문에 가능해졌다. 시끄럽던 사무실에서 벗어나 이제는 좋은 작업결과를 가져오는 평화로운 환경을 갖추었기 때문이다. "내 마음대로 집에서 일할 때 훨씬 더 행복하고 또 만족스럽습니다. 이제 방해를 덜 받으면서 불가능한 일들을 목표로 계속 노력할 수 있으니까요." 〈당신의 타자 비서(Your Type Secretarial)〉사의 제니 처치(Jenny Church)는 웃으며 말한다.

집에서 일하는 것의 단점

소 외

몇몇 홈 비즈니스 근로자들은 잡담을 나누거나 자랑할 사람들이 없을 때 외로움과 소외를 느낀다. 일단 초창기의 열정이 사그라들고 나면 서서히 동료들과의 접촉이 끊기고 직업세계의 변화를 따라가지 못하는 것을 느끼기 시작한다. 사장이나 동료의 압력 없이는 당신의 헌신적인 마음과 끈기도 사라지고 만다. 의욕도 잘 생기지 않고, 점점 더 늦게 일어나는 자신의 모습을 발견한다. 그리고 일의 양도 점점 더 줄어들게 된다.

외로움

친구들을 본 지가 며칠이나 지났다. 그들은 당신의 존재를 잊어버린 것 같다. 흘러 넘칠 정도로 많았던 초대는 이제 지난 얘기일 뿐이다. 심지어 당신은 성가신 통화나 그저 안면 정도만 익힌 사람과 커피 한 잔을 마시는 일도 환영하게 될 것이다.

"일을 할 때는 언제나 혼자거든요. 그래서인지 나는 다른 사람들이 옆에 있는 게 훨씬 더 좋습니다." 귀금속 제작자이자 도예가인 비트 위커트(Beate Wickert)도 이런 경험을 한 사람 중의 하나다. 그녀는 다른 사람들과 함께 일했던 시드니의 규모 있는 도매점을 떠나 설계사인 남편과 함께 케이언즈(Cairns)의 외곽에 있는 커다란 집으로 이사해 왔다. 소외된 느낌이 드는 것은 사실이지만, 그 대신 더 포근한 날씨와 문 밖에서 지내는 시간들, 그리고 평온한 생활양식이 위안이 돼 주었다. 그리고 뉴사우스웨일즈와 빅토리아에 그녀의 작품을 필요로 하는 의뢰인이 있기 때문에, 위커트의 재능은 한 지역에만 국한되지 않았다.

불규칙한 수입

당신은 또한 불규칙한 수입에도 익숙해져야 한다. 실내장식가인 안나 피르자코우스키(Anna Pyrzakowski)는 말한다. "한동안은 돈을 한 푼도 벌지 못할 때도 있어요. 그러다가 모든 돈이 한꺼번에 들어

오기도 하구요. 당장은 불규칙한 수입이 문제가 될 수도 있죠. 그러
나 연말쯤에 평균을 해 보면 비교적 괜찮은 월급이 되곤 해요."

일은 언제나 옆에 있다

그리고 일에서 벗어날 수 있는 방법은 없다. 일은 항상 있다. 당신
의 배우자는 불평할 것이다. "당신은 언제나 일만 하는군요. 저녁이
건 주말이건 결코 그만두는 법이 없죠. 당신은 사무실에서 일할 때보
다 훨씬 더 많은 시간을 쏟아붓지만 수입은 더 적잖아요. 도대체 이
런 게 무슨 의미가 있죠?"

당신은 단지 똑같은 벽만 쳐다보면서 집에 갇혀 있으려고 직장에서
나온 것일까 하고 느끼기 시작할 것이다. 그러나 당신은 일로부터 도
망칠 수가 없다. "내가 한 주일 이상 쉰다면 일이 너무 쌓여 버릴 거
예요." 수금 대행업(credit control service)을 하고 있는 있는 케이스
배인브리지(Keith Bainbridge)는 이런 상황에 공감한다. "일의 흐름
에 맞춰 휴가를 계획하고 재주를 부릴 필요가 있습니다. 1년에 걸쳐
요때조때 며칠씩 쉬는 거죠."

심각하게 여기지 않는 가족, 친구들, 그리고 이웃들의 태도

어떤 사람들은 당신이 집에서 일하기 때문에 항상 시간이 있을 거
라고 생각하는 듯하다. 배우자는 집안일을 도와 달라는 부탁을 전보
다 많이 할지도 모른다. 친구들은 긴 점심식사를 하자고 제의하고,
이웃들은 오래오래 커피를 마시며 시간을 보내려고 찾아오기도 한
다. 식도락가를 위한 식료품 제조업자인 필리파 커스레이크

(Philhppa Kerslake)도 그런 경험이 있다. "그 당시에 남편은 나더러 '일을 포기했다'고 말하더군요. 그리고 회사에 가면서 시간 있을 때 이걸 비워라 저걸 털어라 하는 식으로 일을 맡기곤 했죠." 그녀가 오랜 경력을 뒤로 하고 회사를 떠난 이유는 여자에게 동등한 기회가 주어지지 않는다는 사실에 대한 실망이 점점 커졌기 때문이다. 그녀는 일을 재개하려면 자신의 새 직업에 대해 남편을 교육하는 일로부터 완전히 다시 시작해야만 한다는 것을 알게 되었다.

전문가적인 이미지

어떤 홈 비즈니스 사무실 근무자들은 홈 비즈니스 사업이 사무실에서 하는 사업보다 덜 전문적일 거라는 생각과 싸워야 한다. 안나 피르자코우스키는 집의 사무실을 쓰고 있다고 말하면 도시에 있는 큰 회사들에게 일을 빼앗기지 않을까 걱정한다. "나는 집에서 일한다는 것을 숨기지는 않아요. 그렇지만 그걸 내놓고 얘기하지도 않죠."

충분하지 않은 일거리

일이 때때로 끊어지거나 부족하면 어떡하는가? "고객의 수는 왔다갔다합니다. 게다가 나는 시간에 대해서 관대한 편이었고, 처음에는 돈을 청구하는 것도 어려운 일이었습니다." 동종요법치료사인 메레디스 노만(Meredith Norman)은 말한다. "나는 임대료를 줄이려고 했어요"라는 말에서 알 수 있듯이, 메레디스는 경제적 이유 때문에 집에서 일하기로 했지만, 결국 그 때문에 약정된 요금을 고수하는 것이 더욱 어려워졌다는 것을 깨달았다.

산만함

정신이 산만해지는 것도 문제이다. "내가 집에서 일할 때 문제가 되는 것은 냉장고, 텔레비전, 그리고 전화랍니다." 작가인 피터 골드워시(Peter Goldsworthy)는 말한다. "게다가 나는 인터넷에 빠져 있기 때문에, 일하는 도중에라도 어떤 핑계를 대서든 그걸 하고야 맙니다. 이렇게 자꾸 정신이 산만해지는 문제를 해결하기 위해 무리를 해서라도 사무실을 빌리는 작가들도 몇 명 알고 있습니다."

실패에 대한 두려움

'독립했다'는 사실은 일이 잘 되어 갈 때는 훌륭하기 짝이 없다. 그러나 실패를 두려워하지 않을 수는 없다. 경기가 나빠질 때는 어떻게 할 것인가? 언제쯤 돈을 받을 수 있을 것인가? 결국 받을 수나 있을까? 받기로 한 엄청난 대금이 벌써 한 주가 지나도록 들어오지 않았다. 그 돈을 받지 못하면, 당신은 결재해야 하는 청구서를 해결할 수 없다. 무슨 일이 일어날까? 가스와 전기가 끊어지고 전화가 두절된 다음, 당신의 차와 집을 돌려 줘야 한다면…… 대금을 받지 못한 거래 하나 때문에 — 적어도 당신의 마음 속에서는 — 눈 깜짝할 사이에 파국으로 치닫게 된다.

진급의 기회가 없다

집에서 일을 하노라면 '눈에서 멀어지면 마음도 멀어진다'라는 말이 아주 잘 들어맞는 것을 알 수 있다. 폴 청(Paul Chung)의 이야기를 들으면 무슨 이야기인지 훨씬 이해하기 쉬울 것이다. "집에서 일을 하고 있다 하더라도, 그게 어떤 조직을 위한 것이라면 당신은 여전히 규칙적으로 본사에 들어갈 필요가 있고, 동료들과도 계속 접촉하게 됩니다. 그렇지 않다면 승진하는 데 있어서 잊혀지거나 무시당할 게 틀림없습니다. 또 사무실의 정책이나 발전에 대해서도 아무것도 알지 못하게 될 겁니다." 그는 웃으면서 이렇게 덧붙였다. "이웃 사람들은 내가 집에서 많은 시간을 보내는 것을 보고 직장을 잃었는지 명예퇴직을 당했는지 물어 오더군요."

자, 계속 읽어 봅시다

자신의 개인적인 기술을 평가하고 장단점을 모두 고려한 후에 집에서 일하는 것이 당신의 기호에 맞는다고 판단했다면, 이 책은 당신을 도울 수 있을 것이다. 이제부터 당신은 어떻게 시작해야 하는지, 어떤 규약이나 법률이 당신이 생각하는 사업을 좌우하게 될 것인지, 그리고 어떻게 하면 현실적이면서도 명쾌한 단계를 거쳐 홈 비즈니스 사무실을 세울 수 있는지에 대해 배우게 된다. 또 적당한 예산을 가지고 당신만의 독특한 필요에 맞게 꾸며진 편안한 작업환경을 만들어 내는 법도 발견하게 될 것이다. 특히 돈에 관한 한 당신의 재정과 받을 요금을 처음부터 제대로 조직하는 게 매우 중요한 일이다.

〈집에서 신나게 돈벌자〉는 전문적인 방법으로 당신의 사업을 재능 있고 우아하게 보이도록 하는 법을 가르쳐 주는 동시에 그만큼의 경쟁력을 부여해 줄 것이다. 책 전체에 흩어져 있는 홈 비즈니스의 경험담들과 여러 가지 예들은 당신에게 오랜 세월 쌓아 온 사업 경험과 지식을 고스란히 들려 준다. 또 당신이 홈 비즈니스를 꾸려 나가는 데 유용한 통찰력과 조언을 제시할 것이다. 피터 골드위시가 어떻게 집필의 외로움을 달랬는지, 영양사인 로즈마리 스탠튼이 점심시간을 어떻게 쓰는지, 부동산 전문가 잰 소머즈가 일에서 오는 긴장을 푸는 방법으로 무엇을 추천했는지에 대해 배우도록 하라.

이 책은 효과 만점의 명함을 꾸미는 것에서 홈 비즈니스 사무실의 가구를 고르는 일까지, 또 사업을 성공적으로 이끄는 일로 인한 엄청난 반향에 대처하는 법에 이르기까지, 당신의 새롭고 만족스러우며 궁극적으로 매우 성공적인 사업생활의 모든 면을 다루고 있다. 이 조언들에 따라 조심스럽게 계획하고 준비한다면, 당신은 집에서 일한다는 사실을 소중히 여기게 될 것이다!

연 습

먼저 30분 정도 시간을 내는 게 필요하다. 그리고 집에서 근무하는 경우의 좋은 점과 나쁜 점을 적어 보라. 며칠 동안 그것을 내버려 뒀다가 다시 펴 보고 내용을 고쳐라. 이 때 반드시 먼저 가족과 친구, 동료들과 얘기를 나누어야 한다. 그러나 그들의 이야기를 조심해서 듣는 것이 좋다. 그들이 집에서 일하는 것에 대해 진지하게 생각해 보았겠는가? 그들은 위험을 감수하는 사람들인가, 아니면 망설이는 형인가?

어떤 사람들은 이렇게 말한다. "집에서 일하는 건 너무 위험해. 왜 안전한 직업을 팽개치는 거지? 게다가 장기 근속 휴가는 어쩔 셈이야?" 장기 근속 휴가라고? 당신의 가슴은 메어진다. 장기 근속 휴가는 2년이나 더 있어야 가능하기 때문이다! 어떻게 당신이 그렇게 오래 버티겠는가?

바로 이 때가 새로운 삶이 손짓하는 때이다.

꿈에 그리는 물건들

진열장 제작자인 브라이언 맥널티(Brian Mcnulty)는 전형적인 집 중심의 근무자이다. "내가 사장을 위해 일했던 적은 거의 없습니다. 나는 명령을 받는 일에 전혀 익숙하지 않거든요. 직접 뛰어들어서 내 식대로 일하는 것이 더 좋아요. 내게는 야망이 있습니다. 해내려고 하는 의욕만으로도 가슴이 벅차오릅니다. 또 무엇보다도 내 자신을 단련하고 싶습니다. 일을 끝내기 위해 1주일에 할 일을 한꺼번에 몽땅 해야 한다고 하더라도 나는 아무 불평 없이 해낼 겁니다."

개인의 성격은 홈 비즈니스의 성공에 있어서 중요한 역할을 한다. 당신을 감독하거나 이끌어 주는 사람이 없고, 영감을 주거나 박차를 가해 주는 동료들로 가득찬 빌딩도 없을 때, 일할 의욕은 자기 내부로부터 나와야 한다. 어떤 사람들에게는 이것이 더할 나위 없이 좋은 상황이 된다. 자신의 사업을 운영하는 자유가 있을 때, 그들은 비로소 탁월한 능력을 보인다.

"나는 일하고 싶지 않은 날이 하루도 없었습니다." 브라이언은 이야기에 몰두하면서 말했다. "혼자서 일할 때 사업에 대한 상상력이 훨씬 더 풍부해진다는 것을 깨달았기 때문이지요." 멜버른의 오래되고 잘 자리잡은 회사인 〈버코위츠 앤드 선즈(Berkowitz and Sons)〉에서 도제 기간을 보낸 이후, 맥널티는 그 곳에서 몇 년 간 더 일하면서 자신의 기술을 갈고 닦았다. "그 때는 1950년대였고, 내게는 스스로 만든 지침 아래 일할 수 있는 많은 자유가 주어졌습니다. 거기서 나는 단 한 번만 만들어지는 상류층 골동품의 복원품을 만들었습니다. 만찬 세트나 침실 가구, 커피 탁자 같은, 사람들이 꿈에 그리는 물건들 말이죠."

시드니에 정착하여 몇몇 다른 사람들과 함께 일하게 되기 전, 그는 아내와 호주를 한 번 돌아보았다. 맥널티 가족은 현재 뉴사우스웨일즈의 번다눈(Bunda-noon)에 살고 있는데, 이 곳은 그가 자신의 홈 비즈니스 사무실을 열고 있는 곳이기도 하다.

"한때는 가장 붐비는 시간에 시드니의 한쪽 끝에서 다른 쪽으로 차를 몰고 가느라고 매일 거의 4시간을 허비하곤 했습니다. 나는 그게 정말 싫었어요. 지금은 시드니와 켄베라의 중간쯤에서 5에이커쯤 되는 아름다운 전원의 농가에서 살고 있습니다. 길은 비포장도로이고 물은 탱크에다 받아쓰는데다가 우편물도 배달되지 않지만, 우리는 더할 나위 없이 행복합니다. 이 곳은 뉴사우스웨일즈에서 가장 아름다운 곳이고, 생활은 아주 평화롭습니다."

맥널티는 자신의 소유지에 있는 마굿간을 수리했다. 그는 벽을 하얗게 칠하고 빛이 좀더 들어올 수 있도록 창을 내어 작업장을 만들었다. 그는 많은 주문들 때문에 바빠서 대부분 아침 7시면 그 곳에 가야만 한다. "지금 내가 작업하고 있는 치펜데일(Chippendale) 대좌 같은 물품이라면 단 한 개를 만드는 데도 몇 주, 어떤 때는 심지어 몇 달이 훌쩍 지나가기도 합니다." 고객은 프랑스 호두나무를 얹은, 진품과 똑같은 이 복제품에 수천 달러의 돈을 지불하게 될 것이다.

맥널티는 말한다. "대량생산을 위한 제조설비에서는 훌륭한 품질의, 단 한 번만 만들어지는 제품은 만들어 낼 수 없다는 것이 내가 살아남는 이유입니다. 성공하기 위해서는 먼저 적당한 시장을 찾을 필요가 있습니다. 그리고 당신은 스스로를 전문화해야만 합니다. 그렇지 않으면 비용면에서 유리한 큰 회사들이 당신을 산 채로 삼키게 될 것입니다. 이건 경쟁이 매우 심한 분야이므로, 당신은 스스로가 무엇을 하고 있는지 알아야만 합니다. 예를 들어, 부엌을 만드는 일을 시작하려고 하는데, 최신형 컴퓨터 같은 장비를 갖추고 있지 않다면, 사업을 성공시키기 위해서는 부족한 만큼 더 열심히 일해야 하는 것입니다."

"나는 꿈을 가진 젊은이들을 많이 봐 왔습니다. 그러나 그들은 모두 내가 이제 마무리지어 가는 곳에서부터 출발하려고 합니다. 나는 이 '바로 지금' 세대를 이해할 수는 있습니다만, 그들에게는 참을성이 정말로 필요하다고 말해 주고 싶습니다."

그런데 뜻밖에도 맥널티가 오늘의 위치에 이르게 된 것은 스스로 원해서 된 것이 아니었다. "1991년 뉴사우스웨일즈의 주은행은 하룻밤새 파산한 다른 수많은 사업체에게 그랬듯이 내 사업체의 저당물을 압류해 버렸습니다. 공장 건물을 짓기 위해 빌렸던 14년 만기 대출을 갚는 데까지 겨우 13개월이 남아 있을 뿐이었는데 말입니다. 내 모든 유동자산은 압류되었습니다. 사업은 그렇게 끝이 났지요. 남아 있는 것은 나무 세공용 기계들뿐이었습니다. 그래서 나는 이곳 번다눈으로 이사를 오게 된 것입니다. 지금은 3주에 한 번 정도 시드니를 방문합니다. 그리고 전보다 더 행복해졌습니다. 이런 방식이 내게 잘 맞는 것 같아요. 팩스로 그림이나 견적서를 보내고, 다른 업무는 전화를 통해서 합니다."

맥널티는 한 텔레비전 프로그램에서 자신이 제국을 건설하던 단계를 지나왔으며, 이제 그가 원하던 모든 것—적당한 수입, 양질의 삶, 그리고 가족과의 시간—을 다 가졌다고 말했다.

그는 홈 비즈니스 사업을 시작하는 사람들에게 사전 준비의 중요성을 강조한다. "먼저 계획해야만 합니다. 또 상상력도 필요하고 세공기술도 필요합니다. 나는 장비 중의 몇 가지는 중고로 사들였고, 그 나머지는 직접 만들었습니다. 동시에 그 장비들을 조금씩 개량했습니다."

"또 돈으로 보상받지 못하는 작업시간, 즉 일을 찾기 위해 쓰이는 시간들이 많이 있다는 것을 알아야만 합니다."

"집에서 일하는 것의 불리한 점은 아무것도 만들어 내지 못하면서 살아남기를 바랄 수는 없다는 사실입니다. 가외의 시간에도 일할 준비가 되어 있어야 합니다. 요점은, 당신이 혼자서 일을 하려고 한다면 준비가 잘 돼 있어야 한다는 것이지요. 당신은 자신을 잘 통제해야 할 필요가 있습니다."

"말해 두지만 다시 한 번 산다고 해도 나는 똑같이 살 것입니다. 이건 마법과 같으니까요."

집에서 하는 관광사업

존 에임(John Ehm)이 케이언즈에서 사업을 하기로 했을 때, 그는 자신의 경험뿐만 아니라 관심사를 조심스럽게 고려했고, 실제로 후자에 더 큰 비중—어떤 사람들은 반대하겠지만—을 두었다.

"은퇴했을 때 내가 하고 싶은 일을 할 수 있는 사업을 찾고 있었습니다. 내 재능을 활용하고, 또 널리 여행하면서 사육장과 소유지를 둘러보고 싶었어요. 나는 즐기면서 동시에 일할 수 있는 그런 사업을 찾고 있었습니다."

그렇게 해서 찾아낸 것이 관광사업이었다. "브리스베인에 살 때 우리 가족은 '88 박람회를 찾은 손님들을 얼마간 재워 주었습니다. 호주 서부, 빅토리아, 그리고 호주 남부로부터 온 방문객들이 우리 집에 머물렀죠. 우리는 그들에게 아침과 저녁식사를 대접했습니다. 그들은 낮 동안에는 박람회에 갔고, 저녁이면 우리와 이런저런 이야기를 하면서 각자의 경험을 함께 나누었습니다."

몇 년 후 하던 일의 계약기간이 끝나 케이언즈로 이사했을 때, 존은 여행자를 위한 숙박업소 사업을 생각하기 시작했다. "관광산업에 종사하는 몇몇 사람의 의견을 물어 보고는 그런 조직망에 가담하고 싶어하는 가정들이 있는지를 묻는 광고를 지방신문에 실었습니다."

다행히도 존은 북퀸즈랜드 지역에서 교외주택, 농장, 오지에 이르는 다양한 형태의 숙박을 제공하겠다는 60통 이상의 답장을 받았다. 크게 고무된 그는 아내 에미(Emmy)에게 그런 사업을 시작해 보자고 제의했다.

"일을 하기 전에 먼저 조사를 하는 것이 나의 습관입니다. 그래서 나는 사업가나 지방정부와 대화를 나누면서 거의 8개월을 보냈습니다." 그는 자신의 아이디어가 실현 가능한 사업계획인지를 알고 싶었다. "그건 아주 작은 틈새시장이었습니다. 하지만 1992년에 조사한 바에 따르면 발전할 가능성이 아주 높았습니다. 사람들은 주요 관광지를 떠나서 진짜 호주로 파고들고 있었습니다. 그런 일에 꼭 맞는 장소는 바로 일반 가정집들입니다. 거기서 그들은 사람들을 만나고 호주에서의 삶에 대해 이야기하며 친구로서 접촉합니다. 모텔에서의 상황과는 매우 다른 거죠."

존은 비록 건설업자로서 여러 해 동안 자영업을 해 왔지만, 지방 TAFE 대학의 21시간짜리 소규모 사업강좌를 수강함으로써 자신의 기술이 더욱 빛나도록 했다. 퀸즈랜드 정부가 발의한 〈자영 모험기업기구(SEVS)〉에 지원하도록 이끌어 준 것은 바로 그 강좌였다. 다른 주에도 비슷한 이름의 기구들이 있다.

"〈SEVS〉는 사업을 시작하기 위한 재정적 보조를 무이자로 융자해 줍니다." 존은 말을 계속했다. "그걸 얻어 내려면 사업계획이 필요했습니다. 그래서 포괄적인 제안서를 묶어 냈는데, 그게 승인되었습니다." 그리고 존은 3주짜리 경영강좌를 수강해야만 했다. "그 강좌는 그 동안 수강했던 다른 강좌들을 보완해 주었습니다."

존과 에미는 자신들의 사업을 집에서 시작하기로 결정했다. "사업계획에는 사무실 임대료를 포함시켰지만, 나는 사업이 기대에 못 미칠 경우, 집에 사무실을 차리는 것이 숨쉴 여유를 주리라고 생각했습니다. 원하기만 하면 언제든 쉽게 빠져 나올 수 있었고, 어떤 임대계약에도 매일 필요가 없었습니다." 그래서 그들은 이에 대한 승인을 관련기관으로부터 받았다. 존은 이러한 생각을 이웃에게도 알렸고, 혹시 있을지도 모르는 불만을 알려 주도록 부탁했다. 다행히 불만은 없었고, 몇 주 후 〈홈 체인(Homechain)〉은 사업을 개시했다.

기초작업 결과, 존은 케이언즈가 세계 20대 휴일 행선지 중의 하나라는 것을 알게 되었다. 남호주 같은 곳을 방문하는 관광객들의 태반은 국내인인데 반해 퀸즈랜드, 특히 케이언즈를 방문하는 관광객 대부분은 외국인들이었다. 존은 이 조사를 근거로 하여 그들의 사업 〈홈 체인〉을 호주관광위원회의 해외 자료은행뿐만이 아니라 영국과 독일에서도 홍보하도록 했다.

존은 기분좋게 말했다. "4년이 지난 후 사업은 우리의 기대를 넘어섰습니다. 우리는 '호주인 호스트 운동(Aussie Host Movement)'에 참여했는데, 이것이 우리의 신용장이 되었고 명성을 가져다 주었습니다. 집에 사무실을 마련한 것은 매우 현명한 일이었고, 그것이 우리의 강점이 되었습니다."

존은 사업을 시작하기 전에 모든 것을 논리적이고 꼼꼼하게 쌓아올렸다. 먼저 그는 어떤 사업을 할 것인가를 결정했다. 그리고 그 실현 가능성과 적용될 법규와 법률을 조사했다. 그는 관련된 강좌를 수강함으로써 필요한 사업기술을 얻었고, 지방 혹은 주정부로부터 필수불가결한 허가를 얻었다. 이런 것들이 성공을 보장할 수는 없지만, 스스로 준비하고 시장에 정통하게 됨으로써 위험을 최소화했다.

제2장

출발점에 서서

인생에는 확실한 것이란 없다. 그리고 치밀한 연구에도 불구하고 비참한 실패를 겪은 제품이나 사업의 예는 얼마든지 있다. 반대로 어떤 사업들은 사업계획이나 큰 준비 또는 깊은 생각 따위가 전혀 없었음에도 번창했다.

1,000개 이상의 가맹점을 가지고 있고, 세계에서 가장 큰 잔디깎기 가맹점회사인 〈짐즈 모우잉(Jim's Mowing)〉사는 자신을 사업적 재능이 별로 없는 진짜 느림보일 뿐이라고 말하는 사람에 의해 시작되었다. 그는 집에서 사업을 시작했는데, 밑천이라고는 24달러뿐이었다.

시작을 위한 점검표

1. 어떤 류의 사업이 적합할까?
- 당신의 자격, 경험, 재능, 기술, 전문가적 지식과 관심 정도를 고려하라.

2. 당신의 사업은 생명력이 있는 것인가?
- 제안된 사업에 대한 시장은 형성되어 있는가?
- 그 시장은 원하는 수입을 가져다 줄 수 있을 만큼 충분히 큰가?
- 경쟁자는 누가 될 것인가? 아니면 당신은 새로운 시장을 개척할 것인가?
- 적당한 부동산을 가지고 있는가?
- 당신의 사업에서는 손님을 접대할 공간이 필요한가?
- 그 사업은 집에서 합법적으로 운영될 수 있는 것인가?
- 홈 비즈니스에 관한 그 지역의 법규는 무엇인가?
- 충분한 자본금과 여유자금을 가지고 있는가?
- 적절한 사업기술이나 지식이 있는가? 없다면 배울 수는 있는가?
- 당신에게 조언해 줄 전문가들—은행가, 소송 대리인, 회계사, 지역사업센터 등—은 있는가?

3. 어떻게 운영할 것인가?
- 전일제로 할 것인가, 파트타임으로 할 것인가?
- 현재 하고 있는 일을 계속하면서 사랑방 사업으로 천천히 옮아갈 것인가?
- 지금 준비하고 있는 사무실에서 계속 일을 할 것인가, 아니면 다른 부동산을 빌기 전에 시장을 시험해 보는 것인가?
- 당신의 사업형태—개인회사, 합작, 유한책임회사—는 무엇인가?
- 당신의 상호는 무엇인가?
- 사업체를 새로 꾸밀 것인가, 아니면 기존에 있던 사업체를 인수할 것인가?
- 돈을 내고 체인점으로 운영할 것인가?
- 몇 시간이나 일할 것인가?

"나는 전혀 조직적이지 못한 사람이라서 엄청나게 많은 실수를 저질렀습니다"라고 짐 펜만(Jim Penman)은 털어놓는다. 그의 사업 또는 그 비슷한 다른 사업에서 누군가 성공을 거두었다면, 그것은 아마도 기술과 끈기, 의욕이 그 분야에서 잘 결합된 덕분일 것이다. 그것은 단지 소유자가 적당한 시간에 적당한 장소에 있었기 때문일 수도 있다. 그러나 어떤 경우가 됐든 그런 성공담은 일반적이라기보다는 예외적인 경우이다 .

이런 경구를 기억하는 것이 좋다. "계획하는 데 실패한다면, 실패하자고 계획하는 것이나 같다. "

사업을 시작하기 전에는 완벽하게 준비하는 것이 현명한 일이다. 시작을 위한 점검표를 보라.

당신에게 적합한 사업

어떤 사람들은 자신이 갖고 있는 직업적인 면허증이 홈 비즈니스 사업에 아주 적합하다는 것을 발견한다. 애덜레이드 대학에서 치과수술에 관한 학사를 취득하고 동업의 형태로 오랫동안 일해 온 데릭 토마스(Derick Thomas)는 치과 진료소를 집에서 시작하기로 결정했다. 그것은 그를 위해서 현명한 조처였다. "나는 이 곳, 내 소유의 왕국에서 자율성을 가지고 있다고 느낍니다." 그는 말한다. "먼저번 자리는 안전하질 못했습니다. 임대 계약과 건물 소유권의 변화에 매여 있어야만 했죠. "

자격증을 가지고 있으면서도 그것을 사용하지 않기로 한 사람들도 있다. 로스 서덜랜드(Ross Sutherland)는 가르치는 일이 더 이상 견디기 어려웠다. 그래서 그는 조기퇴직을 택하고 〈다이알 - 에이 - 와

이프) 청소용역회사에서 아내 잰과 합류했다. 그가 자신의 일을 바꾼 데는 이유가 있다. "나는 가르치는 일과 아이들을 매우 좋아했고, 같은 학교에서 13년 간 일했습니다. 그러나 최근의 여러 가지 정책은 나를 실망시켰습니다."

경험도 아주 중요한 것이다. 만약 당신이 패션 소매산업에서 오랜 경험이 있다면 집에서 옷을 만들어 직접 팔 수 있을 것이다. 아무것도 모른 채 기초부터 사업을 시작하는 것에 비해, 이런 방법은 그 산업을 잘 알고 있고 접촉창구를 가지고 있다는 점에서 아주 유리하다. 이전의 고용주는 당신이 이제 경쟁자라는 것에 기분나빠할 테지만, 그것을 피하는 방법들도 있다. 그들과 같이 일할 수 있지 않을까? 심지어 그들에게 납품할 수도 있지 않을까?

길롱(Geelong)의 건축가인 웨인 케천(Wayne Ketchen)은 자신이 일했던 회사를 포함한 멜버른의 주요 회사들과 계약제로 일한다. "나는 불경기로 직장을 잃었습니다. 그러니까 회사를 떠나기로 한 것은 내가 내린 결정이 아니었습니다." 그는 말한다. "그러나 나는 어느 단계에 이르러서는 독립해 나왔을 겁니다. 그러니까 실직은 그 과정을 가속시켰을 뿐인 것이죠. 나는 말 그대로 금요일에 직장을 나와서 월요일에 사업을 시작했습니다. 지금 나는 개인 고객과 회사 모두를 위해 일하고, 내가 마지막으로 몸담았던 회사는 여전히 나에게 일감을 제공하고 있습니다."

만약 당신의 이전 고용주와 좋은 관계를 유지할 수 있다면, 그것은 둘다를 위해 이로운 일이 될 수 있다.

데니스 케롤(Denis Carroll)은 경력 덕분에 자신의 남호주 식료품 도매사업이 성공했다고 믿고 있다. "국영 제조회사에서 일했기 때문에, 나는 이 분야에서 철저한 훈련을 받았습니다. 비록 내 사업이 아직은 큰 수입을 올리고 있지는 않지만, 시장에 대한 지식이 없었더라면 이만큼 성공할 수도 없었을 겁니다. 그런 경험이 없었다면 조기퇴직한 공무원이 이런 일을 하는 건 생각할 수도 없었을지 모르죠."

적당한 자격증이나 경험이 없다면 개인적인 재능을 발휘해야 할 것이다. 당신은 빼어난 피아노 연주가이거나 요리사일지 모른다. 음악강습을 하거나 집에서 출장요리 사업을 시작하는 것을 고려해 본 적이 있는가?

"나는 항상 음악을 사랑해 왔습니다. 유년시절부터 말이죠." 헤이즐 매터(Hazel Matters)는 말한다. 1992년 교직에서 물러났을 때, 그녀는 학생들에게 집에서 피아노와 노래를 가르치기로 결심했다. 현재 그녀는 시간제 수입을 올리면서 자신의 열정에 몰두해 있다. 당신이 정말로 즐기는 일을 생계를 위해 할 수 있다는 것은 여분의 보너스라고 할 수 있을 것이다.

만약 조류관찰이나 조경, 컴퓨터 같은 특정한 관심 분야를 가지고 있다면, 신문이나 잡지에 기사를 쓸 기회를 찾아보는 것도 한 방법이다. 그런 기사들 중 상당수가 기자보다는 전문가들이나 광적으로 관심이 많은 사람들에 의해서 쓰여진다. 아니면 당신이 아는 것을 다른 사람에게 전달할 수도 있다. 특정한 주제에 관한 매주 강좌나 하루짜리 세미나를 위해 사람들을 고용하는, 성인을 위한 교육대학들도 많다. 강의를 하기 위해서 반드시 자격이 있는 선생님이거나 강사여야 할 필요는 없지만, 전문가적인 지식을 갖고 있어야만 한다.

케이 해너포드(Kay Hannaford)는 애덜레이드 교외에서 안내자가 딸린 도보여행을 주선하는 돈 잘 벌리는 사업을 시작했다. "공무원으로 일하고 있던 어느 이른 아침이었어요. 출근하려고 도시를 가로질러 걷고 있을 때 바로 그 생각이 떠올랐습니다." 그녀는 말했다. "그

착상이 얼마나 대중적인가를 깨닫고는 내가 더 놀랐습니다." 그 사업을 몇 년 간 성공적으로 운영한 후, 그녀는 사업체를 팔았다.

케이는 사람 만나는 것과 함께 이야기 나누는 것을 매우 좋아했고, 따라서 도보여행을 즐겼다. 그러나 대중을 다루는 일이 당신을 주절대기만 하는 실패자로 만든다면 집에 있는 편이 훨씬 나을 것이다.

작가이자 일반 개업의인 피터 골드위시(Peter Goldworthy)는 회사와 고독 사이에서 행복한 타협점을 찾아냈다. 그는 아침에는 집에서 글을 쓰고, 오후에는 아내가 개업한 일터로 나가 일한다. 그는 2년간 전업작가로 일하고는, 그게 자신을 외롭고 침울하게 만든다는 것을 깨달았다. 피터는 말한다. "나는 스페인의 영화감독 루이스 부뉴엘(Luis Buñuel)의 말에 전적으로 공감할 수 있습니다. 그는 이렇게 말했죠. '고독은 환상적인 것입니다. 후일 당신이 누군가와 그것에 관해 이야기를 나눌 수만 있다면 말입니다.' 사람들과 접촉하는 것은 작가인 내게 아주 중요합니다. 그게 영감을 주고 현실과 멀어지지 않도록 해 주거든요. 그렇지 않으면 나는 지나치게 사색적인 인간이 돼 버릴 겁니다."

홈 비즈니스를 시작하기 전에 그것이 당신의 성격에 맞는지를 고려하는 일은 매우 중요하다. 컴퓨터 상담가이자 판매원인 웨슬리 브라운은 말한다. "내가 왜 시내에 사무실이 있는 직장을 떠났는가를 돌아보면, 통제받는 것이나 매일 같은 시간에 일어나서 같은 시간에 퇴근하는 일에 싫증이 났던 것 같습니다. 사장을 위해서 일하는 것은 아주 어려웠습니다. 혼자서 내 마음대로 일하고 싶었거든요. 나는 그런 사람이고 그런 성격을 갖고 있습니다. 일을 하려는 의욕에 대해서라면 아무 문제가 없습니다. 나는 쉬지 않고 며칠이나 계속 일할 수도 있습니다. 내 수입이 내가 쏟은 노력으로 결정된다는 사실은 아주 매력적인 일입니다."

성격에는 생체리듬도 포함된다. 당신은 일찍 일어나는 사람인가, 아니면 밤늦게까지 일하는 것을 선호하는가? 당신은 언제 가장 생산적인가? 아침인가? 오후인가? 아니면 저녁인가? "나는 일찍 일어나는 사람입니다만, 집에서 일할 때는 저녁에 시간을 낼 수도 있습니다." 웨슬리는 말한다. "나는 집에서의 시간활용에 융통성을 갖고 있지요."

건축 디자이너인 엘비오 페라라(Elvio Ferrara)는 이른 오후까지 일하고는 오후 휴식시간을 즐긴 다음, 저녁때 다시 일을 시작해서 새벽 1시까지 계속한다. 그는 이 휴식시간 동안 그 날의 식사를 스스로 요리하거나 은행이나 우체국에 가기도 하고, 가족과 시간을 보내고, 때로는 낮잠을 자기도 한다. "일하는 데 있어 가장 소중한 시간은 저녁 9시부터 새벽 1시까지입니다." 그는 말한다. "그 때가 가장 방해받지 않고 일할 수 있는 시간입니다. 몸은 오후에 가장 피곤하죠. 그래서 그 때 휴식을 취하고, 가게에 가고, 그 날의 가장 중요한 식사를 하는 겁니다. 나는 점심으로 샌드위치 같은 것보다 더 나은 음식을 먹는 게 중요한 일이라고 생각합니다. 가족과 함께 차를 마시는 시간에는 뭔가 간단한 것을 먹습니다."

밤에 일하는 것이 당신의 사업에 큰 보상을 해 줄 수도 있다. 만약 당신이 국제적인 표준시간대를 가로질러 통신할 필요가 있다면 특히 그렇다. 번역 서비스를 제공하면서 홈 비즈니스 사업을 하는 멜버른의 워윅 로든(Warwick Rodden)은 아침 일찍 혹은 밤늦게 시간을 내서 시애틀이나 런던, 그리고 베를린에 있는 고객들과 정기적인 접촉을 갖는다.

당신의 사업은 생명력이 있는가?

생명력이 있는 사업이란, 충분한 이익과 만족할 만한 현금의 흐름을 만들어 내는 것을 말한다. 당신이 제안한 사업이 생명력이 있는가를 결정하는 데 있어서 다음의 내용을 고려할 필요가 있다.

당신의 상품이나 서비스에 대한 시장이 없다면, 사업은 날기도 전에 땅에 처박혀 버릴 것이다. 시장의 규모를 평가하기 위해서는 사업의 영역을 명백히 할 필요가 있다. 당신은 지역적으로만 시작할—그리고 남아 있을—것인가, 아니면 전국적인 또는 국제적인 규모로 사업을 할 것인가? 물론 이런 내용은 변하기 마련이다. 수요가 늘면 당신은 사업을 확장할 것이고, 수요가 줄면 축소할 것이다. 그러나 여기서 주의할 점은, 소규모 사업들의 공통된 실패 원인이 때이른 확장이라는 것이다.

먼저 특정한 지역만을 대상으로 사업을 벌이기로 했다고 가정하자. 당신은 이제 지역신문, 지역사회 게시판, 가게들의 창문과 동호회 소식지 따위를 뒤져서 비슷한 서비스를 제공하는 다른 회사들을 찾아볼 수 있다. 직업별 전화번호부에 이미 같은 종류의 사업에 대한 광고가 나와 있는가? 그렇다면 이것이 그런 서비스에 대한 수요가 있다는 것을 의미하는가, 아니면 그 수요가 적절히 충족되었다는 것을 의미하는가? 여기서 더욱 조사해서 어떤 쪽인가를 밝히는 것은 당신에게 달렸다. 그리고 당신은 심지어 미래의 경쟁자들과도 얘기해 볼 수도 있다.

만약 당신이 살고 있는 지역에 잔디깎기 회사를 설립하려고 한다면, 그리고 이미 다른 회사가 잘 하고 있다는 걸 알게 된다면, 당신은 다른 회사가 제공하지 않는 서비스, 즉 쓰레기 수거나 가지치기 또는 잡초뽑기 같은 것들을 추가하여 사업내용을 넓힐 수도 있을 것이다.

만약 당신의 것과 비슷한 사업이 그 지역에 있었다가 실패했다는 것을 알았다고 해도 무조건 포기하지는 말라. 왜 그것이 실패했는가? 값이 너무 비싸서인가? 상품이나 서비스가 형편없었는가? 그 회사는 믿을 만하지 못했는가?

고객의 윤곽을 잡는 것은 정말로 유용하다. 당신의 고객들이 유행에 민감한 20대라면, 퇴직자들이 사는 지역에 맞춤옷 가게를 차리는 것은 바보짓일 것이다.

당신이 직접 시장조사를 시작해 보는 것도 좋다. 문을 두들기거나 설문지를 우편함에 넣어 보는 일 또는 이웃과 지역의 사업체들에게 당신의 서비스에 관심이 있는가를 묻는 것에서부터 시작하는 것이다. 전국적이거나 국제적인 시장을 바라볼 때도 비슷한 원칙이 적용된다.

시장의 존재와 규모를 알아 보았다면, 원하는 수입을 그 시장이 제공할 수 있는가를 알아내야 한다. 그리고 만약 수입이 충분하지 않을 것이라고 판단된다면, 사업을 하는 것이 돈을 위한 것인지 다른 이유 때문인지를 생각해 보라.

매릴린 졸리(Marilyn Jolly)는 홈 비즈니스가 경제적으로 도움이 될 거라고 기대하면서 사업을 시작하지 않았다. 그리고 실제로도 수입이 넉넉하지 못했다. 결국 그녀는 돈을 위해서라기보다는 즐기기 위해서 일하는 셈이 되었다.

그녀는 자신이 좋지 못한 일을 경험한 후에 〈졸리의 집과 애완동물

관리)라는 홈 비즈니스 사업에 대한 착상을 얻었다. "남편과 나는 개를 한 마리 기르고 있었는데, 휴가를 떠날 때는 개집에 넣어 두곤 했어요. 그런데 언젠가 사흘 간의 휴가에서 돌아왔을 때, 우리는 그 개가 잔뜩 풀이 죽어 있는 것을 발견했습니다. 그 개는 그 기간 내내 우리에서 나올 수가 없었던 거예요. 그래서 그 다음 번에는 한 친구에게 집을 봐 달라고 부탁했습니다. 그녀는 동물을 먹이고 보살피기로 했고, 정원을 돌보고 식물에 물을 주는 일도 맡아 주기로 했지요." 그러나 그 계획은 더욱 큰 재앙을 불렀을 뿐임이 곧 밝혀졌다. "우리가 집에 돌아왔을 때 화분의 식물들은 죽어 있었고, 개는 어디로 갔는지 찾을 수가 없었어요. 그래서 나는 사람들이 집을 떠나 있을 때 동물과 집을 보살펴 주는 회사를 만들기로 마음먹었습니다."

사람들이 그 서비스를 부담없고 이용하기 쉽도록 하고 싶었기 때문에, 매릴린은 요금을 매우 싸게 책정했다. "사업을 하려면 개집보다 더 싸게 요금을 매겨야 했습니다. 관련된 시간과 이동거리를 고려해 보면 터무니없이 싼 요금이죠. 그래서 곧 이 사업이 돈을 위한 것이라기보다는 애정을 위한 것임을 깨달았습니다."

그녀는 집을 점검하고, 개와 30분 간 산책을 하고, 정원에서 똥을 치우고, 우편물을 들여 놓고, 쓰레기를 내어 놓고, 화분에 물을 주고, 그 밖에 주인이 원하는 사소한 잡일들을 해 주는 데 하루 12달러밖에 청구하지 않았다. 그녀는 세 군데 지역신문에 광고를 내고, 텔레비전이나 라디오로 광고를 확장해 나가기 위해 좀더 많은 예산이 있었으면 했다. 그러나 사람들이 더 많은 돈을 낼 수는 없을 것이라고 믿었기 때문에 요금을 올리는 데 소극적이었다. 그래서 그녀의 사업은 그 근방으로만 국한되었다. 30분 이상 운전해서 가야 할 정도로 먼 곳이라면, 그녀의 사업은 현실적이지 못했다. 그녀는 바쁠 때 돌봐 줄 사람을 고용할 수도 없었다. 뿐만 아니라 그녀 자신도 안정된 생활을 할 수 없었다.

당신의 사업은 손님을 끌기 위해서 그들을 맞이할 장소가 필요한가? 그렇다면 잘 알아 봐야만 한다. 또 광고를 위해 다는 간판의 크기나 위치는 어떠한가? 판촉물을 돌리는 데는 문제가 없는가? 이런 것들은 해당 지역의 관공서에 문의하는 것이 좋다.

이런 것들은 당연해 보일지 모르지만, 몇몇 용감한 또는 바보 같은 사람들은 실제로 모든 것을 하고 나서야 자신의 사업이 집에서 할 수 없는 것임을 발견하곤 한다.

일반적으로 홈 비즈니스 사업주는 이웃과 주변환경을 고려할 필요가 있다. 지나친 소음을 내거나 공기를 오염시키지는 않을까? 주차는 어떤가? 많은 고객들이 끊임없이 오갈 것이라고 생각하는가? 그런 일들은 이웃을 짜증나게 할 수도 있다. 지역 관공서에 알아봐서 당신이 하려는 사업이 적법한가를 확인하는 일은 매우 중요하다.

안느 프로섹(Anne Procek)은 집에서 타자 서비스를 시작하기로 결정했을 때, 자신의 의도를 상세히 적은 편지를 지역의 관련기관에 보냈다. 그녀는 그 사업에 관련된 유일한 사람이었고, 10평방미터의 홈 비즈니스 사무실과 컴퓨터, 복사기, 그리고 팩스를 갖고 있었다. 그녀는 고객으로부터 서류를 받거나 주는 일을 직접 할 생각이었으므로, 주변의 주차 문제는 발생하지 않을 것이었다.

관련기관에서는 안느의 사업이 '집안 활동'의 범주에 속하고 개발 승인이 필요하지 않다는 것을 확인해 주었다. 안느는 세들어 살고 있었기 때문에 집주인과도 애기했는데, 그도 집에서 사업을 하도록 허락해 주었다.

최근에 실직한 톰 윌슨(Tom Wilson)은 자기집 뒷마당에 차량 도색 사업체을 차렸다. 오래지 않아 이웃 한 사람이 관련기관에다 냄새에 관해서 불평을 했고, 그는 작업을 중단하거나 2, 3주 안에 건물을 비우라는 경고를 받았다. 1만달러의 벌금이라는 심각한 법적 조치에 직면하고 싶지 않다면 말이다. 그는 할 수 없이 자신의 일을 중단하고 혼자 일하는 대신 다른 고용주를 찾기로 했다.

또한 사업인가가 필요한지도 알아야 할 필요가 있다. 이런 정보를 얻는 데는 사업 센터가 이상적일 것이다. 그 곳의 정보 저장고에는 인가가 필요한 수백 가지 활동의 목록이 담겨 있다. 양봉에서 에뮤 농장까지, 또 번역이나 배관, 도난경보장치 설치에서 결혼식 비디오 제작에 이르는 모든 일들 말이다.

(우리나라에서는 업종이 무엇이든, 점포를 실제로 갖고 있든 그렇지 않든 간에 누구든지 사업장 관할 세무서에 가서 사업자 등록을 해야 한다. 세무서에서는 업종[제조업, 도소매업, 용업업]이나 업태[정보 서비스, 무역, 학원] 등의 신고 외에 각 업종별 필요한 인/허가, 신고 등을 관계당국에 별도로 해야 한다. 사업자 등록의 경우, 관할 세무서에 등록신청서 2부, 주민등록등본 2부, 임대차 계약서, 사업허가증을 제출하면 일주일 이내에 등록이 가능하다. 연간 매출액 7,000만원을 경계로 간이 과세자와 일반 과세자로 나뉜다.)

허가를 얻었다면 이제 당신의 경영기술을 손질할 필요가 있다. "나는 많은 벤처 기업들이 사업주가 사업운영에 관해 전혀 모르기 때문에 실패하는 것을 보아 왔습니다." 홈 비즈니스 사업을 하는 전기기사인 밥 플라허터(Bob Flaherty)는 말한다. "거래에 관해서 잘 안다고 하더라도 비용의 계산이나 장부정리, 계좌관리 같은 일은 사람들을 몇 번이고 낙담하게 만듭니다. 그러니까 사업을 시작하려는 사람들은 아무리 기초적인 것이더라도 경영강좌를 들어야만 한다고 생각합니다. 나는 그렇다고 절감하고 있습니다."

앨런 윌리엄(Alan Williams) 교수는 말한다. "아주 많은 사람들이 적절한 준비 없이 사업을 시작하고 있습니다. 그들 중의 4분의 3은 돈과 자기 자신, 가족을 그 일에 겁니다. 아무와도 의논하는 일 없이 말입니다. 그들은 충분히 자본주의화되어 있지 않습니다. 그들은 재단사나 건축가로서 기술적으로는 훌륭할지 모르지만, 사업체를 운영하는 일에는 직업적인 일을 수행하는 것 이상의 것이 연관되어 있다는 사실을 이해하지 못합니다."

윌리엄은 20년 간 소기업을 연구하던 중 처음 몇 달이 매우 중요하다는 것을 발견했다. 그의 연구결과는 다음과 같다.

소기업 중 11%는 처음 석 달 안에 도산한다. 18%는 처음 6개월 안에 실패한다. 30%는 처음 1년이 끝날 때쯤 실패한다. 39%는 2년 안에 실패한다. 그리고 소기업 중 90%는 10년 안에 실패한다. 따라서 그 남은 10%가 성공했다고 여겨진다.

윌리엄은 보통 경영기술이나 기술적 전문지식 또는 기업가적인 추진력의 부재 때문에 실패한다고 말한다. 그는 이렇게 덧붙인다. "사람들은 '현금이 떨어졌어'라고 말합니다만, 조금만 더 생각해 보면 진짜 이유들―판매부진, 비용조절의 실패 등―이 있다는 것을 알게 될 겁니다. 사업의 실패가 재정적인 운영에 연관되어 있다면, 그것은 유동성 자산과 양질의 바람직한 현금 흐름의 중요성을 인식하지 못한 탓일 수 있습니다. 당신은 예산관리를 하고 무엇이 돈을 벌어들이고 있는가를 살피는 한편, 장부관리와 기록을 잘 해야 하며, 무엇보다도 판매와 시장관리를 잘 해야 합니다."

당신은 필요한 경영기술을 갖고 있는가? 아니라면 당신은 최소한 자신을 위한 기록과 납세를 위해 장부정리를 배워야 할 필요가 있을 것이다. 당신이 살고 있는 지역에서 열리는 소규모 사업강좌나 사업센터는 그 기본지식을 제공할 수 있을 것이다. 그런 강좌들이 직접 사업을 해 보겠다는 당신의 생각을 바꾸어 놓을 수도 있지만 말이다!

일단 쉽지 않은 현실에 부딪치게 되면, 사람들은 "이건 내게 맞지 않아"라고 말하거나 좀더 경험을 얻게 될 때까지 일을 미뤄 두고는 한다. 사업을 한다는 것은 요구되는 게 매우 많은 일이다. 그것은 하나의 직업 이상의 무엇인 것이다. 그것은 일생을 거는 일이다. 당신은 24시간 일과 관련되어 있어야 하고, 위험 부담은 직장에 있는 것보다 훨씬 크다. 거기에는 더 많은 감정적인 요구사항과 정신적인 요구사항이 있다. 그건 부모가 되는 일과 같다. 누구나 부모는 될 수 있다. 다만 좋은 부모가 되는 일이 훨씬 더 어려운 법이다. 사업을 시작하는 것도 그와 같다. 하기는 쉽지만 잘 하기는 어려운 것이다.

기술뿐만 아니라 사업을 시작할 자본도 필요하다. 또 조언해 줄 만한 것은, 사업을 시작하고 일으켜 세우는 6개월 또는 그 이상의 기간 동안 당신을 지탱해 줄 개인저축 따위를 가지라는 것이다. 그 저축들은 사업이 갑자기 부진할 때 상황을 정상화시키는 데 아주 쓸모가 있을 것이다. 그것들은 당신의 보험증서이고 필수적인 예비자원이다. 고용주를 위해 일할 때는 이런 일을 걱정할 필요가 없었다. 그리고 수입은 규칙적이고 안정적이었다. 그러나 사업이란 이번 달은 좋았다가 다음 달에는 그렇지 못하고, 이리저리 요동을 치는 법이다.

사업계획을 세울 때는 당신 자신을 위한 현실적인 월 수입을 추정해 두어야 한다. 되도록 온건하게 해야 하고, 처음에는 한동안 아무 수입도 없이 해 나가야 한다는 사실을 명심하라.

"사업을 시작한 후 6개월, 9개월 심지어 12개월 동안 대부분의 돈은 들어오기보다는 문 밖으로 나가려고만 할 겁니다" 하고 윌리엄 씨는 지적한다. 30일 또는 60일 간의 외상을 준다면, 당신은 자연히 그 기간 동안 상대가 지불해 주기만을 기다려야 한다. 그러니까 처음부터 제대로 된 규칙을 가지는 것이 좋다. 그 돈들을 무한정 기다리고 싶지는 않을 테니까 말이다.

충분하지 못한 자본으로 사업을 시작한다면, 당신은 실패로 가는 지름길 위에 서 있는 셈이다. 이 부분에서 특히 계획이 절대적으로 중요한 역할을 한다. 훌륭한 계획과 준비는 아무리 강조해도 지나치지 않는다.

조언을 구할 수 있는 전문가들을 알고 있는 것도 마찬가지로 중요하다. 당신이 사업의 모든 면에 대해서 전부 다 알고 있으리라고는 기대할 수 없다. 전문가들은 당신에게 영향을 미치는 가장 최근의 법규와 변화를 말해 줄 수 있을 것이다. 최소한 회계사나 소송 대리인, 은행 관리인과는 좋은 관계를 맺어 나가도록 하라.

만약 아직 알고 있는 전문가들이 없다면, 주변 사람들로부터 추천을 받거나 상호별 전화번호부 또는 그 비슷한 인명부에서 그들의 이름을 알아 낼 수가 있다. 적절한 자격증이 있고, 당신이 특별히 필요로 하는 소양과 경험을 갖춘 사람을 선택하라. 그들은 받는 돈만큼의 값어치가 있어야 하고 대화하기 쉬우며 믿을 수 있어야 한다. 또 항상 일관된 의견을 제시하고, 충고와 정보가 새로우며, 쉽게 접촉할 수 있는 사람이어야 한다.

당신은 그런 서비스에 대해서 돈을 지불한다. 그러므로 당신의 소송 대리인이 건방지고 오만하거나 회계사를 계속 만날 수 없어서 불만이라면, 이러저러한 점이 마음에 들지 않는다고 직접 말하라. 그리고 그 전문가를 바꿔라! 또 조심해야 할 점은 당신 자신을 맡기기 전에 얼마나 돈을 내야 하는지를 확인해야 한다는 것이다. 당신이 잡담을 나누었던 회계사와의 전화 통화— 그가 '상담'이라고 생각한— 에 대하여 그가 청구서를 보내온다면, 당신은 결국 그가 그다지 친근하지도 도움이 되지도 않는 녀석이라고 결론을 내려야 할 것이다. 무엇은 돈을 낼 만하고 어떤 것이 그렇지 않은 서비스인지 확실히 알아야만 한다.

다시 말하지만, 창업을 도와 줄 수 있는 곳을 우선 찾아라. 도움이 되는 지침을 얻을 수 있는 곳이다. 그러나 꼭 전문가의 조언을 구하는 것을 잊지 말라. 어쨌든 전문가들은 경험과 지식을 갖고 있고, 위험과 함정도 알고 있다.

그러나 때때로 조언을 물리치고 본인의 느낌대로 하는 것이 도움이 될 때도 있다. 잠수용 수영복 제작자인 로이 윌리암스는 자신의 사업 개시에 필요한 정보를 얻으려고 사업 센터를 찾았다.

"그들은 그 지역에는 이미 다른 회사가 있으니 시간 낭비만 하게 될 거라고 하더군요. 아무도 나를 격려해 주지 않았습니다"라고 그는 털어놓는다.

그러나 로이의 생각은 달랐다. 그는 흔들리지 않은 모습으로 포괄적이고 인상적인 사업계획을 들고 함께 융자를 얻으러 은행을 찾았다. 로이는 말한다. "그들은 내 사업계획서 같은 것을 전에 본 적이 없었습니다. 그들은 나를 돕는 데 최선을 다했습니다." 그는 은행으로부터 6만달러의 당좌 대월을 해 주겠다는 제의를 받았지만, 1만 달러 이상은 필요하지 않았다. 그의 사업은 실제로 매우 성공적이었다.

이 이야기의 교훈은 무엇인가? 철저히 연구를 했고 당신 자신과 능력을 믿는다면, 누구도 당신을 방해하지 못하게 하라.

사업계획

그럼 사업계획이란 무엇인가? 왜 그게 필요한가? 당신은 어떻게 사업계획을 짜맞출 것인가? 우리 대부분은 휴가를 꼼꼼히 계획한다. 우리는 언제 어디에 갈 것인지, 그리고 얼마나 오랫동안 갈 것인지를 결정한다. 우리는 얼마나 비용이 들지 미리 잘 알아보고, 홍보 책자들과 비디오를 뒤져서 정확히 뭘 보거나 뭘 할 것인지를 찾아낸다. 그리고 낮 동안의 행선지와 관광지들, 들르게 될 박물관과 화원, 쇼핑할 곳을 결정하게 될 것이다.

우리가 자신의 일에 대해서 이만큼 자세히 따져 본 적이 있는가? 아주 드물다. 일이란 휴가와는 달리 우리가 보내는 날들의 대부분, 인생의 많은 부분을 차지하는 데도 말이다.

우리 중 얼마나 많은 사람이 건축가와 상담하지 않고 집을 세우는가? 당신은 건축가가 전체적인 착상과 희미한 개념에 만족하고는 집을 세워 나가면서 일을 배울 거라고 생각하는가?

그러다가 사업이 잘 되지 않으면 당신은 어깨를 으쓱하고는 옛 집으로 돌아갈 것인가? 물론 아니다. 그런데 어떻게 당신은 계획하는 일 없이 사업을 성공적으로 시작할 수 있겠는가?

주택계획이 그 구조물의 모든 부분들을 고려해야 하듯이, 사업계획은 당신 사업의 모든 면을 고려해야 한다.

앨런 윌리엄스(Alan Williams) 교수는 말한다. "사람들이 사업계획을 세우지 않는 이유는 그들 대부분이 '생각하는 사람들'이라기보다는 '행동가'이기 때문입니다. 그들은 사업계획이라는 것이 고생한 만큼의 값어치가 없다고 믿습니다. 노력해서 계획을 세운다고 해도 그게 당장 대가를 돌려 주지는 못한다고 보는 거죠. 그들은 그날 그날 일하면서 닥치는 수요와 위기들을 다루다 보니 계획할 시간이 없습니다. 그러나 계획을 하지 않으면 문제는 꼭 생기기 마련입니다. 그리고 그 문제는 한 주나 한 달 또는 1년이 지나도록 사라지지 않고 남아 있게 되는 겁니다."

계획하는 시간을 마련하라. 그렇지 않으면 오늘의 문제는 내일의 문제가 될 것이다.

"지금 돌아보건대, 처음부터 다시 사업을 시작할 기회가 주어진다면, 나는 소규모 사업강좌를 수강하고 사업계획을 만들 겁니다." 컴퓨터 상담가 웨슬리 브라운은 말한다. "하면서 배우는 것보다는 그게 훨씬 쉬웠을 거예요."

〈홈체인〉의 존 에임은 자세한 사업계획을 만들었다. 그는 그것이 큰 이익을 가져다 주었다는 사실을 깨달았다.

사업계획은 당신의 회사나 그 계획된 미래의 현실적인 개략도이다. 거기에는 배경 정보와 운영 정보, 재정 정보 및 시장 정보가 포함된다.

당신의 사업계획은 사업을 위한 융자를 끌어들이는 데 쓸 수 있고 당신 사업을 현재와 미래에서 계획하고 조정하는 데도 쓸 수 있다. 당신은 정기적으로 사업의 상태를 재평가해야 하며, 그에 따라 당신의 사업계획을 새롭게 만들어야 한다.

* 배경 정보

당신과 동업자들, 그리고 고용인들의 경력들을 말해 보라. 당신은 어떤 자격증과 경험을 갖고 있는가? 당신의 사업목표와 회사의 전망, 그리고 사업철학은 무엇인가? 당신의 사명에 대한 백서를 작성하라.

* 경영 정보

고객들이 경쟁사가 아닌 당신의 사업체를 택하게 될 이유와 함께 당신이 제공하는 서비스와 상품에 대해 자세히 묘사해 보자. 제조용량, 재료비, 운영비, 포장비, 그리고 다른 부대비용 같은 특징들을 포함해서 제조과정의 윤곽을 그려라. 당신의 건물을 묘사하라.

* 재정 정보

사업을 시작하기 위해 얼마의 자본이 필요한가? 사무실과 다른 장비, 전문 서비스(회계사 등)에 대한 비용을 고려하라. 착수자금을 과소 평가하지 말라. 돈이 어디서 나올 것인가를 적어 보라. 은행에서 융자를 받을 것인지, 개인저축을 이용할 것인지, 가족들에게 의존할 것인지를 결정하라.

당신의 자산과 채무를 조사하라. 자산은 저축 같은 유동자산과 차와 집 같은 고정자산으로 나뉠 수 있다. 채무도 식료품 비용이나 임대료 또는 융자 반환금 같은 것들이 있고, 유동적일 수도 고정적일 수도 있다.

첫해와 그 다음 두 해의 현금출납 계획을 적어 넣어라. 여러 가지 상황, 그러니까 최선의 경우, 최악의 경우, 그리고 그 중간 경우의 시나리오를 고려해야 한다. 예를 들어, 집에서 프리랜서 기자로 일하고자 한다면 매주 또는 두 주 안에 쓸 수 있는 기사가 현실적으로 몇 개나 되는지 생각해 보고, 그것을 일감이 얼마나 있을 것인지와 비교해 볼 필요가 있다. 당신은 일이 없는 시기와 짧은 휴가에 대해 생각해 봐야 한다. 당신은 편집자가 바뀌거나 잡지가 폐간되고 창간됨에 따라 수입이 요동친다는 사실을 받아들일 필요가 있다. 이성적으로 생각할 때, 당신은 얼마의 이익을 기대하는가? 물론 그것은 모두 추정한 값일 뿐이다. 이 이익을 얻는 데 어떤 비용이 드는가? 여기에는 휘발유값, 여행비, 전화 통화료, 홈 비즈니스 사무실 장비 비용, 우편물 비용, 문구용품 비용 등을 포함시켜야 한다. 이익에서 비용을 제하고 난 다음 추정되는 순이익은 얼마인가? 그것으로 당신이 평온하게 살 수 있을 만큼의 수입이 될까?

* 시장 정보

당신의 시장은 어디에 있는가? 그리고 그것은 어디까지, 즉 당신이 살고 있는 지방에만 국한되는가, 아니면 국제적으로 펼쳐져 있는가? 어떻게 그 시장에 뛰어들 것인가? 당신의 서비스나 상품에 대한 시장의 과거 상황을 알아 보고, 그 미래를 평가하는 등 철저한 조사를 할 필요가 있다.

당신이 제시하는 요금과 청구액은 사업계획 중 이 부분에서 추정해야만 한다. 이 때 당신의 서비스나 상품에 대한 수요와 제조비용, 그리고 경쟁자가 제시하는 요금을 명심하라. 또한 적용할 수 있는 경우라면, 신문, 라디오, 텔레비전 광고, 전단 또는 소책자를 통해 행해질 광고와 판촉비용을 추산하자.

당신은 사업계획을 철저히 연구해야 할 뿐만 아니라 그것을 전문가답게 서술할 필요가 있다. 사업계획서는 정확하고 간결하게 써야 하고, 적절한 곳에 그림이나 사진, 그 밖의 삽화를 곁들여서 서류철을 하는 종이나 접는 가방에 넣어야 한다. 당신의 사업계획을 편집하는 데 전문가에게 도움을 청하는 것도 바람직한 방법의 하나이다.

편집에 드는 비용은 차이가 많지만, 완전히 포괄적인 계획을 만들기 위해서라면 몇백 달러까지는 지불해야만 할 것이다. 그리고 이 서류는 융자를 얻는 데 있어서 수천 달러의 값어치가 있을지도 모른다.

어떻게 운영할 것인가?

홈 비즈니스 사업을 할 때, 종일제가 아니라 시간제로 일하기로 결정할 만한 몇 가지 좋은 이유들이 있다. 완전한 소득을 주기에는 시장이 충분히 크지 않을 수도 있고, 다른 일을 하느라 시간이 없을 수도 있으며, 단순히 전업으로 일하고 싶지 않을 수도 있고, 그 사업을 시험해 보면서 천천히 종일제 직장으로 만들어 가기를 원할 수도 있는 것이다.

집에서 일할 때 당신은 자신이 원하는 대로 또는 일에 따라 필요한 대로 근무시간을 바꿀 수 있는 선택권을 갖는다.

조금씩 홈 비즈니스 사업으로 이동할 것인지 아니면 한 번에 진입해 들어갈 것인지는 당신의 개인적 환경에 따라 결정될 일이다. 어떤 사람들은 조기퇴직을 했거나 사전 경고가 거의 또는 전혀 없이 퇴직을 당했기 때문에 선택권을 가지지 못한다. 어떤 사람들은 홈 비즈니스 사업을 시작하고는 싶어했지만 그저 조심을 해 왔다. 이제 그들은 그 두려움에 정면으로 부딪히려고 하는 것이다. 양쪽의 상황에는 모두 장단점이 있다.

당신은 사업 초기의 수입 감소를 감당할 수 있는가? 고객이 늘어날 때까지 매일 오랜 시간 동안 한가하게 앉아 있을 것인가? 왜 현재의 직업을 고수하면서 고객 기반을 쌓지 않는가?

실내장식가인 캐서린 부고스(Catherine Bugoss)는 7년 간 일해 오던 회사가 무너지려 한다는 것을 깨달았고, 그래서 그만두기로 결정했다. 두 달 후 그녀의 고용주는 재산관리에 들어갔다. "다행히 나는 통신판매회사와 연관되어 있었어요. 그래서 그 덕분에 많지는 않지만 얼마간의 수입을 얻을 수 있었습니다." 그녀는 말한다. "나는 항상 나만의 실내장식 사업을 하고 싶었지만 그럴 만한 용기나 자금이 없었지요. 통신망 사업은 내게 자신감과 지식, 그리고 융자를 주었습니다." 현재 캐서린은 큰 일감을 위해서는 팀을 이루어 일하기도 하면서 실내장식 분야에서 혼자 일하고 있다.

또 어떤 사람들은 고객 기반과 수입을 천천히 쌓아 가는 동안 자신들의 이전 직업을 유지하고 싶어한다. 그들은 이런 방식으로 직장을 바꾸었을 때 수입이 급락하는 일을 피한다. 나는 치과의사였는데, 집필시간을 저녁시간과 주말에서 한 주에 사흘 또 나흘로 조금씩 늘려감에 따라 종일제 치과의사에서 시간제 치과의사로 바뀌어 갔다. 동시에 나는 거래처와 글쓰기 기술, 그리고 작가로서의 명성을 키워나갔다. 일단 괜찮은 수입이 될 만큼 규칙적인 일감이 많아지자, 나는 전업으로 글쓰기를 시작했다. 그러나 그 모든 과정에는 수년이 걸렸다.

로스 서덜랜드 또한 자신의 직업을 바꾸는 것에 대해 오랫동안 심각하게 생각했다. 그는 〈다이알-에이-와이프〉 청소용역회사가 자리를 잡은 후 몇 년 뒤에야 교직을 떠나 그 회사에서 아내와 함께 일하기로 결정했다. 그 부부의 상세한 사업계획에 따르면, 〈다이알-에

이-와이프)가 이제 로스에게도 괜찮은 수입을 제공할 수 있었기 때문이다.

베아트 위커트(Beate Wickert)는 1993년 케이언즈에 도착한 지 얼마 되지 않아 귀금속 제작 사업을 시작했다. 그녀는 말한다. "나는 본래 시드니에서 일했어요. 처음 여기 와서는 힘이 들지 않을까 걱정했습니다. 하지만 지난 해에는 손님이 두 배로 늘었어요."

어떤 사람들은 더 큰 사업을 시작하기 전에 집에서 우선 작게 시작한 다음 시장을 조사한다. 세계에서 가장 큰 기업들의 성공담 중 몇 가지는 집에서 탄생한 사실에 관한 것이다. 〈애플〉은 오레곤의 차고에서 1976년 태어났다. 〈캠브룩 디스트리뷰팅(Kambrook Distributing)〉은 1964년 멜버른의 캠부룩 거리에 있는 프랭크 배니건(Frank Bannigan)의 뒷마당에서 시작하여, 지금은 호주에서 가장 큰 소형 전기기구 제작 회사 중 하나가 되었다.

집에서 시작하는 것은 비용을 절감할 수 있게 해 준다. 비싼 사무실 임대료나 관련된 부가비용도 없다. 사업이 계획대로 되지 않는다고 하더라도 아주 큰돈을 손해보는 일은 없는 것이다.

사업의 운영

주요 사업형태에는 개인회사, 합작, 그리고 유한책임회사가 있다. 홈 비즈니스 사업의 대부분은 개인회사이지만, 몇몇 사업체들은 합작를 하고, 유한합작회사의 형태로 사업을 하는 곳도 조금 있다. 개인회사로 일하는 것은 간단하다. 설립비용이 가장 적은데다 설립에 드는 시간은 단지 며칠에 불과하다. 다른 사람들을 고용할 수 있지만, 하나뿐인 경영자인 당신 혼자만이 사업에 대한 궁극적인 책임이 있다. 당신과 사업체는 하나이고 동일하며, 법적으로, 그리고 재정적으로 분리가 불가능하다.

개인회사는 무한정한 책임을 가진다. 이것은 당신이 어떤 빚과 청구서에 대해서도 개인적인 책임이 있다는 것을 의미한다. 만약 당신이 자신의 미용실에서 누군가의 다리에 화상을 입혔다면 고소를 당할 수 있다. 당신의 개인적인 자산— 집이나 차— 은 소송을 해결하기 위해 압류되어 팔려 버릴 수도 있는 것이다. 반면에 개인회사는 '유한책임회사'와는 달리 주주회의나 임원회의를 열어야 할 필요가 없다.

합작을 하는 것은 개인회사보다 복잡하지만, 여러 사람이 사업에 참여할 수 있다는 장점이 있다. 그러나 홈 비즈니스 사업에 있어서 가장 가능성 있는 이야기는 두 사람이 합작을 하는 경우일 것이다. 합작을 하면 일에 대한 부담과 그에 따른 걱정들, 위험, 착수자금, 그리고 비용을 서로 나눌 수 있다. 그러나 합작은 친구를 적으로 만드는 가장 쉬운 방법이 될 수도 있다! 심지어 배우자와 일할 때에도 법적인 조언을 구하고 공식적인 합작 동의를 구하는 것이 바람직하다.

합작은 개인회사와 마찬가지로 일하기에도, 운영하거나 해산하는 일도 비교적 쉽다. 또한 법적인 지위나 세금면에 있어서도 비슷한 점들이 있다. 그러나 당신이 이 방법을 고려한다면, 동업자가 고객의 다리에 화상을 입혔을 때 당신도 책임을 지게 될 수 있다는 것을 의미한다. 만약 동업자가 도망가거나 돈이 없다면, 당신의 자산이 다음 번 차례가 된다는 이야기다.

합작을 고려하고 있다면 먼저 생각해야 봐야 할 또 다른 현실적인 문제도 있다. 당신은 그 사람들과 얼마나 친하게 지내는가? 그 사람들을 신뢰하고 그들의 기술과 능력에 확신을 갖고 있는가? 일과 소득은 어떻게 나눌 것인가? 수표에는 당신들 모두가 서명하도록 할것인가? 만약 한 투자자가 떠나기로 결정한다면 어떻게 되는가?

결혼을 할 때처럼 서둘러서 결정한다면 후회하게 될 것이다!

유한책임회사를 설립하는 것은 회사법에 대한 이해가 필요하다. 그러므로 당신은 소송 의뢰인과 회계사의 도움이 필요하게 될 것이다. 유한책임회사는 설립, 운영, 해산이 복잡하다. 설립비용은 더 많이 들고, 시간도 더 많이 필요하다.

그러나 유한책임회사가 가지는 주된 장점은 법인으로서 소유인으로부터 분리돼 있다는 사실이다. 모든 책임은 회사 자체가 지게 된다. 〈벨라스 뷰티 시크릿(Bella's Beusty Secrets)〉의 고용인이 누군가의 다리에 화상을 입혔다면, 책임은 그 회사에 있고, 총 손해액은 그 회사의 자산으로 한정되는 것이다. 물론 벨라의 개인적 자산은 안전하다.

유한책임회사는 최소한 두 임원—주주이기도 한 임원과 회사 간사—이 필요하고, 소유자는 50명까지 가능하다. 임원과 주주들은 정기적인 모임을 갖고 그 기록을 남겨야 하는데, 그 외에도 지켜야 할 여러 가지 규칙이 있다.

회사 이름 짓기

당신이 자기 이름으로 일한다면, 회사 이름을 등록하는 것은 법적으로 꼭 해야 되는 일은 아니다. 그러나 다른 이름으로 거래를 시작한다면 등록을 해야 한다. 그것은 그만한 가치가 있는 일이다. 회사 이름은 당신을 눈에 띄게 하고, 당신의 전문가적인 이미지를 더해 주기 때문이다.

이미 등록된 이름이 아니라면, 당신은 어떤 이름이든 사용할 수 있다. '제인 이스턴 출판사(Jane Eastern Publishing)' 또는 '브런즈윅 배관 서비스(Brunswick Plumbing Service)' 같은 이름들은 한순간에 당신이 누구인지, 그리고 어느 지역에서 무슨 사업을 하고 있는지를 알게 해 준다.

사진가인 매트 터너(Matt Turner)가 홈 비즈니스 사업을 시작했을 때, '유어 초이스 포토그래피(Your Choice Photography)'라는 이름으로 일을 했다. 그러나 동료들과 이야기를 나누다가 자기 이름을 사용하는 것이 자신의 이력과 사진가로서의 명성에 도움이 될 거라는 점을 깨달았다. 이름을 바꾼 것은 정말 효과가 있었다. 사람들은 신문이나 잡지에서 사진 아래에 있는 그의 이름을 주목했고, 좋은 사진과 그 이름을 관련지어 기억했다. 그리고 그들이 다음 기획을 시작할 때 그를 고용했다.

어떤 회사 이름은 당신의 사업에 신비스럽고 궁금증을 자극하는 분위기를 더해 줄 수도 있다. 내 텔레비전 화면이 깜박이는 것을 고치려고 〈우리 아버지의 전기 서비스(Our Father's Electrical Service)〉로부터 존이 나왔을 때, 나는 그 집안이 얼마나 오랫동안 그 사업을 해 왔는지 물었다. 그는 순간 당황한 것처럼 보였다. 나는 "아버님이 시작하시지 않으셨나요?" 하고 물었다. 그는 미소지었다. 왜냐하면 그 '아버지'란 혈연의 아버지가 아니라 '나의 주(Our Lord)'를 뜻하는 것이기 때문이었다. 존은 내 텔레비전에서 잘못된 점을 발견하지 못했는데, 어쨌거나 그는 요금조차 청구하지 않았다. 나는 깊은 인상을 받았다. 게다가 존이 단순히 손을 올려 놓은 것뿐인데도 텔레비전이 완벽하게 작동했기 때문이었다!

상표와 특허권

코카콜라 병을 가까이 들여다본 적이 있는가? 상표는 친근한 소용돌이체이고, 액체인 내용물은 특허로 보호되며, 디자인은 특이한 고풍의 유리병이다.

상표의 등록이나 특허의 신청을 원한다면, 그리고 어떻게 일을 진행시킬 것인지와 진행 가부에 대해 조언이 필요하다면, 특허와 지적소유권 전문 변호사 같은 전문가들과 상담하는 것이 좋을 것이다.

(우리나라에서의 상표권에 대한 정의는 다음과 같다. 상표권이란, 등록상표를 지정상품에 독점적으로 사용할 수 있는 권리. 상표는 상품을 표시하는 것으로서 생산, 제조, 가공 또는 판매업자가 자기의 상품을 다른 업자의 상품과 식별시키기 위하여 사용하는 기호, 문자, 도형 또는 그 결합을 말한다. 상표권은 설정등록(設定登錄)에 의하여 발생하고[상표법 41조], 그 존속기간은 설정등록일로부터 10년이며, 갱신등록(更新登錄)의 출원에 의하여 10년마다 갱신할 수 있다[42조]. 상표권의 가장 중요한 내용은 지정상품에 대하여 그 등록상표를 사용하는 것인데, 그 위에도 상표권은 재산권의 일종으로서 특허권 등과 같이 담보에 제공될 수 있으며, 지정상품의 영업과 함께 이전할 수도 있다. 상표권의 침해에 관해서는 권리침해의 금지 및 예방 청구권, 손해배상청구권, 신용회복조치청구권 등 민사상의 권리가 인정됨은 물론[65, 67, 69조], 침해행위를 한 자에게는 형사상의 책임도 인정된다[93조]. 이와 같이 등록상표를 보호하는 목적은 상표사용자의 압무상의 신용유지를 도모하여 산업발전에 이바지하고, 수요자의 이익을 보호하려는 데

있다.)

독점 판매권

독점 판매권을 가진다는 것은 어떤 체계를 똑같이 다시 만들 수 있
도록 계약 가맹점이 독점 판권자로부터 그 상표와 상품 이름, 그리고
사업 패키지를 사용하는 것에 대해 허락받는 것을 말한다. 잔디깎기
서비스 회사인 〈짐즈 모우잉(Jim's Mowing)〉이나 〈브아이피 모우잉
(VIP Mowing)〉 같은 가맹점은 집에서도 운영할 수 있다.

독점 판매권을 사는 것은 소규모 사업을 시작하는 빠르고도 상대적
으로 안전한 방법이 될 수 있다. 사업 경험이 별로 없는 경우라면 특
히 더 그렇다. 가맹점의 성공률—그것들이 모두 홈 비즈니스 사업은
아니지만—은 다른 소규모 사업의 두 배이다. 훌륭한 독점 판권에
가맹하는 일은 이미 형성된 고객층, 경영기술, 장부정리 방법, 그리
고 계속되는 도움과 조언을 제공받는 것을 의미한다. 결국 당신은 안
정되고 거의 성공적인 사업에 동참하게 되는 것이다. 초기에 들어가
는 비용은 안정된 사업에 참여하여 실패할 가능성이 낮아진다는 사실
에 의해 상쇄된다. 물론 성공 여부는 여전히 당신과 당신의 능력에
따른 것이지만, 미래의 성공에 대한 더 큰 가능성을 가지고 출발하게
되는 것이다. 가맹점은 나중에 자신만의 사업체를 갖고 싶어하는 사
람한테도 좋은 출발점이 될 수 있다. 그러나 가맹점에 가맹하는 데에
도 단점은 있다. 그 중 하나는 기존의 체계를 따를 준비가 돼 있어야
한다는 것이다. 어떤 사람들은 이 점 때문에 가맹점과 맞지 않다고
생각하기도 한다.

일단 독점 판매권을 신청하고 허가를 받았다면, 독점 판권자는 당

신에게 서비스 또는 상품에 대한 권리, 상품명과 로고에 대한 권리, 그리고 정해진 시간 동안— 보통 5년에서 10년— 에 영업할 수 있는 권리를 팔게 된다. 아마도 맨처음의 비용 지출 이후에도 정기적으로 요금을 지불하거나 일정한 질과 서비스를 유지하기 위해 상품이나 장비를 독점 판권자로부터만 사들여야만 할 것이다. 그 보상으로 당신은 가맹 본점으로부터 조언과 후원 서비스를 받게 된다.

(우리나라의 경우도 프랜차이즈[가맹점] 형태의 사업이 활발하게 벌어지고 있다. 이에 따라 공정거래위원회는 '가맹사업의 불공정거래행위 기준고시'를 마련해 1997년 2월 1일부터 시행하고 있다. 가맹점(프랜차이즈) 계약을 할 때, 가맹사업본부는 가맹 계약자에게 계약 후 부담해야 하는 가맹료, 보증금, 각종 공과금, 기존 가맹사업 관련 재무상황 등의 자료를 서면으로 제공해야 한다. 또 가맹사업본부가 계약자에게 가맹점의 실내외 장식을 위한 설비를 특정업체로부터 구입하도록 강제하거나 취급상품의 구입처를 제한할 경우 부당거래행위로 제재를 받게 된다. 공정위는 가맹사업본부가 가맹점에 충분한 정보를 제공하지 않고 계약을 체결했다가 자주 분쟁이 일어남에 따라, 가맹사업 희망자가 요구할 경우, 본부 쪽에서 가맹사업의 재무상태, 사업경력, 소송 관련 사항, 계약 후 가맹 계약자가 지급해야 할 내용, 상품 및 용역의 공급조건들을 서면으로 제공하도록 했다. 이와 함께 본부가 특별한 이유 없이 상품 및 용역의 공급을 중단하거나 영업지원을 거절하는 행위, 우월적 지위를 이용해 결제방법 등을 계약자에게 일방적으로 불리하게 규정하는 행위도 모두 규제하게 된다.)

독점 판매권을 선택하는 데 있어서 자문해 봐야 할 것들이 있다.

- 가맹점이 얼마나 오랫동안 운영돼 왔고, 회사의 명성은 어떤가?
- 당신은 이 회사의 다른 가맹점과 이야기해 본 적이 있는가?
- 당신은 이 분야에서 일하기에 충분할 정도로 이 서비스와 상품에 관심이 있는가?
- 이 서비스나 상품의 대중적인 인상은 어떤가?
- 그 일이 계절적인 것인가? 그리고 만약 그렇다면 당신은 그 수입으로 살아가거나 다른 방식으로 보충할 수 있는가?
- 한 지역에 대한 당신의 권리는 독점적인 것인가?
- 성장 가능성은 있는가?
- 독점 판매권을 위해 얼마나 비용이 드는가— 지금은? 그리고 나중은?
- 그 요금에는 무엇이 포함되어 있는가?
- 좋은 후원 서비스와 조언이 있는가?
- 당신의 상품이나 장비를 독점 판권자로부터만 사야 하는가?

늘어 가는 관심

"내 철학은 '하는 일을 사랑한다면 평생 하루도 그게 일처럼 느껴지지 않는다'라는 것입니다"라고 필 마운더(Phil Maunder)는 말한다.

그리고 만약 당신이 잔디깎기와 조경을 사랑한다면, 그러면 이제 된 것이다! 〈짐즈 모우잉〉사의 남호주 관리인인 필은 가맹점이 소규모 사업에서 이상적인 소재가 된다고 믿는다.

"우리들 중 많은 사람들은 중간 관리층 출신입니다." 그는 설명한다. "그들은 관리나 시장판매 같은 한 영역에서는 기술이 능숙할 겁니다. 하지만 그들은 전에 혼자서 일해 본 적이 없습니다. 자신의 사업을 운영할 때 많은 사람들이 당면하는 어려움은 자신의 일뿐만 아니라 관련되는 모든 일, 그러니까 장부정리, 청구서 준비, 고객찾기와 시장관리, 수금하기 등등에 능숙할 필요가 있다는 겁니다."

"그건 가맹점이 많은 사람들에게 좋은 출발점이 돼 준다는 걸 의미합니다. 우리는 설립과 훈련, 광고와 후원에 관한 일을 합니다. 많은 사람들은 시작한 지 몇 달, 아니 한 주만에 안정된 사업을 할 수 있게 됩니다. 사업을 일으켜 세우고 운영하는 과정이 이미 완성돼 있는 거죠. 당신은 일반 대중에게 잘 알려진 이름, 그러니까 〈짐즈 모우잉〉사를 사게 됩니다. 게다가 당신이 아프거나 휴가를 떠날 때면 대신 일을 떠맡을 능숙한 경험자들도 구할 수 있습니다."

어떤 사람들이 잔디깎기 가맹점을 하는가? "18개월 이전까지 우리 가맹점은 절반 이상이 해고되거나 조기퇴직을 한 사람들이 운영하고 있었습니다. 그들은 퇴직금이 노후생활을 보장하기에 충분하지 않기 때문에 정기적인 수입이 필요하다고 생각했던 것입니다. 지금은 모든 것이 바뀌었습니다. 조기퇴직을 한 사람들의 수는 훨씬 적어졌습니다. 요즘은 사람들이 혼자서 일하고 싶어하기 때문에 〈짐즈 모우잉〉을 찾아옵니다. 그들은 꼭 일을 찾아야만 하는 것은 아닙니다. 그리고 이 사실은 그들을 더 나은 운영자로 만드는 이유이기도 합니다."

필은 하고 있는 일을 즐기는 것과 그 일에 대해 친화성을 가지는 것이 성공의 열쇠라고 믿는다. "당신은 잔디깎기를 좋아할지 모릅니다. 하지만 일용할 양식을 구하기 위해 날이면 날마다 잔디를 깎아야 한다면 그건 좀 다른 상황이 됩니다."

가맹점을 하는 사람은 성격이 좋아야 할 필요가 있다. "일반적으로 고객과 잘 지내는 사람은 성취노가 매우 뛰어납니다. 당신은 매우 뛰어나게 일을 할 수 있을지는 모릅니다만, 고객과 친하지 않다면 그들은 그걸 알아차리지 못할 겁니다. 더 중요한 사실은, 만약 고객이 당신을 싫어하고 당신이 그들의 눈에 만족스럽지 않은 사소한 일을 한 가지라도 했다면, 그들은 계약을 취소할 거라는 점입니다."

필 역시 멜버른에서 가맹점 운영자로서 일을 시작했다. 다른 사람들이 그게 외로운 일이 될 거라고 말했을 때 그는 심각하게 걱정하지 않았다. "하지만 나는 그 말이 사실이라는 것을 곧 알아차렸어요. 하루 종일 말 한 마디 건넬 동료도 없었고, 주고받는 게 아무것도 없었습니다." 그는 그런 종류의 격려와 어느 정도 의지할 수 있는 상대를 본사와의 관계 속에서 얻을 수 있다는 것을 발견하게 되었다. 그는 말한다. "독점 판권자의 역할은 홍보를 해 주기 위해 가맹점들과 이야기하는 겁니다. 일을 잘 하기 위해서는 좋은 사업관계뿐만이 아니라 함께 어울려 잘 지내는 능력이 필요합니다."

〈짐즈 모우잉〉의 독점 판매권을 얻기 위한 첫 번째 단계는 면접을 보는 것이다. 만약 면접에서 양쪽이 만족한다면, 잠정적인 가입자는 숙련된 교관과 함께 '야외 연습일'을 가지게 된다. 교관은 가입 예정자의 성격과 태도, 그리고 일에 대한 의욕 정도 등을 조사한 보고서를 제출하게 된다. "우리가 주로 보는 것은 성격과 함께 하루 동안 작업의 표준성과 질을 얼마나 늘릴 수가 있는가 하는 점입니다."

허가를 받으면 그 사람은 최고 10년까지 〈짐즈 모우잉〉의 독점 판매권을 가질 수 있고, 나중에 다시 10년 동안 계약을 갱신할 수도 있다. "이것은 사업능력을 쌓기 위한 좋은 방법입니다." 필은 말한다. "몇 년이 지나면 우리 가입자 중 일부는 독점권을 팔고 그들 나름의 사업체을 세우곤 합니다."

러셀 버튼(Russell Botten)은 〈짐즈 모우잉〉의 독점권을 샀다. 그 전까지 그는 혼자 일해 본 적이 없었다. 그의 이전 경력은 서기관과 호텔 관리였다. "원래 나는 조경에 대한 열정이 있었습니다. 그런데 어느 날 '당신에게 직업을 사 주는 것'이라고 표현한 이 독점권의 텔레비전 광고를 보게 되었습니다. 그 일은 내게 있어서 생계를 꾸려 가는 적절한 방법인 것 같았어요. 나는 개인 계약업자로 나설 만큼은 자신이 없었고, 고객 기반을 쌓을 만큼의 자원도 없었습니다." 러셀은 설명한다. "그래서 나는 독점권의 우산 아래로 들어가는 것을 고려하기로 결정했습니다."

'자기에게 직업을 사 주는 일'을 위해 러셀은 1995년 2만달러를 조금 넘게 지불했고, 잔디깎기 기계, 기구와 트레일러 등의 장비대금으로 4,000달러를 지불했다. 독점권 지역에 대한 가격은 협상이 가능한데, 그것은 고객의 수에 근거해서 정해진다. "누군가가 자기 지역을 팔려고 하고 있었고, 〈짐즈 모우잉〉은 내가 사려는 그 영역의 모든 고객들을 얻을 때까지 4주간 동안 대금지불을 유예했습니다."

러셀은 〈짐즈 모우잉〉의 유니폼을 샀고—그리고 입었고—훈련지침서를 받았으며, 규칙적인 훈련 세미나에 참여했다. 그 세미나에서는 잔디 돌보기와 가지치기 등 작업의 여러 측면들을 다루었으며, 그것과는 다른 현실적인 문제들에 관한 시간들도 있었다. 그 때 러셀은 다른 가입자를 만나 각자의 경험을 나눌 기회를 갖게 되었다. 이 모든 것은 초기 훈련과 전임자로부터 순회훈련을 받은 후에 시작되었다.

러셀은 〈짐즈 모우잉〉에 가입하기 위해 융자를 얻었지만 다른 가능성도 있다. 정해진 임금을 받고 〈짐즈 모우잉〉에서 일하거나 러셀 같은 사람을 위해 하청업자가 되는 것이 그것이다. 현재 러셀은 〈짐즈 모우잉〉에 가입하기로 한 자신의 결정을 기뻐하고 있다. 그의 사업은 매달 꾸준히 성장해 왔고—사실 그는 겨우 1년만에 고객 수를 세 배로 만들었다—그는 다른 구역을 사들일 계획을 갖고 있다.

연중 대부분 그는 아침 8시에서 오후 5시까지, 1주일에 5일 반에서 6일을 일한다. "이 일은 사실 계절적인 것은 아닙니다." 그는 말한다. "하지만 변화는 좀 있습니다. 겨울이면 하수도 도랑을 청소하거나 가지치기를 하고, 잔디깎기를 덜 하게 됩니다."

그는 기본적으로 아무에게도 대답할 필요없이 혼자만의 시간을 가지면서 일하기를 좋아한다. "나는 나 자신을 상대로 다음 봄까지 고객 기반의 일정량 증가 같은 목표를 약속합니다. 그러고는 거기에 매달리죠. 이제까지 나는 내 모든 목표들을 성취해 왔습니다. 나는 〈짐즈 모우잉〉에 얼마간의 돈을 내고, 그들은 그 대가로 내게 독점적인 지역과 교육, 장부정리 방법, 그리고 광고를 제공합니다. 문제가 생기면 그들에게 도움을 요청하곤 합니다. 거기에는 내게 지침과 조언을 주기 위한 사무실이 있습니다. 돈을 더 벌 수 있는 방법도 알고 있습니다. 내가 하나의 영역을 개척한 후에 파는 거지요."

"융자를 얻는 것은 약간 겁나는 일이었고, 그렇게 쉽지만도 않았습니다. 나는 적절한 보증을 가질 필요가 있었고, 우리집을 담보로 세웠습니다. 내가 세를 살고 있었더라면 아마 그 돈을 얻지 못했겠지요. 아시다시피 나는 사업 경험이 없었습니다. 하지만 이제 나는 아는 게 훨씬 더 많아졌고 자신감이 더 생겼다고 느낍니다. 가맹점은 중간 정거장과 같습니다. 전에 혼자서 일해 본 적이 없는 사람에게 좋은 출발이 될 수 있습니다."

최근의 집계에 따르면 〈짐즈 모우잉〉은 1,000개 이상의 가맹점을 가진 호주 최대의 잔디깎이 가맹체인이다. 1989년 짐 펜만에 의해 시작된 이래, 이 사업은 호주에서 가장 빨리 성장하는 사업 중 하나가 되었다.

짐은 그가 완벽하지 않다고 인정한다. "대인기술과 같은 종류의, 내가 능숙하지 못한 것들도 있습니다. 나는 참을성이 부족하고 화를 잘 내며, 회계일 또한 두렵습니다. 그러나 나는 다른 사람에게 일을 위임하는 건 매우 잘 합니다." 그는 말한다. "나를 위해 일하는 사람은 나보다 그 일에 나은 사람이어야 합니다. 나는 항상 나보다 나은 사람들을 고용한답니다."

꿈에서 현실로

1980년의 오토바이 사고 이후 21살의 나이로 대마비(paraplegic)에 걸렸을 때, 피터 로버트슨(Peter Robertson)은 자신이 일을 할 수 있는 전망이 크게 줄어들었다고 생각했다. 문구 제작사에서 생산 통제원으로 일할 때, 그는 자신의 예술적인 능력을 사용할 수 있기 바랬지만 그럴 수 없었기 때문에 점점 더 불만만 늘어갔다. "나는 원래 건축가가 되고 싶었습니다"라고 그는 말한다. 사고 후 피터는 병원에서 6개월을 보냈고 재활훈련을 위해 다시 6개월의 시간을 더 써야 했다. "나는 그러고 나서야 직장으로 돌아올 수 있었습니다. 그들은 휠체어가 들어갈 수 있도록 난간 만곡부를 고치고 화장실에 난간을 설치하는 등 나를 위해 몇 가지 환경을 바꾸어 주었습니다. 같은 자리로 돌아간다는 것은 좋은 일이었죠. 하지만 그것은 동시에 이전과 같은 일을 할 수 없고, 예전 만큼 손이 미치질 못하고, 이전에 가던 장소에 들어갈 수 없다는 현실과 맞닥뜨리는 일이었습니다. 나는 키가 거의 2미터나 되지만, 이제는 휠체어에 앉아 고개를 숙이고 바닥을 누비듯이 지나가야만 했기 때문에 한동안 남의 눈에 띈다고 느꼈습니다."

그는 수년 간을 버티다가 자신의 꿈을 따르기로 결정했다. 대학 입학을 위해 1년 간 공부한 뒤, 그는 'HETA(장애자 고용 훈련 지원 ; Handicapped Employ-ment Training Assistance)'에 등록해서 직업 찾는 법을 배웠다. 피터는 회상한다. "나는 장래의 취직을 위해 설계 제도 분야에서 경험을 쌓고 싶다는 편지를 잔뜩 보냈습니다. 한 회사가 '장애에도 불구하고 당신이 여기 올 수 있다면, 우리는 당신을 받아들이겠습니다.'라고 대답해 왔습니다. 나는 약간 걸을 수 있습니다. 그래서 누군가 내 휠체어를 날라 주는 동안, 나는 그 건물 안의 계단 위로 올라섰습니다." 그는 도안을 트레이싱하고 복사하는 데 석 달을 보낸 후, 익스텐더 콘베이어 벨트에 있는 로울러의 기계적 세부나 굴착장비의 날, 수성관의 기계적인 세부 도안 같은 작은 일감들을 받아 일하기 시작했다.

그는 그 다음에는 남호주 주택조합의 하도급을 받아 일했고 동시에 4년짜리 제도강좌를 수강했다. 피터는 설명한다. "내가 재정적으로 불공정한 위치에 있다는 것을 알게 되었을 때, 나는 그 회사를 떠났습니다." 그가 일한 대가의 상당 부분은 그를 하도급으로 고용했던 회사에 지불되고 있었다. 피터는 독자적으로 주택조합에 접근했고, 계약제로 몇 년 간 거기에서 일했다. "그러고 나서 그들의 돈이 떨어지자, 나는 집에서 일하기 시작했습니다. 그건 쉬운 일이 아니었습니다. 첫해에는 수입이 거의 없었습니다. 상황은 실직수당과 일 사이의 동전 던지기 같은 것이었습니다. 돈을 받는 일감이 있는 주에는 사회보장에 그 사실을 알렸습니다. 그건 매우 지저분한 서류일을 하고는 돈은 별로 얻을 수 없는, 그런 일이었습니다."

그 때 한 친구가 피터에게 'NEIS(새로운 기업 활동 자극 제도 ; the New Enterprise Incentive Scheme)'에 대해서 말했다. 그는 참여자격을 만족시킬 수 있었기 때문에 6주간의 강좌를 듣고는 격주 간격으로 실직수당 정도의 보조금을 1년 간 받았다. 그리고 그 무렵에 그의 사업은 이미 안정돼 가고 있었다.

"보조금이 실직수당보다 훨씬 좋았습니다." 피터는 말한다. "왜냐하면, 돈을 얼마나 버는가가 돈의 쓰는 것에 영향을 미치지 않기 때문입니다. 동업자의 수입도 고려됩니다. 당신은 목돈을 얻는 대신 규칙적인 수입을 얻게 됩니다. 어떤 경우에는 그게 문제가 될 수 있겠지만, 다행히 내 사업은 돈을 크게 쓸 필요가 없었습니다." 이 제도의 또 다른 보너스는 피터에게 사업에 관한 조언자를 얻게 주었다는 것이다. 그는 지금까지도 그 조언자와 계속 연락하고 있다.

6주 과정의 마지막 과제는 융자의 제공 여부를 결정할 사업계획을 준비하고 발표하는 것이었다. 피터는 자신이 제안한 디자인 설계 사업의 초점을 노인과 장애자에게 맞추기로 결정했다. 그는 설명한다. "스스로가 수많은 다른 설계회사와는 다르다는 것을 보여 줄 필요가 있습니다. 그리고 나는 그런 류의 고객들과 공감하는 마음으로 디자인할 수 있습니다."

피터는 자신의 사업을 더 자세히 살피기 위해 사업계획서에서 'S.W.O.T. 분석법'을 사용했다. 이것은 강점(Strengths), 약점(Weaknesses), 그리고 기회(Oppotunity)와 위험(Threats)을 확인하는 것이다. 피터는 사업이 자신에게 만족스럽고, 재정적으로 안정적이며, 집에서 할 수 있는 생업을 제공해 준다고 적었으며, 강점으로는 일에 대한 자신의 자부심과 고객만족에 대한 관심, 그리고 사무실 부대비용이 낮기 때문에 매우 경쟁력 있는 요금을 제시할 수 있다는 사실을 꼽았다.

그는 집의 아담한 사무실에서 일하면서 상업지구와 주택지구의 일을 모두 한다. 그는 이제까지 교외주택, 도시의 호텔, 그리고 야구장에 관련된 일을 했다. 그는 말한다. "나는 집에서 쉽게 일할 수 있습니다. 외부의 사무실은 나를 위해서 수리를 해야만 할 거구요." 피터가 집을 근거로 하여 일을 하는 데 따른 또 다른 이점은 아내 매를린(Marilyn) 그리고 9세 된 딸 리아(Leah)와 함께 시간을 보낼 수 있다는 것이다. 메를린은 수술실 간호원으로 일하고 있다. 피터는 자신이 항상 집에 있는 것 때문에, 그녀는 자신이 속박당하는 것처럼 느낀다고 말한다. "그래서 나는 1주일에 하루는 밖에서 보내곤 합니다. 금요일이면 현장답사를 하거나 그림을 가져다 주면서 마을에서 새로운 계획들과 그 타이틀을 받아 옵니다. 이런 일들은 하루에 모두 다 하는 것이 더 효율적입니다. 그리고 매를린에게는 자유를 주지요."

제3장

집처럼 편안한 사무실

    밀 클레이(Mil Clay)는 집에서 전자출판업자로 일하기 시작했을 무렵부터 벽이 없는 주요 생활공간을 사무실로 사용해 왔다. 그의 큰 원목 책상과 컴퓨터, 그리고 프린터는 방 한쪽 끝에 있고, 팩스와 전화기는 부엌 쪽 끝으로 몇 미터 떨어져 놓여 있다. 클레이는 말한다. "분리된 작업공간이 없다는 사실 때문에 괴로운 일은 없습니다. 그렇지만 아내인 안네트(Annette)의 경우에는 사정이 다릅니다." 밀은 안네트가 일하고 있는 자기 옆에서 요리하는 일을 짜증스러워 한다고 말한다. 그녀는 또한 근무시간에 걸려 오는 외부전화를 좋아하지 않았고, 밀의 근무시간이 두 아이와 함께하는 가족시간을 침범하곤 하는 것도 좋아하지 않았다. 그래서 이제 밀은 자신의 일터를 집 뒷쪽으로 옮길 계획을 세우고 있다.

당연히 대부분의 사람들은 밀이 당면한 그런 문제들을 피하기 원할 것이다. 그러나 어떤 사람들은 집 안의 생활공간에서 일할 수밖에 없다. 적어도 처음에는 말이다. 밀의 견해에 따르면, 그런 상황이 주는 장점으로는 간결하고 조직적으로 일하도록 자신에게 압력을 가했다는 것이다. 그의 서재용 원목 책상은 150cm 정도의 길이이고, 양쪽에 서랍을 위한 공간이 있다. 책상 위에 있는 3층 플라스틱 서류함에는 또 다른 수납공간이 있으며, 그것들의 앞쪽 면에는 달력이 하나 꽂혀 있다. 클레이가 앉는 자리에는 맥킨토시 컴퓨터가 있고, 그 위에는 참고서류들이나 그 밖의 자료들을 놓아 두는 두 개의 목조 선반이 걸려 있다. 레이저 프린터는 그의 왼쪽에 있는 서랍이 두 개 달린 철제 서류함 위에 놓여 있다. 바퀴가 달린, 편안하고 높이를 조절할 수 있는 사무실 의자에 앉아 있으면, 책상 위의 선풍기가 시원하게 돌아간다. 밀의 집 사무실에서 가장 부러운 것은 오른쪽으로 보이는 화려한 경치이다. 넓은 발코니로 통하는 유리 미닫이문은 녹색 야자나무와 먼 언덕을 굽어보며 열려 있었다. 이게 또 하나의 선택이라면, 누가 에어콘이 있는 사무실의 보잘것없는 환경을 택하겠는가?

웨인 케천의 홈 비즈니스 사무실은 꿈에나 나올 법한 곳이다. 건축가인 그는 자기의 필요에 따라 사무실을 특별하게 설계할 수 있었다. 그 공간은 책상 네 개와 제도판, 그리고 팩스와 복사기, 컴퓨터를 수용할 수 있을 만큼 넓었다. 자연광이 충분히 들어오는 것이 그의 작업을 위해서 가장 중요하므로, 웨인은 큰 창문을 방의 한쪽 벽을 따라 설치했다. 반대쪽 벽에는 사용설명서들과 책으로 채워진 선반이 놓여 있다. 그의 사무실은 집의 생활공간으로부터 떨어져 있다. 최근 웨인은 자신의 제도판을 팔고 CAD(컴퓨터 보조 설계 프로그램)를 설치했으므로, 사무실에 더 많은 공간을 가지게 되었다.

멜버른에 사는 전자출판업자 매기 보데이(Maggie Boday)는 홈 비즈니스 사무실로 쓰기 위해 방을 하나 비워 두었다. 그러나 그건 전혀 이상적이지 못했다. 그녀는 웃으며 말했다. "당신은 우리 사무실에 들어서자마자 스캐너 위에 넘어지게 될 거예요. 그러고는 내 책상에 부딪히겠죠. 남편 프랭크가 서류함을 새로 샀기 때문에 문도 제대로 열리질 않아요. 게다가 커다란 복사기가 책상 아래 밀어넣어져 있답니다." 또한 그 사무실에는 두 대의 컴퓨터와 세 대의 프린터가 있었다. 공간이 좁은 정도가 아니라 절망적으로 부적절했다. 혹시 이런 경우가 당신의 이야기는 아닌가?

제프리 프리스(Jeffrey Frith)는 건축가이자 인간공학자이다. 그의 조언이다. "홈 비즈니스 사무실을 꾸미기 전에 누군가와 상담한다면, 많은 두통거리과 안타까운 상황들을 피할 수 있습니다."그에 따르면, 홈 비즈니스 사무실을 꾸미는 데는 작업환경, 작업도구와 장비, 그리고 작업체계 등 세 가지 측면이 있다고 한다.

작업환경

집에서 일할 때는 일과 가정생활이 뒤섞이는 경향이 있다. "만약 당신이 일에 중독되어 있다면 일을 멈추기가 힘들 겁니다. 이 상황은 술병을 들고 있는 알콜중독자와 같을 수 있습니다. 쉽게 멈출 수가 없는 거죠"라고 프리스는 말한다. 이러한 뒤섞임은 일만을 위한 방이나 구역을 정해 놓고, 근무시간 동안에 혼란을 주는 간섭들, 즉 애완동물, 아이들, 배우자가 방해하는 상황을 멀리함으로써 이겨 낼 수 있다.

당신 자신과 함께 사는 사람들 모두를 위해 가장 좋은 방법은, 가능하다면 분리된 홈 비즈니스 사무실을 가지는 것이다. 그 이유는 다음과 같다.

- 당신의 직업생활을 보다 조직적이고 효율적이며, 따라서 보다 생산적인 것으로 만들어 준다.
- 보다 명확하고 잘 정리된 근무시간을 가질 수 있다.
- 당신에게 심리적인 도움을 준다. 당신은 여기서 일한다. 사무실은 사교적인 한담을 하거나 커피를 마시는 곳이 아니다.
- 분리된 물리적 공간을 만들어 낸다. 당신은 문을 닫음으로써 바깥세상 또는 당신의 일과 헤어질 수 있다.

작업공간을 마련했다면 당신은 그 조명과 설계, 그리고 설비에 대해 심사숙고해야 한다. 전문가에게 돈을 주고 조언을 받는 것은 그만한 가치가 있는 일이다. 당신은 사무실에서 상당한 시간을 보내게 될 것이다. 그러니 그 공간을 최대한 활용하라. 차갑고 장식이 없는 방은 일할 의욕을 주지 않을지도 모른다. 적당한 자리에 붙인 몇 개의 포스터라든지 화분, 양탄자, 그림 등은 그 공간을 보다 매력적인 곳으로 만들어 줄 수 있다.

색을 지혜롭게 잘 사용하면 즐겁고 안락한 작업환경을 만드는 데 도움이 될 수 있다. 건물 설계사인 엘비오 페라라는 자기 책상 윗면의 색을 연노랑으로 골랐다. 이 색조가 눈에 긴장을 덜 준다는 것을 깨달았기 때문이다. 짙은 남색 노우드 테두리가 있는 적갈색 바닥 타

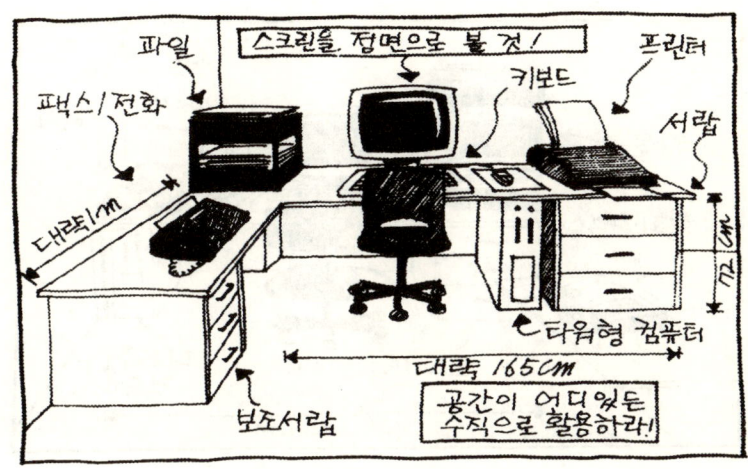

일은 그를 다른 방식으로 즐겁게 해 준다. "그 색들은 내가 가장 좋아하는 축구단인 인터 밀란의 것과 같은 것들입니다. 나는 그것들을 볼 때마다 매번 기분이 좋습니다"라고 그는 말한다.

멜버른의 물리치료사이자 인간공학자인 잭키 위센든(Jaquie Wissenden)은 방의 색이 사람들에게 크게 영향을 주지 않는다고 생각한다. "실내 디자인이나 인간공학을 다룬 책에는 빨강이 자주적인 색이고, 반면에 푸른 색은 지루한 색이라고 쓰여 있지요. 하지만 나는 그게 큰 차이를 준다고는 믿지 않습니다. 더구나 사람들은 밝은 색깔에 금방 익숙해집니다. 1년만 지나면 강렬한 빨간색을 한 복도에 대해서도 거의 주의를 기울이지 못하게 되거든요. 하지만 결국 나는 중성적인 색조를 더 많이 선택하곤 합니다."

온도조절은 또 하나의 중요한 고려사항이다. 난방장치를 선택할 때

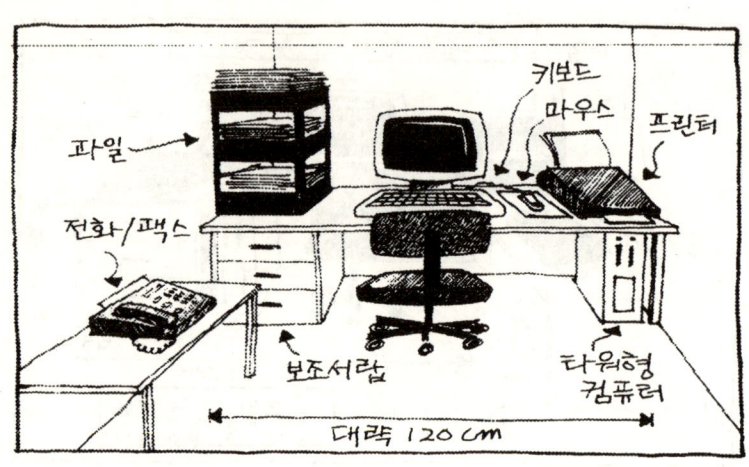

는 날개 달린 것이 시끄러울 수 있다는 것을 명심하라. 더 조용한 제품이 바람직할 것이다. 열복사 막대가 달린 것은 물이나 엎질러진 커피 같은 액체와 접촉할 수 있는 곳에 두어서는 안 된다. 커튼이나 차양은 방을 절연시키고 빛 때문에 눈이 부시지 않도록 해 준다.

조명은 매우 중요하다. 변변찮은 조명은 눈의 긴장과 두통을 일으킨다. 윗쪽으로부터의 조명과 자연창이 컴퓨터 스크린에 비치지 않도록 하라. 반사 방지 스크린은 글자의 선명성에 영향을 줄 수 있기 때문에 어쩔 수 없는 경우에만 사용해야 한다.

그러나 어떤 이들은 너저분한 환경에서도 성공하는 것 같다. 앨버트 아인쉬타인은 자신의 대학 사무실이 매우 혼란스럽다는 것에 동의했다. 그러나 그는 그 곳을 '조직적으로 혼란스러운 곳'으로 묘사했다. 그와 다른 우리들에게는 아마도 질서 있는 사무실이 각자의 창의력을 높이는 데 더 도움이 될 것이다.

작업도구와 장비

정확히 어떤 설비와 장비들이 필요한가 하는 것은 당신이 어떤 종류의 사업을 하고 얼마나 큰 사업을 하는가에 따라 결정된다. 아래에 나열된 몇몇 항목은 당신에게 적절하지 않을지도 모른다. 예를 들면, 모든 홈 비즈니스 사업이 컴퓨터를 필요로 하는 것은 아니라는 말이다. *상식과 예산을 결합하라. 그리고 당신에게 실제로 무엇이 필요한가를 지침으로 삼으라.* 시간이 지남에 따라 사무실 장비를 늘리거나 줄이거나 바꾸거나 또는 개량할 수 있다는 사실도 염두에 두라.

중고 장비는 돈을 절약해 줄 수 있다. 그러나 그걸 살 때는, 특히 컴퓨터와 전자장비의 경우에는 조심하라. 반드시 이름 있는 곳에서 구입해야만 한다. 창고 세일에서 물건을 사는 것은 돈을 절약하는 일이 아닐 수도 있다.

사무실 장비 : 확인 목록

- 닫히고 또 잠글 수 있는 문—이것이 아마도 가장 중요한 항목인지도 모른다.
- 책상
- 보조책상
- 탁상 램프
- 의자—당신 자신을 위한 것이어야 한다. 여기서 돈을 아끼지

말라.

- 고객들을 위한 의자
- 액세서리들
- 전화. 당신은 업무용과 개인용 회선을 분리할 필요가 있는가?
  핸드폰은 어떤가?
- 자동응답기나 서비스, 그리고(또는) 삐삐
- 팩시밀리
- 복사기 — 선택적임
- 타자기
- 개인용 컴퓨터와 프린터
- 서류장
- 추가 ; 게시판 또는 화이트 보드, 선반과 찬장, 휴지통

문

문을 닫는 것은 정신을 맑게 하는 데 도움이 될 수 있고, 작업결과를 향상시킬 수도 있다. 작업공간에 문이 없다면 다른 물리적인 분리대 — 스크린이나 커튼 — 를 만들어라. 하루를 시작할 때, 당신의 홈 비즈니스 사무실에 들어선 다음 모든 간섭으로부터 벗어나기 위해 문을 닫아라. 분명히 생산성이 오를 것이다! 하루 일과를 마치고 홈 비즈니스 사무실을 나설 때는 문을 닫고 일을 잊어라. 건강한 정신이 일과 오락이 균형잡힌 생활과 함께 돌아오게 될 것이다.

일을 마친 후 문을 계속 닫아 놓는 데는 얼마간의 훈련이 필요하다. 팩스가 왔는지를 확인하거나 이른 아침에 떠오르는 생각에 몰두하고 싶은 유혹에서 벗어나기가 아주 어렵기 때문이다. 그러나 거기

에 익숙해지면 작업시간의 유연성을 얻을 수 있다. 결국 그것이 당신이 집에서 일하기로 한 이유인 것이다. 중요한 것은, 일이 당신의 인간관계와 가족생활 또는 휴식시간을 침범하지 않도록 하는 것이다.

집에서 수금 대행업을 하는 키이스 배인브리지(Keith Bainbridge)는 말한다. "마감시간이 걱정될 때면 나 자신을 가족으로부터 격리시키기 위해 문을 닫을 수 있습니다. 그리고 정말 일이 절박해지면, 나는 그걸 잠궈 버릴 수도 있는 겁니다."

책 상

책상이나 다른 사무가구를 살 때면 먼저 공간이 얼마나 있는지를 보라. 여유공간을 재어 보고, 물건을 사러 갈 때 그 치수를 갖고 가도록 하라. 치수를 잴 때는 복도의 폭과 입구 통로의 폭도 잊지 말고 재도록 하라. 당신이 출입구보다 약간 큰 책상을 샀다면 아마도 책상을 분해하거나 서랍을 제거해야만 방에 넣을 수 있을지도 모른다. 내가 아는 한 사무가구 공급업자는 책상을 양탄자 위에 곧추 세운 뒤에 교묘하게 방 안으로 돌려 넣는 데 성공한 적도 있다.

완전히 편평한 표면을 가진 책상이나 키보드를 놓을 선반이 있는 책상이 바람직하다. 이 선반은 책상의 왼쪽이나 오른쪽 또는 중앙에 놓을 수 있다. 어디에 놓을지는 당신 마음대로 선택할 수 있지만 단지 살 때 결정해야 한다. 작업대의 높이를 조절하는 것은 인간공학적으로 바람직한 일이다. 의자의 높이를 조절할 때 작업대도 조절하도록 하자. 깊고 곧게 잘 앉았을 때, 엉덩이는 무릎과 수직이 되고 어깨는 허리와 수직이 되어야 한다.

앞으로 처져 있는 것은 어깨의 통증을 유발한다. 만약 당신의 키가

150cm가 되지 않는다면 키보드를 낮춰서 손이 적당한 타자 높이, 그러니까 팔꿈치 정도에 오도록 해야 한다. 글쓰기를 할 때 탁자면은 팔꿈치 높이 바로 위에 있어야만 한다. 발 디딤대도 필요할지 모른다. 만약 당신이 평균보다 훨씬 크다면 나무토막으로 책상 전체를 올려야만 할 것이다.

서랍의 배치 역시 미리 결정해야 할 필요가 있다. 세 개의 서랍이 있어야만 하는가? 아니면 한 개만? 나는 서류라는 것이 항상 사용할 수 있는 공간을 모두 채울 때까지 계속 늘어난다는 것을 발견했다. 서류함 하나로 시작하면 그것은 곧 꽉 차 버린다. 그러나 세 개를 가지고 시작해도 결국 금방 차 버리는 것은 마찬가지다. 당신이 이 싸움에서 이길 수는 없다.

무엇을 사야 할지 결정을 할 때는 고객이 당신의 사무실을 보게 될 것인지, 아닌지를 고려해야만 한다. 전통적인 책상들은 타자기용으로 설계되어 있다. 그렇지만 컴퓨터 스크린은 팔길이 거리에 놓는 것이 이상적이다. 너무 가까이 있으면 눈에 피로를 느끼게 될 것이다. 단말기는 그 꼭대기가 당신의 눈썹과 같은 높이가 되도록 놓여야만 한다. 화면이 너무 높으면 눈을 크게 뜨는 경향이 있고, 곧 뻑뻑하게 된다. 반대로 화면이 너무 낮으면, 목을 앞으로 너무 숙여야 하므로 목과 어깨에 통증을 느끼게 될 것이다.

보조탁자

책상의 한쪽에 붙인 연장 부분인 보조탁자는 하나의 서랍으로써 격납공간을 줄 뿐만 아니라 일감을 펼쳐 두거나 프린터를 올려 놓을 수 있기 때문에 여분의 공간을 차지할 만하다. 어떤 사람들은 타자수의 대좌(서류를 저장할 수 있는 칸들)를 보조탁자에 설치하기도 한다. 보조탁자는 넓이가 아주 다양하며, 개인적인 취향과 방의 배치를 고려하면서 선택하라.

탁상 램프

이것은 별도로 선택하는 것으로, 결정은 필요 여부에 따른다. 건축가나 설계사 같은 몇몇 전문가들에게는 반드시 필요하다. 그 이외의 경우에는 위쪽에서의 조명이나 자연조명을 강화하거나 개량하는 것이 바람직할 수도 있다.

의 자

문 다음으로는, 높이를 조절할 수 있는 의자가 가장 중요한 사무용품이다. 결국 당신은 매일 많은 시간을 거기에 앉아 있게 될 것이기 때문이다. 사무실 의자에는 두 가지 주된 형태가 있다. 전통적인 가스 부양이나 수동식 부양 의자와 발란스 의자가 그것이다.

발란스 의자는 무릎을 꿇고 앉는 것으로 낯설게 생겼다. 그러나 많은 사람들이 그 의자를 적극 추천한다. 그리고 동시에 많은 사람들이 그걸 욕한다. 늘 앉아 있는 생활은 무릎 뒤의 근육과 사두근(넓적다리 근육)을 짧게 만드는 경향이 있다. 그러므로 몇몇 사람들에게는 발란스 의자에 사두근이 당겨지도록 무릎을 꿇는 것이 불편할 것이다. 그러나 실내장식가인 캐더린 부고스(Catherine Bugoss)는 발란스 의자가 없었더라면 절망적이었을 것이라고 말한다. "나는 그 의자에 앉으면 완전히 긴장이 풀리고 마음이 편해지는 것을 느낍니다."

그녀는 말한다. "그리고 서류를 작성할 때, 그 의자는 내가 등을 곧바로 펴도록 해 줍니다. 그것이 통증이나 아픔을 막아 줍니다."

그리고 누군가 다른 사람이 당신 대신 의자를 사게 하지 말라. 테리는 말한다. "한 어머니가 딸이 사용할 의자를 사러 혼자 오셨더군요. 그건 어리석은 짓이었어요. 안락한지 또는 잘 맞는지 확인하기 위해 사용할 사람이 직접 의자에 앉아 볼 필요가 있기 때문입니다."

이름이 말해 주듯이 가스 부양식 의자는 관 안의 가스와 기름의 혼합물에 의해서 올리거나 내릴 수 있다. 그 혼합물은 당신의 무게로 눌렸을 때 자리를 다시 올려 주는 역할을 한다. 가스 부양식 의자는 등받이를 조절하거나 자리를 올리고 내리는 데 쓰이는 두 개의 손잡이가 있다. 이런 형태의 의자는 다섯 갈래의 기초, 다시 말하면 바퀴가 다섯 개인 것이 매우 중요하다. 바퀴가 네 개인 의자는 뒤로 기댈 때 뒤집어질 것이다. 이런 의자는 절대 추천하지 않는다! 다섯 갈래의 기초가 있다면 어떤 방향으로 돌거나 기대더라도 뒤쪽에 한 개의 바퀴가 오게 된다.

수동 부양식 의자에서는 손으로 나사와 손잡이를 조절해서 자리를 올리거나 내리거나 뒤나 앞으로 움직일 수 있다. 가스 부양식보다 싸지만, 그 수요는 점점 줄어들고 있다.

의자 하나를 항상 한 사람만이 사용한다면 문제는 없을 것이다. 그러나 키가 다른 누군가도 그 의자를 같이 사용할 것이라면, 당신은 계속해서 자리의 높이를 바꿔야 한다. 그것은 시간이 걸리고 불편한 일이다.

의자에 앉을 때면 팔은 몸에 수직으로 굽혀서 넓적다리 높이에 있어야만 한다. 그러나 대부분의 사람들은 팔걸이에 팔을 받친다. 그것들은 보통 고정된 높이에 있다. 어떤 의자는 높이를 조정할 수 있는 팔걸이가 있지만 그건 더 비싸다. 당신은 팔걸이가 필요한가? 테리 블랙은 팔걸이의 주된 사용처는 의자에 앉거나 일어설 때 도와 주는 것이라고 말한다. 당신이 노트를 하는 동안 팔을 지지해야 하는 그런 종류의 직업을 갖고 있지 않다면 팔걸이는 잊어버려라. 팔은 의자가 아니라 책상에 기댈 수 있고, 팔걸이는 당신이 책상에 가까이 다가가는 것을 방해한다.

커다란 '권력형' 의자를 사려는 유혹에 저항하라. "사람들은 스스로에게 말합니다. '나는 내 자신의 사업을 운영하고 있다. 내가 사장이다.' 그러고는 안락의자 같은 지배인 의자나 간부 의자를 요구합니다." 테리는 말한다. "인상적으로 보일지는 모릅니다만, 이런 것들은 등받이가 좋지 않아서 당신을 앞으로 기울여 앉게 만듭니다. 등받이와 기초가 분리되면서 각각 조절할 수 있는 것을 선택하십시오." 그는 조언한다. "하나로 조합된 제품은 사지 마십시오."

재정이 허락한다면 새 의자를 사라. 2년에서 5년까지의 보증을 받을 수도 있을 것이다. 중고 의자를 사는 것은 위험하다. 거기에 앉던 사람이 115kg이었는지 50kg이었는지 당신은 알 수가 없다. 이제까지 한계 이상으로 사용되었는지 없는지를 어떻게 알겠는가? 사실 돈도 별로 절약할 수 없을 것이다. 30% 정도 적게 낸다고 해도 당신은 보증기간을 쓸 수 없고 쓸모없는 의자만 갖게 된다.

고객용 의자

당신은 고객을 위한 여분의 의자가 필요할 수도 있고 그렇지 않을 수도 있다. 필요하다고 하더라도 고객은 당신을 잠깐 방문할 뿐이므로, 그들이 앉을 의자가 당신 것만큼 좋을 필요가 없다는 점을 명심하라. 안락하고 매력적인 의자면 충분할 것이다.

다른 액세서리들

당신의 키와 책상의 높이에 따라 발 지지대가 필요할는지도 모른다. 살 때는 각도를 바꿀 수 있는지를 확인하라. 당신의 발은 바닥에 평평히 있는 것이 이상적이다. 발이 바닥에 있다는 것은 또한 당신의 의자를 이리저리 움직일 수 있다는 것을 의미한다. 그러므로 가능하면 발 지지대에 의존하기보다는 의자나 책상의 높이를 조절하라.

당신은 바닥을 보호하고 의자를 더 쉽게 굴릴 수 있도록 의자용 깔개를 원할지도 모른다. 의자용 깔개는 정전기가 생기는 것도 막아 주지만, 당신이 계속 컴퓨터를 사용하고 나일론 카페트를 쓰지 않는다면 그다지 중요한 고려사항은 아니다(당신이 나일론 카페트 위에 서서 컴퓨터 디스켓을 집어든다면, 정전기의 방전이 그 속의 내용을 깨끗이 지워 버릴 수도 있다).

카페트가 있다면 두께를 확인하라. 털이 16mm 혹은 그 이상이라면 더 두껍고 더 무거운 의자용 깔개가 필요하다. 더 싸고 얇은 것을 산다면 지지력이 부족해서 균열을 일으킬 것이다. 의자용 깔개를 위한 이상적인 받침은 콘크리트 바닥 위에 얇은 깔개를 깔고 그 위에 카페트를 덮은 것이다.

화면보호기는 컴퓨터 화면에 사무실 등이 비쳐지는 것을 줄여 줄 것이다. 광학 유리는 반사를 방지하고 화면의 번쩍임도 줄여 준다. 최선책은 조명 또는 컴퓨터를 움직여서 애초에 빛이 화면에 반사되지 않도록 하는 것이다.

원고 고정대는 자세를 더 바로잡는 데 혹은 책상에서 글을 읽거나 타자를 칠 때 권할 만하다. 이 제품을 컴퓨터 화면 양쪽이나 화면과 키보드 사이에 두어 당신이 글을 읽거나 타자를 할 때는 머리가 중립적인 위치에 가도록 조절할 수 있다. 서류를 책상에 평평히 놓아 둔다면, 당신은 그것을 읽기 위해 몸을 굽히거나 뒤틀어야만 할 것이다. 이것의 종류는 아주 다양하다. 어떤 제품은 뒤에서 받쳐 주고, 원고를 곧추 세워 주며 한쪽으로 밀어 버릴 수 있다. 좀더 비싼 것은 경첩이 달리고 조절 가능한 팔들로 이루어져 있으며, 책상 가장자리에 조임쇠로 세울 수 있다. 그러므로 이 제품은 키보드 바로 위에 놓여질 수 있는데, 이것은 인간공학적인 관점에서 아주 이상적이다.

사무기구 가게를 뒤지고 돌아다니다 보면, 컴퓨터 화면을 최상의 위치에 놓을 수 있도록 해 주는 모니터 받침, 스트레스와 피로를 줄여 주는 손목 받침대 같은 많은 액세서리들을 보게 될 것이다. 일단 핵심적인 것들을 마련한 다음에, 그런 물건들을 생일이나 크리스마스 선물 희망 목록에 끼워 놓을 수 있다!

전 화

가능하다면 전용 팩스 회선, 즉 분리된 팩시밀리를 위한 회선을 가지도록 하라. 이런 방식을 취하면, 당신은 팩스를 보내면서 친구와 통화를 할 수 있고, 전화 회선을 비워 둔 채 팩스를 보낼 수 있다.

전화의 특이한 기능들은 끊임없이 늘고 있다. 그 기능들은 아마도 당신의 사업을 위해 유용한 서비스일 것이다.

가장 유용하게 쓰이는 것 중의 하나는 '통화 중 대기'이다. 이 서비스를 이용하면, 당신이 전화로 얘기하고 있을 때, 뚜뚜 하는 경고음을 통해 누군가 다른 사람이 전화를 걸어오고 있다는 것을 알려 준다. 이 때 첫 번째 통화자를 대기상태로 돌림으로써 두 번째 사람에게 이야기할 수 있다. '통화 중 대기'의 장점은 어떤 전화도 놓치지 않는다는 데 있다. 전에는 당신의 사무실에 전화를 걸었다가 통화 중이면 그 사람이 다시 전화를 걸지 않을는지도 모르고, 그래서 사업적인 손실을 입을 수도 있었다. 이 기능이 오히려 방해가 된다고 생각되면 몇 시간이나 몇 주 후에 쉽게 꺼 버릴 수도 있고 다시 켤 수도 있다.

'통화 중 대기'는 결점도 갖고 있다. 한 통화를 중단하고 다른 쪽으로 간다는 것은 매우 짜증나고 불편한 일이기 때문이다. 그것은 또한 비용이 드는 일이 될지도 모른다. 만약 두 번째 전화가 시외전화였고, 당신이 다시 전화를 걸어 주기로 했다면 누구의 전화요금이 올라가는가? 내 경험으로는 '통화 중 대기'는 자석처럼 작용해서 다른 사람들을 끌어들인다. 전화는 몇 시간이고 조용하다가 내가 전화를 걸려고 하기만 하면 세 사람이 계속해서 전화를 걸어오는 것이다. 내가 항상 사용하는 방식은, 팩시밀리가 작동 중이고 현관 벨이 울릴 때만 통화 중 대기 기능을 이용하는 것이다. 나는 팩시밀리를 제대로 작동하도록 내버려 둘 수가 있다. 그러나 이동전화가 있다면 걸려오는 전화를 받으면서도 문으로 걸어가서 배달된 물건을 처리할 수 있을 것이다.

핸드폰은 당신의 사업을 위해 매우 중요한 도구일 수 있다. 그것은 고객이 언제 어디서든 당신과 접촉할 수 있게 해 주기 때문이다. 전기기사인 밥 프라허티(Bob Flaherty)가 말하듯이 "사람들이 당신의 상품이나 서비스를 원한다면, 당신은 언제 어디서든 이에 응할 수 있어야만 한다."

자동응답기

내 자동응답기는 그 기계가 녹음한 바로 첫 번째 전화 내용만으로도 제값을 해냈다. 그것은 잡지기사를 청탁하기 위해 전화를 걸곤 하던 편집자의 연락이었다. 나는 그녀에게 당장 전화를 걸 수 있었고, 그 제안을 수락했다. 그 원고료는 기계값을 치르기에 충분했다.

다른 사무기기들과 마찬가지로 시장에는 많은 자동응답기가 나와 있다. 어떤 것이 당신에게 맞을 것인가? 저렴한 가격에 군더더기 없는 제품인가, 음성으로 작동되는 원격 조정기가 있는 고급제품인가. 추가된 기능들에 흔들리지 마라. 당신이 정말 그것들을 필요로 하는가를 먼저 자신에게 물어 보라. 만약 당신이 하루 중 상당 시간을 외부에 나가 있는 경우가 자주 있고, 원거리에서 메시지를 확인하는 일이 필요하다면 어떻게 해서든 그런 기능을 가진 자동응답기를 찾아라. 그렇지 않으면 목소리가 깨끗하게 잘 녹음되고 ─ 당신이 녹음한 인사말은 당신의 전문가적인 인상의 일부가 된다 ─ 믿을 만한 기계를 찾으면 된다. 당신의 예산 범위 안에는 분명히 여러 가지 제품들이 있을 것이다. 격언이 말해 주듯 "싼 가격의 달콤함이 사라진 후에도 저질 물건의 아픔은 오래 남는다." 다시 말하면 당신은 돈을 낸 만큼의 대가를 받게 된다는 것이다!

팩시밀리

〈로이 모간 연구소〉에 따르면 1996년 6월 현재 호주인 중 8%의 사람들이 집에 팩시밀리를 갖고 있었다. 3년 전에 그 비율은 5%였다. 팩시밀리는 도표와 그림들을 포함한 모든 종류의 서류들을 길 건너든 나라 저편이든 또는 표준 시간대를 넘어선 곳이든 즉각 보내 준다. 이것은 우리가 통신하는 방법과 속도를 혁신적으로 바꾸어 놓았다. 개인용 컴퓨터에 연결된 팩스 모뎀이 있다면, 당신은 종이를 쓰는 일 없이 팩시밀리를 거쳐 한 컴퓨터에서 다른 컴퓨터로 정보를 이동시킬 수 있다.

(우리나라에서도 팩시밀리의 활용은 계속 늘고 있으며, 현재 스캐너의 기능을 겸하는 제품까지 나와 있다. 이런 제품은 종이를 팩시밀리에 끼우지 않고 다림질을 하듯이 스캐너로 종이를 밀면, 그 문서의 내용을 전송할 수 있게 돼 있다. 컴퓨터와 연결하여 문서 내용을 거기에 입력한 다음 저장할 수 있고, 그 내용을 각종 워드프로세서로 불러들여 작업하는 것이 가능하므로 글자를 따로 입력하지 않아도 된다.)

컴퓨터

팻 고로타(Pat Golotta)는 컴퓨터를 한 대 사고자 했다. 그러나 가게들을 방문할수록 머리가 더 복잡해졌다. 판매원들은 이해하기 어려운 정보를 가지고 그녀를 골탕먹였고, 컴퓨터를 사기로 결정한 다음에도 도대체 자신이 컴퓨터를 사용할 능력이 있는지 의심이 들기 시작했다.

컴퓨터를 사용해 본 적이 없는 사람들에게 이 같은 상황은 무시무시한 경험일 것이다. 그걸 운전과 비교해 보라. 당신이 전에 해 본 적이 없다면, 운전은 어려워 보일 수 있다. 그러나 일단 핵심적인 것을 익히고 약간의 연습을 한다면 운전은 저절로 되는 것이다.

컴퓨터 이야기

'홈 비즈니스 사업을 하기 위해 컴퓨터가 필요한가?' 만약 당신의 대답이 '그렇다'라면 다음의 확인 목록에 답해 보자.

1. 컴퓨터로 뭘 하기를 바라는가? 홈 비즈니스 사업을 위해 어떤 응용 프로그램이 필요한가?
2. 소프트웨어(당신에게 필요한 컴퓨터 프로그램)을 결정하라(이게 애플, IBM 또는 IBM 호환 등과 같은 하드웨어를 결정할는지 모른다).
3. 하드웨어(컴퓨터의 기계적이고 전기적인 부분, 실제 컴퓨터)를 결정하라.
4. 프린터를 결정하라. 도트, 잉크젯 또는 레이저 프린터, 소프트웨어, 하드웨어, 그리고 프린터를 선택할 때는 가격과 성능을 고려하라. 그리고 당신의 예산과 작업 요구사항과 비교 평가하라.
5. 임대를 바라는가? 아니면 직접 사고 싶은가? 어느 쪽이 재정적으로 최선의 선택인가? 뒷날 업그레이드가 가능한 것은 어느 쪽인가?

당신 자신에게 할 첫 번째 질문은 컴퓨터가 정말 필요한가 하는 점이다. 어쩌면 당신은 아직 컴퓨터가 필요없을지도 모른다. 어쩌면 당신은 영영 컴퓨터가 필요없을지도 모른다. 지금 당신이 할 수 없는 일을 컴퓨터가 해 줄 수 있을 것인가? 또는 컴퓨터가 당신을 위해 더 간단히, 더 효율적으로, 그리고 더 빨리 해 줄 수 있는 게 무엇인가?

나는 자유기고가로서 컴퓨터 없는 생활을 상상할 수 없다. 요즘은 빠르고 쉽게 원고를 편집할 수 있고, 문단과 문장의 순서를 재빠르게 바꿀 수 있으며, 그리고 신속히 최종 형태의 원고를 인쇄할 수 있다. 전체 페이지들을 다시 타자하는 일은 이제 없을 것이다.

컴퓨터에 관한 조언

1. 가게에 가기 전에 스스로 조사하라. 판매원은 당신을 최고급 제품 쪽으로 쓸 데없이 밀어붙인다는 것을 알아야 한다. 당신의 홈 비즈니스 사업에서 그것을 사용할 일이 있겠는가? 당신의 요구사항에 관심을 보이는 판매원을 찾아라.
2. 책이나 잡지, 신문에 실리는 관련 기사를 읽어서 스스로를 컴퓨터에 익숙하게 만들도록 하라.
3. 가장 친한 친구와 이웃들이 당신에게 말하거나 보여 준 것에 조심하라. 당신의 홈 비즈니스 사업에서 필요한 것은 매우 다를 수가 있다.
4. 지역의 대학이나 컴퓨터 상점에서 개설하는 기초 컴퓨터 강좌의 수강을 고려하라.

나는 지겹게 두꺼운 서류들을 뒤지는 대신 하드 드라이브나 디스켓에서 오래 전 원고를 끄집어 낼 수 있다. 개인용 컴퓨터는 나를 더욱 효율적이고 생산적으로 만들어 주었다.

그러나 당신은 나름대로의 결정을 해야만 한다. 이름 있는 판매처에 문의하고, 컴퓨터가 당신을 위해 해 주었으면 하는 일이 무엇인가를 명확히 가슴에 담아 두도록 하라. 그렇게 하면 당신은 필요없는 소프트웨어와 쓸데없이 고상한 장비를 피함으로써 많은 돈을 절약할 수 있다. 보통차가 당신을 원하는 곳까지, 똑같이 훌륭하게, 그리고 훨씬 싸게 데려다 준다면 BMW를 타느라 예산을 날려 버릴 이유가 무엇인가?

그리고 차에 대해 그런 것처럼 당신은 왜, 그리고 어떻게 컴퓨터가 작동하는가를 자세히 알 필요가 없다. 당신은 단지 그걸 탈 수 있고, 달릴 수 있기만을 바라기 때문이다.

서류장

서류장은 귀중한 저장공간이 되고 손쉽게 책상 밑이나 방구석에 놓아 둘 수가 있다. 어디에 놓을지를 결정할 때는 그걸 놓고 난 다음에도 사무실 문이 활짝 열리는가를 확인하라. 서류장의 크기에는 두 개, 세 개 또는 네 개의 서랍이 달린 것들이 있다.

테리 블랙(Terry Black)은 말한다. "나중에 다시 찾아와서는 처음에 더 큰 서류장을 샀으면 좋았을 거라고 말하는 사람들이 종종 있습니다. 저장공간은 곧 차 버리거든요. 특히 각종 기록을 보존해야 하는 경우에는 더 그렇습니다." 또 서랍 네 개짜리 서류장은 허리를 굽힐 필요가 없도록 해 준다. 서랍 두 개짜리의 경우에는 낮은 쪽 서랍을 채울 때까지 늘상 서류를 빼거나 넣기 위해 허리를 굽혀야 한다.

할 수 있다면 새 서류장을 사도록 하라. 중고는 작은 조각이 떨어져 나갔거나 우그러졌거나 했을지 모르고 보상기간이 없다. 또 어떤 서류장이건 롤러를 검사하라. 종이는 무겁기 때문에 더 많은 롤러가 있을수록 수납 용량이 더 커지고 서류장의 수명은 더 오래 갈 것이다!

서류장이 안전하다거나 불에 타지 않는다고는 상상도 하지 말라. "선량한 사람들은 그런 사고들을 막을 수 있을 겁니다." 테리는 말한다. "그러나 그렇지 못한 사람들은 들어가려고 마음만 먹으면 서류장 앞을 뜯고 들어갈 겁니다."

나무장보다는 금속제 서류장이 조금 더 안전하지만, 서류가 새까맣게 타는 것은 막아 주지 못한다. 미심쩍다면 귀금속이나 민감한 물건은 서류장에 넣지 말라.

모든 기기를 하나로

기기들을 합침으로써 선택해야 할 일을 줄이고 가구의 수를 줄여라. 요즘은 전화기와 자동응답기, 팩시밀리와 복사기를 모두 하나로 모은 제품을 구할 수 있다. 이런 제품이 당신의 필요를 충족시켜 줄지도 모른다. 그러나 팩시밀리와 전화가 합쳐진 제품은 한 번에 한쪽만을 쓸 수 있고, 만약 한쪽 부분이 고장나면 수리가 될 때까지 아무것도 쓰지 못하고 지내야 한다는 것을 명심하라. 또 팩시밀리에 달린 복사기는 빛에 민감한 종이를 사용하기 때문에, 오랜 기간 보존할 서류에는 부적절하다는 점에 주의해야 한다.

작업체계

매 30분마다 짧은 휴식을 가지면서 일하면 훨씬 효율적이고 안락하게 일할 수 있다. 한 시간 걸릴 일이 있다면 중간에 쉬도록 하라. 컴퓨터 앞에서 일하거나 장시간 앉아 있을 때는 정기적인 휴식을 취하도록 하라. 인체공학자인 제프리 프리스(Jeffrey Frith)는 말한다. "직업적 혹사 증후군의 위험을 피하기 위해서는 컴퓨터 앞에서 일과시간의 50% 이상을 보내지 말아야 합니다. 계속 작업내용을 바꾸도록 하십시오. 컴퓨터에 앉아 있는 시간과 서류작업, 전화걸기, 서류정리 시간을 번갈아 갖도록 하십시오."

앉아 있을 때는 혈액순환이 느려진다. 당신의 체중이 근육을 눌러서 피가 돌기 어렵게 하는 것이다. 그것은 호스를 접어서 물의 흐름을 제한하는 것과 비교될 수 있다. 이 때 물은 여전히 흐르지만 그렇게 효율적이지는 않다. 그러므로 30분마다 일어나라. 혈액순환을 시켜라! 일어나서 몸을 뻗어라. 깊게 숨을 들이마시고 내쉬어라. 차를 마시는 휴식시간을 갖도록 하라. 음악을 들어라. 정원에서 짧은 산보를 하도록 하라. 몇 분만 쉬면 당신은 작업 정확도가 극적으로 향상되는 것을 발견할 것이다.

컴퓨터를 가지고 일하거나 독서를 할 때처럼 당신의 시선이 계속 같은 초점거리에 고정되어 있을 때, 눈은 긴장하게 된다. 그러므로 지금 잠깐 틈을 내서 당신의 눈을 운동하라. 벽에 붙은 포스터를 보거나 창 밖을 보라. 먼 데를 보는 것은 눈 근육의 초점거리를 바꾸고 긴장을 풀게 한다.

당신의 몸에 귀를 기울여라. 고통은 무언가 잘못되었다는 표시이다. 그걸 무시하지 말라. 만약 당신의 목과 팔, 어깨가 일하는 도중에 아프다면, 일을 멈추고 왜 그런지를 살펴라. 어쩌면 당신의 의자나 작업하는 위치를 바꾸어야 할지 모른다. 물리요법가들은 사람들이 컴퓨터를 빈약한 탁자 위에 설치했다거나 홈 비즈니스 사무실에서 부엌의자에 앉아 있다거나 하는 경우에 생기는 고통이나 통증들을 진찰하고 치료하는 데 익숙하다. 그런 문제들은 거의 예외없이 자세와 연관되어 있다. 치료가 증상을 완화시켜 주긴 하지만 예방이 매우 중요하다. 같은 자세를 유지하거나 탁자나 의자를 잘못된 높이에 둔 채 너무 오래 일하지 말라.

한 달 분량의 청구서를 준비하고 보내느라 하루 종일을 쓰는 것보다는 매주나 하루에 조금씩 그런 일을 함으로써 등이 뻣뻣해지는 것을 피하라. 또는 전체 일감을 연속된 작은 일감으로 나누자. 모든 것을 한 번에 다 하는 대신 계산서들을 한 묶음씩 접어서 각각 봉투에 넣은 다음 봉하라.

〈검토할 것들〉

홈 비즈니스 사무실을 차릴 때는 다음과 같은 사항들을 고려하라.

- 위 치 : 가능하면 분리된 작업 전용 공간을 가지라.
- 내 용 : 사무기기 확인 목록을 체크하라. 세를 내거나 빌려 쓸 것인지, 아니면 살 것인지 결정하라.
- 설계와 배치
- 인간공학 : 짧고 잦은 휴식이 길고 드문 휴식보다 낫다. 자세를 바꾸는 것은 피로를 줄인다. 잠깐 산보를 하고, 당신의 창의력을 자극하기 위해 신선한 공기를 들이마셔라.

실외 생활

수목 관리 전문가인 피어스 라버티(Piers Laverty)는 일의 대부분을 실외에서 한다. 그는 의회의 개발사업을 위해서 나무를 평가하는 한편, 뒷마당의 나무를 찍어 넘어뜨리기도 하고, 나무를 관리하는 일의 일환으로 가지치기와 솎아내기, 그리고 옮겨심기를 한다. "나는 12년 간 홈 비즈니스 사무실을 운영해 왔고, 근무시간 이외에도 많은 전화가 걸려 오기 때문에 집에서 일하는 게 사업을 더 쉽게 해 주었습니다." 그는 말한다. "나는 걸려 오는 전화에 당장 답할 수 있습니다. 만약 그러지 못하면, 내가 하는 사업의 경우에는 고객들이 다른 곳으로 가 버리고 맙니다."

그는 스스로 자기 사업에 있어서 매우 중심적인 위치라고 표현하는 시드니의 북쪽 해안인 와룽가에 살고 있다.

"5년 전에 아주 큰 폭풍이 있었습니다. 나무들이 아주 엉망이 되었죠. 그래서 나는 7주 동안 하루도 쉬는 일 없이 5시 반부터 한밤중까지 일했습니다. 그것은 사업을 위해서는 좋은 일이었습니다만, 그 후 회복을 위해 긴 휴식을 취해야만 했습니다. 몸을 빼내서 달아나지 않는다면, 나는 일하는 것을 결코 멈출 수가 없습니다. 집에서는 일이 나를 따라다니고, 업무시간와 여가시간은 서로 마구 섞여 있습니다."

피어스는 집에서 일하는 사람들에게 세 가지 충고를 들려 준다. "첫째는 일과 당신의 생활을 분리하라는 것입니다. 그게 가장 중요합니다. 둘째는 스스로를 위한 시간과 현재 무엇을 하고 있는가를 생각해 볼 시간을 꼭 가지라는 것입니다. 세 번째는 서류작업을 포함하는 사업의 모든 일을 항상 잘 살피라는 겁니다."

피어스에게는 그 자신의 사업을 운영하는 일이 자연스러운 것이었다. "나는 명령을 받거나 다른 사람의 지시를 수행하면서 살아 본 적이 없습니다." 그는 말한다. "그건 성격적인 문제입니다. 나는 늘 완고한 사람이었지요. 그래서 항상 자영업을 해 왔습니다."

다른 것들처럼 그가 하는 사업은 점점 경쟁적인 것이 돼 가고 있다. "어떤 것은 할 만한 값어치가 없어요." 그는 일감을 조심스럽게 선택하고, 계절마다 하는 가지치기 같은 일감을 주는 고정적인 고객들을 확보해서 경쟁에 대항하려고 하고 있다. "나는 지역신문에 광고를 내곤 했지만, 이제 더 이상 그런 일은 하지 않습니다. 경험이 없는 사람들은 터무니없이 가격을 깎고—그리고 일을 망치고는— 는 합니다. 그래서 이제 나는 직업별 전화번호부 전화란에만 광고를 합니다. 내 경우에는 그 방법이 아주 성공적이었습니다."

"이런 종류의 일이 멋진 것은 시작할 때 큰돈을 투자할 필요가 없다는 사실입니다. 전기톱과 소형 트럭, 등반장비가 필요하고, 그러고는 많은 일을 하도급으로 계약하게 되는 겁니다. 아침 7시부터 장비를 기지러 오는 사람들도 있기 때문에 생활에 침해를 받을 수도 있습니다. 나는 큰 창고 작업장을 지었는데, 그게 효과가 있다는 것을 발견했습니다."

"그리고 나는 상황이 허락할 때마다 떠나곤 합니다. 당신이 전화를 했을 때, 나는 카약을 타고 있었고 호출기로 당신의 전갈을 받았습니다."

전망 좋은 방

시각예술가인 아그네즈카 골다(Agnieszka Golda)와 그녀의 남편 마킨 존슨 (Martin Johnson)에게 집에서 일한다는 사실은 전혀 특별할 것이 없는 일이다. "예술가들은 전통적으로 혼자 일해 왔어요. 게다가 작업실을 따로 임대하려면 임대비용을 걱정할 수밖에 없습니다." 그들은 말한다. "우리는 모든 것을 값싸고 간결하게 하려고 노력하고 있습니다."

20대 후반의 그 부부는 빅토리아와 남호주에서 살아 왔고 공부도 거기서 했다. 아그네즈카는 멜버른 아파트 윗층에 있는 손님용 침실에서 그림을 그릴 수가 있었다. 그러나 마틴이 망치와 끌로 목조 조각을 시작하자 이웃들은 불평을 했다. "우리는 한 방목장에서 작은 톱을 가지고 그 통나무를 얻으려고 사흘을 소비했답니다. 하지만 마틴이 거기에 조각을 하기 시작하자 집 전체가 흔들리곤 했어요."

그들은 지금 도시 바깥자락에 있는 크고 외진 오두막에 살고 있다. "이건 이상적인 위치입니다." 마틴은 말한다. "이 곳은 도시에서 차로 몇 분밖에 걸리지 않고, 내가 재활용 나무를 구하는 애덜레이드 항구과도 가깝습니다."

그들은 평화와 고요함도 즐기고 있다. "당신 주변에 긴장을 풀어 주는 분위기가 있다면 훨씬 쉽게 작품을 만들어 낼 수 있습니다." 아그네즈카는 말한다. "도시의 혼잡 속에서는 스트레스를 받기 쉽습니다. 여기는 평화로운 교외지역이고, 우리는 그림을 말리는 데 쓰곤 하는 벤치가 있는 넓은 정원을 갖고 있습니다. 내 철학은 '영감을 주는 자신만의 환경을 만들어라'랍니다."

그런 영감들은 집 안의 가구에 반영된다. 그들의 집은 밝게 채색된 실물 크기의 목조 조각이 커다란 방을 채우고 엄청나게 큰 캔버스가 중앙 통로의 벽을 장식하며, 아그네즈카의 직물 디자인으로 장식된 쿠션과 테이블보, 그리고 윗덮개가 색조와 따뜻함을 더하고 있다. 그녀는 자신의 작품만을 위한 방을 갖고 있고, 마틴은 집 뒤에 있는 콘크리트 바닥의 넓은 공간을 작업장으로 개조했다. 그들은 관련 기관의 허락을 얻어서 이걸 넓은 뒷마당으로 확장하려고 하고 있다.

마틴과 아그네즈카에게 있어서 집에서 일하는 장점들은 그들 자신의 속도로 방해받는 일 없이 일에 집중할 수 있다는 것과 작업시간이 자유롭다는 것, 그리고 획일적이지 않는 생활을 할 수 있다는 것이다. 아그네즈카는 밤늦게 일하는 것을 좋아하고 반면에 마틴은 일찍 일어나는 사람이다. 집의 작업장은 사용시간이 정해져 있는 임대 작업실보다 유동성이 더 많다. "당신은 작업시 소음이나 다른 이들의 요구 사항에 신경 쓸 필요가 없습니다." 마틴은 말한다. "집에서 일할때 나는 더 건강하고 시간과 돈을 절약하게 됩니다. 나는 점심으로 며칠 동안 먹을 수 있는 카레나 굴라쉬를 요리하곤 합니다."

예술에 대한 열정을 가진 이 부부에게 동기부여는 전혀 문제가 안 된다. 그들은 집중할 목표—아마도 전시회를 위해서 일하는 것일 게다—와 날마다의 계획을 갖고 있다. 그리고 그들은 일과 여가시간 사이의 균형을 꼭 지킨다. "우리는 정기적인 전시회를 가지려고 합니다." 아그네즈카는 말한다. "신인 예술가들인 우리는 명성을 얻는 데 수년이 걸릴 수도 있다는 것을 알고 있습니다. 그래서 가능하면 직접 액자를 만들고, 캔버스를 당겨 붙이면서 비용을 줄이려고 합니다."

그들은 이미 몇 번인가 개인전을 가졌고 남호주 갤러리에서 정기적인 전시를 하고 있다. 다른 수입은 수수료(피터의 그림 중 하나는 피터 리만 포도주의 상표에 쓰였다)와 시간제로 하는 일(아그네즈카는 때로 직물 디자인을 학생들에게 가르친다)에서 나온다. "우리는 정규 시간제 일을 찾지는 않습니다. 그렇게 하는 것은 우리를 예술로부터 멀어지게 할 것이기 때문입니다"라고 마틴은 말한다.

"희생이 필요했지만 우리는 그렇게 하기로 했습니다." 아그네즈카는 인정했다. "우리는 외식을 하거나 영화관에 가지 않습니다. 그리고 차는 고물입니다. 나는 옷을 오프숍(OP shop)에서만 삽니다. 거기는 흥미 있고 별난 곳이죠. 이제는 설사 돈이 있다고 하더라도 비싼 옷을 파는 가게에 갈지 모르겠습니다. 나는 자켓 하나에 1, 2달러 이상 쓰는 것에는 익숙해질 않거든요!"

같이 살면서 일하는 부부에게 아그네즈카와 마틴은 이렇게 조언하다; 개인적인 생활과 직업적인 생활을 분리하라. 배우자를 존중하고 후원하라. 서로에게 개방적이 되고 신뢰하라. 그리고 자신의 관심사를 추구하라.

그들 각자는 자기 나름대로의 방식과 일에 대한 접근법이 있고, 두 사람 다 그들 사이에는 어떤 건강한 경쟁이 있다고 말한다.

"우리는 서로에게 최상의 친구이고, 집에서 일하는 것이 서로 더 가깝게 해 준다는 것을 깨달았습니다."

제4장

문제는 돈!

마이클 포프(Michael Pope)는 만족했다. 사업은 잘 돼 가고 있었다. 도자기 꽃병에 대한 주문이 그 지역의 가게와 시장들로부터 밀려들고 있었고, 그는 일을 멈출 수가 없었다. 비록 많은 시간을 투자해야 했지만, 자신이 고용주이며 예술적인 기술을 사용하고 있다는 것은 즐거운 일이었다. 그는 행복했고 만족했다. 수입을 계산해 보게 될 때까지는 말이다.

마이클이 재료비를 내고 가스, 전기, 그리고 전화 같은 것에 대한 청구서와 식비, 임대료 같은 생활비를 지불하고 나자 정말로 아주 조금의 돈밖에는 남지 않았다. 그는 투덜댔다. "그것은 정말 가치가 없는 일이었습니다. 남의 직원으로 남아 있었더라면 더 많은 돈을 벌었을 겁니다." 그래서 그는 사업에서 다른 시도를 해 보기로 했다. 그는 꽃병 값을 두 배로 올렸다. "이 정도면 적당한 수입을 올릴 수 있을 거야." 그는 자신에게 말했다.

그러나 갑자기 수요가 떨어졌다. 고객들 중에 그 인상된 가격을 지불할 준비가 돼 있는 사람은 거의 없었다. 할부 지불이 되냐고 묻는 사람들에게 마이클은 쉽게 동의했다. 그러나 이제 그가 지불해야 되는 청구서는 전과 똑같았지만 고객의 수는 훨씬 줄어들었다. 그는 더이상 청구서들을 결재할 수가 없었다.

마이클은 어디서 잘못을 저질렀는가?

몇 가지 부분이 있다. 그는 사업계획을 세우지 않고 시작했고, 원가에 대한 어떠한 조사도 하지 않았다. 대신에 그는 단순히 가게들이나 시장이 기꺼이 지불할 것으로 생각되는 가격을 매겼다. 그는 원재료비나 자신의 노동력에 대한 비용도 계산하지 않았다. 게다가 경쟁업자들이 부르는 가격이나 비슷한 꽃병의 가격을 살피지 않았고, 또 고객들이 얼마까지 돈을 지불할 준비가 되어 있는가도 생각해 보지 않았다. 그러고는 갑자기 가격을 두 배로 올림으로써 실질적으로 거래를 중단해 버렸다. 마이클의 가장 큰 실수는 현금 유입의 중요성을 무시했다는 것이다. 그는 '사업이란 소득 없이 살아남을 수 있지만 현금 없이는 살아남을 수가 없다'는 것을 뼈저리게 배웠다.

사업을 흑자로 유지하고 서류 뒤적이는 일로 돌아가는 것을 피하기 위해서 마이클이 무엇을 해야만 했는가? 첫째, 그는 처음부터 원가를 보다 자세히 살펴야만 했다. 재료와 자신의 노동력이 갖는 값어치를 계산한 후에 25% 정도의 이윤을 붙이고, 고객들이 그 총액을 지불할 수 있는지 확인해 봤어야 했다. 그렇게 했다면 고객들에게 외상을 줘야 할 필요가 없었을 것이고, 따라서 청구서가 들어왔을 때 결재해 줄 현금이 있었을 것이다. 그는 또한 만드는 데 오래 걸리지도 않고 더 많은 이득을 줄지도 모르는 더 작은 상품들—꽃병들이나 머그잔, 그리고 접시들—을 개발하여 운영을 다각화할 수도 있었다.

마이클은 자기가 좋아하는 일을 생업으로 삼을 수 있다는 생각에 빠져서 도예에 대한 자신의 열정이 적당한, 그리고 더 나아가서 안락한 생활을 제공해 줄 수 있겠는가를 자세히 살피지 못했다. 그는 그 사업의 경제성을 깊이 연구하지 않았다.

케이트 맥라클란(Kate Mclauchlan)는 타자와 대필 사업이 매우 하고 싶었다. 그녀는 고용주에게 이를 통고하고는 그 다음 한 달 동안 홈 비즈니스 사무실을 차렸다. 그런 다음에 컴퓨터와 프린터를 빌리고, 팩스와 자동응답기를 사고, 사무실 용품을 비축했다. 마이클과 달리 그녀는 처음부터 성공적이었다. 예전 고용주는 그녀에게 기꺼이 일감을 제공해 주었고, 다른 사람들에게 추천해 주었다. 친구들 그리고 안면이 있는 사람들은 빠르고 효율적이며, 질이 좋은데다가 가격도 적당한 그녀의 서비스를 잘 이용했다.

케이트는 혼자만의 사업을 시작하기 전에 정확하게 자신의 서비스에 대한 수요를 예측했다. 그녀는 잠정적인 고객의 명단을 작성하고, 가격은 시장성이 있는 범위 안에서 적당한 이득을 얻을 수 있는 수준으로 결정했다. 그녀는 또한 사업이 자리를 잡아가는 초기에는 수입이 적으리라는 것을 고려하고, 저축 잔고가 몇 달 간은 지탱해 줄 수 있도록 준비했다. 마이클과 같이 케이트는 행복했고 만족했다. 세금 신고서를 작성할 때가 오기까지는 말이다. 회계사의 말은 그녀를 절망에 빠뜨렸다. 그녀는 1만 4,000달러 이상의 세금에 직면하게 되었던 것이다.

도대체 그녀가 어떻게 그것을 지불할 수 있을 것인가. 그녀는 3,000 달러의 저금밖에는 없었다. 그녀는 번 돈의 일부를 사업에 다시 투자했고, 나머지는 옷이나 휴가 따위에 다 써 버렸다. 케이트는 돈을 뿌려 대지는 않았지만, 이런 필연적인 일에 준비가 돼 있지도 않았다. 그리고 이제 마이클처럼 그녀도 사업을 그만두었다. 비록 마이클과는 달리 2년 동안이나 사업을 훌륭히 해냈지만 말이다. 그러나 케이트가 좀더 일찍 회계사와 상담했더라면, 여전히 사업을 계속할 수 있었을 것이다. 왜냐하면, 그 회계사는 그녀에게 잠정세의 개념을 설명했을 것이기 때문이다. 그녀는 그걸 위해서 분리된 계정에 돈을 마련해 두도록 조언받았을 것이고, 가능한 세금 감면에 대해서도 들을 수 있었을 것이다. 예를 들어, 세금 계산시 컴퓨터는 매년 50%씩 평가절하되기 때문에, 컴퓨터를 빌리는 대신 사는 게 나았을 것이고, 팩시밀리는 사는 것보다 빌리는 게 나았을 것이다.

회계사를 일찍 만났다면 케이트의 사업은 구조될 수 있었을 것이다. 여기서의 요점은, 사업을 시작하기 전에 회계사를 만나는 것이 합리적인 일이라는 것이다.

시작하기 전에

회계사를 만나라!

회계사인 제이미 맥케오(Jamie Mckeogh)는 자신과 상담한 많은 미래의 소규모 사업주들에 대해 말하고 있다. "그들은 모두 들떠서 나를 찾아오지만, 나갈 때는 풀이 죽어 자신들의 결정을 다시 생각하며 떠납니다." 제이미와 1시간을 보낸 후, 사람들은 고려해야 할 것이 많다는 것을 알게 된다.

제이미가 비관적인 것은 아니다. 다만 현실적일 뿐이다. "많은 사람들이 사업을 한다는 것에 대해 잘못된 인상을 갖고 있습니다." 그는 말한다. "그것은 엄청난 양의 힘든 일을 의미합니다. 그리고 여러분은 자신이 그 압력을 견딜 수 있는가를 생각해 봐야 합니다. 자신의 사업을 운영하는 것과 누군가를 위해 일하는 것에는 큰 차이가 있습니다."

제이미 같은 회계사는 홈 비즈니스 사업이든 아니든, 사업을 시작하는 데 있어서 고려해야 할 법적이고 재정적인, 그리고 경영적인 여러 측면들을 살피는 데 도움을 준다. 그는 당신에게 기록을 남기고, 장부를 적고, 재정 보고서와 세금 신고서를 준비해야 할 필요성에 대해서 이야기할 것이다. 그는 당신에게 회사 이름을 등록하는 것에 관한 정보를 줄 것이다. 만약 기존의 사업체를 인수하려고 한다면, 회계사는 과거의 사업 기록을 살피고는 그것이 좋은 결정인지 아닌지에 대해서 말해 줄 수 있다. 그는 또한 독점 판매권에 대해서도 조언해 줄 수 있다. 만약 당신이 누군가 다른 사람을 고용한다면, 그는 세금이나 퇴직금 지불 같은 일들을 짜맞춰 줄 수 있다. 그는 당신의 사업 구조를 결정하는 데 도움을 줄 수 있다. 개인업자여야 하는지, 합작회사여야 하는지, 유한책임회사여야 하는지 혹은 기업연합이어야 하는지 말이다(제2장을 보라). 이것은 중요하다. 왜냐하면, 사업이 1년 후에 성황을 이뤄 그 구조를 바꾸고자 한다면, 그 전환은 아마도 자본 증액세나 인지세 따위 때문에 큰돈이 들 것이기 때문이다.

당신의 홈 비즈니스 사업이 현실적인 계획인가를 평가하는 회계사와 만나는 1시간은 선용한 시간이다. 그걸 위해서는 응분의 비용을 지불해야 하지만, 나중에 당신의 뒷처리를 위해 그에게 수백 달러를 쓰는 것보다 지금 170달러를 지불하는 게 얼마나 좋은가! 그리고 격언이 말해 주는 것처럼 "바보 같은 질문을 하는 것에 대해 두려워하지 말라. 그것은 바보 같은 실수보다는 다루기가 쉽다."

사업 시작하기

안젤라 바쏘(Angela Basso)는 출장요리 홈 비즈니스 사업을 시작하기 위해 1만달러의 융자를 얻으려고 했다. 그녀는 오븐을 개량하고 환기용 팬을 설치하길 원했다. 또 만능 조리용구와 더 크고 좋은 소스팬, 다른 부엌기구들이 필요했다. 필요한 것들을 항목대로 적고 가격을 매긴 후, 그녀는 자신 있게 은행 관리인을 만나러 갔다.

"새로운 사업이라고요?"
그는 물었다.
"좀더 말씀해 보시죠."
안젤라는 어리둥절해진 것처럼 보였다.
"뭘 알고 싶으신데요?"
"사업계획은 세우셨습니까?"
"아니오."
"출장 요리에 경험이 있으신가요?"
"글쎄요. 이 정도 규모로 일해 본 적은 없어요."
은행 관리인은 다시 안젤라가 제출한 자료를 보았다.
"손님은 수년 간 우리 계좌로 거래해 오셨군요."
그는 말했다.

"손님은 **훌륭한** 고객이십니다. 그러나 우리는 이것보다 훨씬 많은 것을 알아야 하고 돈을 빌려 드리는 데 거북한 게 없도록 해야 할 필요가 있습니다."

"저는 제 사업이 정말로 잘 돼 나갈 것라고 믿어요."

안젤라는 흥분해서 말했다.

"제게는 이미 중역 회의실의 점심식사를 주문하는 회사들이 많이 있어요. 게다가………."

"얼마나 이득을 보게 될까요?"

은행 관리인은 제동을 걸었다.

"정확히는 모르겠는데요."

"전혀 이득을 보지 못하실 수도 있습니다."

은행 관리인은 설명했다.

"그 경우 어떻게 융자를 갚으시겠습니까? 그리고 돈을 전혀 버실 수 없다면 어떻게 사실 겁니까"

"최소한 저는 그 음식을 먹을 수는 있어요."

안젤라는 킬킬거리며 웃었다.

그러나 마지막에 가서 웃은 것은 은행 관리인이었다. 그녀는 융자를 얻을 수 없었기 때문이다.

당신은 안젤라가 순진하고 준비가 없었다고 생각할는지 모른다. 그녀는 사실 그랬다. 이것이 그녀의 첫 번째 사업 시도였다. 이제 10년이 지났고, 성공적인 사업의 소유주가 된 그녀는 보다 많은 것을 알고 있다. 그러나 그녀는 힘든 방식—피할 수도 있는 좌절과 충격을 직접 부딪히고 극복해 오면서—으로 그것들을 배웠다.

그러나 잠수복 제작자인 로이 윌리엄스는 홈 비즈니스 사업을 시작하기 위한 융자를 얻는 데 아무런 어려움이 없었다. 자세하고 포괄적인 그의 사업계획은 이 분야에서의 그의 경험과 맞물려 큰 도움이 되었다. 그는 자신의 지식과 쓰여진 자료, 그리고 자신감으로 은행 관리인에게 깊은 인상을 준 나머지, 은행은 실제로 그가 요구했던 돈보다 더 많은 돈을 제안했던 것이다!

시작 자본

융자는 은행이나 신용조합 또는 다른 금융기관에서 얻을 수 있다. 당신은 융자 없이 자신의 저축이나 가족에게 빌린 돈으로 해 나갈 수도 있다. 어쩌면 당신은 처음에 큰돈을 지출할 필요가 없을는지도 모른다. 그러나 당신이 충분한 시작 자본을 갖고 있는가를 꼭 확인하라. 필요한 자본을 너무 적게 잡았다는 것이 소규모 사업이 실패하는 가장 흔한 이유 중의 하나이다.

사업을 위해 필요한 장비를 사고 그 대금을 한꺼번에 지불하려고 할 때는 융자를 받는 것이 바람직하다. 이 때 당신은 일정한 액수의 돈을 합의한 이자율로 정해진 햇수만큼 빌리게 된다. 그러나 돈을 빌려 주거나 주식을 사든지 해서 은행 잔고가 오르락내리락할 것 같다면, 그러니까 운영자금이 필요하다면 당좌 대월이 보다 바람직하다. 가장 단순한 형태의 당좌 대월이란, 정해진 기간 동안 당신의 구좌에서 초과로 꺼내 쓸 수 있는 액수에 대해 은행과 합의하는 것을 말한다. 이자율은 당좌 대월액의 크기에 따라 계산될 것이다.

홈 비즈니스 사업이 어떻게 융자를 얻을 수 있는가?

켄베라(Canbera)의 은행 관리인인 마리아 코스타스(Maria Costas)는 그 사업이 홈 비즈니스 사업이라는 사실은 중요하지 않다고 말한다. 은행이 보는 것은 그 사업의 실현 가능성과 그 일을 하려는 사람의 경력, 그리고 어떻게 융자를 갚을 것인가이다. 그들은 명확한 사업계획과 융자를 되갚을 능력을 예측해 보는 것이다.

같은 사업에서 경험이 있었다는 것은 장점이 된다. 컴퓨터 상담사업을 위해서 융자를 얻으려는 사람이 그전까지 내내 채소만 팔아 왔다면 그것은 매우 힘들 것이다. 은행은 이러한 상황을 바람직하다고 여기지 않을 것이며, 그가 사업을 해 나갈 수 있을 것인가에 대해 심각한 의문을 가질 것이다. 그러나 그의 이전 고용경력이 컴퓨터 주변을 맴돌았다면, 은행이 그 융자를 허락할 확률은 훨씬 더 높다.

당신은 은행 관리인에게 자신이 능력 있고 식견 있으며, 경험이 많다는 것을 확신시켜야만 한다. 전에 그 분야에서 일한 적이 없다면, 당신은 자신이 견실한 사업원칙과 관행을 알고 있으며, 제안한 사업에 대해 충분한 조사를 했고, 완전한 준비가 되어 있다는 것을 반드시 보일 수 있어야만 한다.

만약 당신이 증명할 수 있는 사업에 대한 미래의 발전계획을 갖고 있다면, 은행은 훨씬 더 쉽게 돈을 빌려 줄 것이다. 그들은 과거의 재정보고서를 살필 것이고, 그 새로운 사업에 대한 수입과 판매, 지출의 예상을 고려할 것이다. 그들은 당신이 융자를 되갚을 역량을 증명할 수 있기 바라고, 은행 거래에 관한 좋은 조언을 해 주기 위해서도 내실 있는 정보가 필요하다.

처음으로 사업을 시작하는 거라면, 은행은 더욱 조심하게 된다. 대부분의 사람들은 약간 만만한 태도를 갖고 있고 현실적인 예측을 잘 못한다. 그러나 당신이 이미 바람직한 계약들을 맺고 있고 수입이 보장돼 있다면, 그것이 은행에게는 인상적으로 보일 것이다. 사업계획은 또한 자신을 위한 것이기도 하다. 그것들은 성공을 위해 필요한 것이다. 은행이 가장 마지막에 보게 되는 것이 융자의 안전성—분담, 보험정책, 담보의 순수가격—이다.

일어나 뛰기

당신은 생계를 위해 사업을 하고 있다. 그러므로 당신의 가격은 매우 중요하다. 너무 비싸게 부르면 아무도 사려 들지 않을 것이다. 너무 싸게 부르면, 당신은 곧 돈이 떨어져서 파산하게 될 것이다. 비결은 시장이 허용하는 것과 당신의 생활을 위해 필요한 것 사이에 균형을 잡는 것이다.

원가를 결정하는 법

상품이든 서비스든 가격을 매길 때는 같은 원칙이 적용된다. 당신은 시장가격과 자신이 기대하는 수입 사이에서 균형을 잡을 필요가 있다.

홈 비즈니스 사업을 시작했을 때, 조직심리학자인 브루스 그로위(Bruce Growe)는 바람직한 시간당 요금을 결정하고 다른 사람들이 청구하는 금액을 알아보려고 같은 직업에 종사하는 사람들, 비슷한 서비스를 제공하는 사람들을 만났다. 그는 이렇게 해서 요금의 근거로 삼을 지침을 가지게 되었다.

일단 얼마나 청구할 것인가를 생각하기 시작하자, 브루스는 생활비나 융자 반환금과 같이 계속 필요한 비용들을 살피게 되었다. 또 그는 현실적으로 얼마나 많은 고객을 기대할 수 있는가를 조사했다. 그러고 나서 요금을 세밀하게 조정할 수 있었다.

이러한 계산에 대한 또 하나의 접근법은 자신에게 얼마나 많은 연간 소득을 올리고 싶냐고 묻는 것이다. 다음은 그 수입을 위해서 한 주에 몇 시간이나 일할 준비가 돼 있느냐고 스스로에게 물어 보라. 간단히 말하자면, 당신이 연간 5만달러의 소득을 올리고 싶고, 1주일에 두 번의 휴일을 즐기고 싶다고 하자. 당신은 한 주에 40시간, 그러니까 1년이면 2,000시간을 일하고자 한다. 그렇다면 당신은 시간당 25달러를 청구할 필요가 있는 것이다. 거기에는 고려해야 할 또 다른 요소들이 있다. 1주일에 40시간씩 일할 만큼 충분한 일감이 있을까? 당신은 병이나 가족의 일 또는 다른 것들로 없어질 시간과 같은 여유시간을 갖고 있는가? 당신은 현실적인가, 아니면 지나치게 낙관적인가? 당신이 일하고자 하는 주중 40시간은 모두 요금을 청구할 수 있는 시간일까? 아니다, 물론 아니다. 이 핵심적인 사항을 잊지 않도록 하라!

조심스럽게 추산했을 때, 당신의 시간 중 단지 50에서 60%만이 요금의 청구가 가능할 것이다. 30%는 당신의 사업을 위한 시간으로 여겨라. "내 경우에 그 나머지는 '이리저리 돌아다니는' 시간입니다." 브루스 그로위는 말한다. "나는 그 시간을 전문적인 잡지를 숙독하거나 내가 속한 직업적인 연합에 공헌하는 데 씁니다."

그러므로 당신이 돈을 받는 시간은 연간 1,200시간 정도일 뿐이다. 당신은 5만달러를 벌기 위해서 고객에게 시간당 41달러 정도를 청구해야 한다. 이것은 적절한 가격인가? 그렇지 않다면 당신은 더 적은 수입에 만족하거나 아니면 더 많은 시간을 투자할 것인가?

이런 것은 매우 값어치 있는 일이 될 수 있다. 당신의 시간이 얼마만큼의 값어치가 있는지 추산했다면, 당신은 사업의 매출을 계량하기 시작할 수 있다. 예를 들어, 만약 당신의 시간이 30달러의 가치가 있다면, 1시간을 들여 물건을 직접 배달하는 것보다는 7달러 정도를 주고 심부름꾼을 이용하는 것이 훨씬 경제적이다. 그 시간을 사업에 투자하면 30달러를 벌고 23달러 이득을 보게 된다. 더 좋은 점은 심부름꾼에게 지불한 비용은 합법적인 사업비용으로서 세금 면제가 가능하다는 것이다.

정해진 요금 따르기

사업은 본격화되었고 고객들—친구들과 안면 있는 사람들을 포함하여—은 끊임이 없다. 그러나 예기치 못한 문제가 생긴다.

"처음에는 돈을 청구하기가 어려웠습니다"라고 동종요법가인 메레디스 노만(Meredith Norman)은 말한다. "나는 이게 많은 여성의 문제라고 생각합니다. 그들은 자신의 값어치를 깎아내리는 경향이 있습니다. 내게 있어서 현실적인 가격을 정하고 그걸 지키는 것은 어려운 일이었습니다. 나는 그럴 필요가 없을 때에도 친구들에게 양보를 했습니다. 그들은 분명히 그걸 기대하고 있지 않았고, 현실적으로 말하자면 필요하지도 않았습니다. 그들이 나보다 돈을 많이 버니까요! 문제가 있는 것은 그들이 아니라 나였습니다!"

메레디스는 자신의 방식을 바꾸게 되었다. "세금을 낼 때, 내 수입을 보고 충격을 받았습니다. 그건 제가 생각한 것보다 훨씬 낮은 수입이었습니다." 그래서 이제 그녀는 더 이상 친구들에게 혜택을 주지 않는다. "필요한 사람들에게 관대하게 군다는 것은 좋은 일입니다. 그러나 이제 나는 많은 사람들이 이용할 수 있는 서비스를 제공하는 것과 적절한 수입을 올리는 것 사이에서 균형을 잡아야 한다는 것을 알고 있습니다. 그렇지 않으면 그건 의미가 없습니다. 나는 힘들게 그걸 배웠지만, 심지어 지금도 관대해지는 면에서 실수를 범하곤 합니다. 나는 이따금 고객에게 무료 치료를 해 줍니다."

〈다이알-에이-와이프〉의 잰 서덜랜드 또한 처음에는 요금을 준수하는 데 망설였다. "그 일감을 잃어버리게 될 것 같을 때면, 지나치게 가격을 내리곤 했습니다. 하지만 사업에 대한 자신감은 성장하게 됩니다. 이제 나는 선택적으로 일을 하고 있고, 우리는 양질의 서비스를 제공한다고 말합니다. 나는 이제 더 이상 협상을 하지 않습니다." 거기에 더하여 그녀는 말한다. "적당한 가격을 요구하지 않으면, 사람들은 그 서비스를 값어치 있게 생각하지 않습니다."

잰과 메레디스가 하려는 말이란 이렇다; *"현실적인 가격을 책정하고 그걸 준수하라."*

집에서 일한다는 것은 더 적은 부대비용을 의미하고, 그렇게 아낀 것은 경쟁력 있는 요금의 형태로 고객에게 돌아갈 수 있다. 바로 그게 실내장식가인 캐서린 부고스와 그녀의 동업자가 하는 일이다. "우리의 요금체계가 바탕을 두고 있는 것은 우리의 오랜 경험과 호주 디자인 협회의 지침, 그리고 일반 가정을 위한 것인가 아니면 상업적인 것인가 하는 그 일감의 성격입니다." 캐서린은 설명한다. "우리의 요금은 도시 사무실에서 일하는 실내장식가들이 청구하는 것보다 적습니다. 우리에겐 바로 그게 집에서 일하는 의미입니다. 당신은 더 적은 돈을 내고 같은 양의 경험과 같은 질의 일을 제공받을 수 있습니다."

그들은 빛나는 창립 취지서에서 이 점에 주의를 기울였다 : "높은 부대비용과 꽉 막힌 업무 연계체계를 벗어난 우리는 유연하고 민감하며 효율적이다. 그리고 우리의 요금은 적당하다." 그들의 접근방식은 성공했다. 그들의 입찰은 훨씬 더 큰 회사들을 물리치고 받아들여졌다.

돈 관리하기

어째서 어떤 사람은 높은 임금을 받는데도 재정적으로 계속 바둥거려야 하는 반면 어떤 사람은 훨씬 적은 임금으로도 잘 지낼 수 있을까? 답은 임금의 크기가 아니라 돈이 어떻게 관리되는가에 있다.

만약 당신이 신용카드를 들고 있는 자기 자신을 믿을 수 없다면 신용카드를 피하라. "나는 신용카드 빚을 갚은 다음 그걸 잘라 버렸습니다"라고 컴퓨터 상담가인 웨슬리 브라운(Wesley Brown)은 말한다. "이제 나는 빚이 없고 은행 잔고도 적당히 갖고 있습니다." 그건 부러운 일이다. 그러나 웨슬리는 그렇게 되기 위해 열심히 노력해야만 했다. 그는 말한다.

"신용카드는 커다란 함정이 될 수 있습니다. 그걸 가지고 분수에 넘치게 소비하기 쉽거든요. 그리고 거기에 대한 이자율은 매우 높지요." 웨슬리는 신용카드 빚을 갚기 위해서 낮고 유동적인 이자율로 개인 융자를 얻어 냈다. "그 후에 나는 가위로 카드를 잘라 버리고는 그 융자를 갚기 시작했습니다."

당신은 사업을 운영하고 세금을 내기 위해 반드시 장부를 잘 정리해야만 한다. 당신의 회계사는 어떤 기록들을 보관해야 하는가에 대해 충고해 줄 것이고, 소규모 사업강좌나 책을 통해 어떻게 보관하는가를 배울 수 있을 것이다. 만약 당신이 장부정리에 취미가 없다면, 당신 대신 정기적으로 그 일을 해 줄 전문가를 고용하라. 장부를 정리하는 시간을 당신의 일에 쏟는다면 재정적으로도 훨씬 이득이고, 일하기에도 그게 더 쉬울 것이다.

물론 당신은 고객이 계산서를 즉시 정산해 주느냐에 관심이 있을 것이다. 그러므로 반드시 당신이 지불해야 할 청구서는 시간 내에 정산하도록 하라. 정기적인 청구서에 대해 예산을 미리 짜놓는 것은 도움이 된다. "나는 가스와 전기요금을 위한 돈을 따로 마련해 둡니다." 웨슬리 브라운은 말한다. "청구서가 올 때쯤에 나는 이미 앞서 가 있죠."

채무자 다루기

예방이 치료보다 낫다. 병과 마찬가지로 빚에 있어서도 그렇다. 가장 심각한 경우에 이르면, 빚이 당신의 사업을 절름거리게 하고 심지어 문을 닫게 만들 수도 있다. 이걸 생각해 보라. 빚에 대한 이율이 10%라면, 당신이 빌려 준 100달러를 벌충하기 위해서 1,000달러의 매상을 올려야만 한다. 당신이 채무자로부터 두 달 후에 그 100달러를 받는다고 해도, 수금하기 위해 당신이 쓴 시간 때문에 이제 그 돈은 90달러나 그 이하의 값어치밖에는 없을 것이다. 명백한 악성의 빚은 모두 떨어 버리는 것이 좋다. 그러나 어떻게 할까?

고객을 다루는 데 있어서 신뢰와 기지를 발휘할 필요가 있다. 그러나 고객을 신뢰하는 것과 스스로를 방어하는 것 사이에는 미세한 경계가 있을 수 있다. 여기 기억해야 할 몇 가지 권고사항이 있다.

1. 처음부터 고객에게 거래규칙을 알려라

고객에게 명백하게 거래규칙을 말하고, 청구서에 그 지불기일이 당장인지 한 주, 두 주 혹은 한 달 후인지를 적어라. 청구서는 즉시 발송하라.

2. 외상의 한도를 설정하라

이 한도를 설정하는 방식은 단순하다. 자기 자신에게 "나는 얼마만큼의 손해를 참아 낼 수 있는가?" 하고 물어 보라. 당신이 물건의 대금과 상품을 그 자리에서 서로 바꾸는 방식의 대금 상환을 할 수 있다면 그렇게 하라. 외상을 줘야만 한다면 30일짜리 계산서를 허용하기 전에 몇 번은 대금 상환 방식으로 거래하도록 하라.

3. 사태를 주시하라

연체된 대금이 있다면 그 돈을 받을 때까지 쫓아다닐 준비가 돼 있어야 한다. 장부를 자주 써라. 모든 걸 써 두도록 하고 머리 속에 모두 보관하려고 시도하지 말라. 일단 종이 위에 써 보면 상황이 생각했던 것보다 쉽지 않다는 것을 발견하게 될지도 모른다.

4. 고객에게 미리 주의를 환기시키라

사업이란 종종 그 소유주가 충분히 일찍 도움을 청하지 않았기 때문에 문제에 봉착하곤 하는 것이다. 기한까지 돈을 받지 못했다면, 고객에게 친절한 전화로 상기시켜 주도록 하라. 이해할 만한 이유— 그는 진짜로 잊고 있었을지도 모른다—가 있을 것이다. 그런 전화를 거는 것이 불편하다면, 자신 있게 그렇게 할 수 있는 다른 사람에게 당신을 대표해서 전화를 걸도록 부탁하라.

5. 재빨리 움직여라

행동을 취하기 전에 오래 기다릴수록 대금을 받기는 더욱 어려워질 것이다. 당신을 저버린 고객과 접촉한 지 1주일 안에 계산이 정산되지 않는다면 대금을 요구하는 편지를 보내라. 여기에 이어서 한 주간격으로 편지를 두 번 더 보내라. 엄격해지도록 하라. 고객에게 대금을 모두 받지 못한다면 법적인 행동을 취하겠다고 말하라.

미지불 채무를 빌미로 고객을 법정에 불러낼 수 있다. 그 재판이 시간과 분쟁, 그리고 최소한의 비용을 들일 값어치가 있는지 없는지는 오직 당신만이 결정할 수 있다. 재판에서 이긴다고 해도 고객이 재정적인 어려움을 겪고 있다고 말하면, 그는 조금씩 할부로 대금을 지불하도록 명령받을 것이다. 더 나쁜 상황은 그가 그렇게라도 대금을 지불하지 않는다면 그 문제를 계속할 것인가, 그래서 그를 다시 법정으로 불러낼 것인가 하는 점이 당신에게 전적으로 달려 있다는 것이다.

다른 가능성으로는 빚 수금업자나 수금 대행업자가 당신을 대신해서 행동하도록 계약할 수 있다. 물론 당신은 이 서비스에 대해 돈을 지불해야 한다. 그러므로 빚의 규모에 따라 어떤 조치를 취할 값어치가 있는가를 먼저 결정해야만 할 것이다. 며칠 늦은 빚보다 두 달이나 체납된 빚을 받아내는 데 수금 대행업자는 더 어려움을 겪을 것이라는 것을 명심하라.

당신이 몇 가지 핵심적인 경고표시에 주의를 기울인다면, 많은 악성 빚은 그 싹이 돋아날 즈음에 잘라 낼 수 있다.

1. 소 문

당신의 눈과 귀를 열어두라. 그 지역의 다른 납품업자나 근로자들과 계속 연락을 주고받아라. 만약 어떤 고객이 청구서를 지불하는 데 어려움을 겪고 있다는 소식을 듣게 된다면, 그로부터는 큰 주문을 받지 말라.

2. 외상 요구

경쟁자와 거래하던 사람이 갑자기 당신에게 접근해서 외상을 부탁한다면 왜 그런지 생각해 보라. 어쩌면 그는 대금을 지불하지 않았기 때문에 다른 사업자로부터 상품이나 서비스의 제공을 거부당했을지도 모른다. 다시 한 번 말하지만, 여론에 귀를 기울이는 것은 현명한 일이다.

3. 큰 주문 또는 할부 지급

전에는 즉각 대금을 지불하던 사람이 예기치 않게 큰 주문을 하거나 할부로 지급하겠다고 한다면, 그는 현금 유입에 문제를 겪고 있을지 모른다. 조심하라.

4. 대금 체납

한 고객이 정기적인 대금 지급을 갑자기 중단한다면, 게다가 전화를 걸었을 때 자리에 없고 당신의 전갈에 회신을 하지 않는다면, 이것은 문제가 될 수 있다는 신호일 것이다. 고객이 청구서를 받지 못했다든가 일이나 상품에 만족하지 못했다고 부당하게 주장하는 것 같은 미루기 전략도 또 다른 경고표시이다.

어떤 경우든 기름칠을 당하는 건 시끄러운 경첩이라는 사실을 기억하라. 그러므로 가장 먼저 달려들어라! 반면 이제까지 믿을 만했고 오래 거래한 고객에게는 관대한 자세를 취할 준비를 하라. 그들이 잠깐 동안 어려움에 빠져 있다면, 상냥하고 참을성 있게 문제에 대처하는 것이 양쪽 모두에게 이득이 된다. 지나치게 의심하거나 너무 긴장을 풀지 말라. 당신이 그 빚을 받을 수 있을 것인가가 정말로 걱정스럽다고 생각될 때는 재빨리 행동하라.

〈다이알 – 에이 – 와이프〉의 잰과 로스 서덜랜드는 가능하면 대금을 선불로 받아 악성 빚을 피했다. "그런 일은 우리에게는 문제가 아닙니다." 잰은 말한다. "우리는 보통 청소를 끝내자마자 현금을 받습니다. 고객은 그 돈이나 수표를 편지봉투에 넣어두곤 합니다. 그렇지 않으면 고객은 청구서를 발송하고 우리가 다음에 청소할 때가 되어서야 돈을 내게 됩니다. 우리는 빚을 가지고 다니질 않습니다. 우리가 지불을 기다려야 하는 유일한 고객은 건설업자입니다. 어쨌든 그들은 대금을 늦게 지불하기로 악명이 높습니다. 그렇지만 그들이 우리의 주요 수입원은 아닙니다."

건축가인 웨인 케천(Wayne Ketchen)도 악성 빚을 거부한다. "내 청구서에는 계약조건이 명백하게 쓰여 있습니다." 그는 말한다. "대금의 지급은 14일 이내입니다. 그 후에 나는 청구서의 복사본과 함께 후속 권유장을 보내는데, 그 맨 앞의 전문에는 '이걸 잊으셨을 경우' 하고 써 둡니다. 그러고는 고객에게 다른 일로 정중한 전화를 하고 그 청구서를 언급합니다. 이건 상당히 잘 먹혀 들곤 합니다."

당신은 보험에 들었는가?

바바라 챈들러(Barbara Chander)는 주말여행에서 돌아와 도둑이 들었다는 것을 발견했을 때 잔뜩 낙담했다. 그녀의 유일한 위안은 훔쳐간 컴퓨터와 프린터를 보험이 처리해 줄 것이라는 것이었다.

그러나 무시무시한 일이지만, 그녀는 그게 아니라는 것을 발견했다. 사무기구나 사무실에 있던 현금을 보호하기 위해서 보험 가입을 추가로 해야 했기 때문이다. 대부분의 경우에 추가비용은 적게 든다. 이때 구두쇠처럼 굴지 말라. 한 번의 도둑질이 당신의 사업을 망

세금 이야기

홈 비즈니스 사업도 다른 사업과 똑같다. 무엇이건 번 것은 세금 징수원과 나누어야만 한다. 그러니까 당신은 일찌감치 세금 계획 문제를 회계사나 그 밖의 조언자와 이야기해야 한다. 잠정세, 세금 기록, 요청할 세금 공제, 한 회사를 합병할 것인가 말 것인가 하는 것 등. 적절한 대처가 없다면, 당신은 대가를 치르게 될 것이다.

세금 공제를 생각할 때는 당신이 가정 연구실이나 작업실을 운영하는 것인지, 아니면 홈 비즈니스 사업을 운영하는 것인지를 생각해 보아야 한다. 가정 작업실은 당신이 일을 하는 모든 종류의 공간을 말한다. 사업을 집에서 운영하려면 의사의 진찰실이나 작은 기구를 만들고 팔기 위해서 특별히 확보해 놓은 창고처럼 전적으로 사업만을 목적으로 하는 공간을 가지는 것이 필요하다. 고객이 오는 공간이지만, 가족들은 보통 오지 않는 공간 말이다.

* 홈 비즈니스 사무실, 연구실 또는 작업장 운영하기

홈 비즈니스 사무실을 운영하는 거라면, 당신은 그 공간에 관련된 운영경비만을 청구할 수 있다. 세금 공제는 그 장소가 사무실로 사용되는 시간을 근거로 하여 조명과 동력비용, 냉난방과 전화, 청소와 유지비용의 일정 부분을 포함한다. 당신은 또한 가구와 설비, 그리고 직업과 관련된 책들에 대한 감가상각비를 요구할 수 있다.

* 집에서 사업 운영하기

당신이 정말로 '홈 비즈니스 사업'을 운영하고 있다면 아마도 다음의 경우도 해당될 것이다. 위에 나열된 운영자금 외에도 당신의 집에 관련된 점유비용, 즉 수리비, 주민세, 수도세, 집과 내부 보험료, 융자에 대한 이자 또는 집세 등의 일부를 요구할 수 있다. 그러나 당신이 사업 장소를 포함하고 있는 집을 판다면 판매에 대한 소득세를 지불해야 할 것이다.

칠 수도 있다.

보험을 알아볼 때, 당신은 활용할 수 있는 여러 형태의 상품들을 고려하게 될 것이다.

직업적 손해배상과 상품보상보험은 당신이 태만행위를 저질렀거나 당신의 상품에 의해 누군가가 부상을 입었을 때 필요하다.

영업배상보험은 사업장을 찾는 고객이나 방문객이 사고로 부상을 입었을 때 당신을 보호해 준다. 누군가가 카페트 위를 걷다가 발목이 부러졌을 때, 당신은 수천 달러가 적힌 의료비 청구서를 받고 싶지는 않을 것이다.

질병과 장애보험은 아프거나 장애를 일으키는 사고를 당했을 때 수입을 보장해 준다. 이런 종류의 보험은 많이 있다. 보험 중개인 또는 보험회사와 상담하라. 당신이 며칠간 일할 수 없을 때, 당신의 일감을 물려받을 사람이나 회사를 준비해 놓는 것—그리고 그 역도—은 추천할 만한 일이다.

퇴직금은 더이상 당신이 받고 있는 급료의 일부가 아니다. 이제 당신은 자영업을 하고 있으므로 은퇴를 준비하는 것은 당신 몫이다. 퇴직금을 모으는 것보다는 부동산에 투자하는 것이 더 좋을지 모른다. 스스로 선택하라.

자동차보험은 당신의 사업용 차량을 위해 매우 중요하다. 만약 당신이 개인 차량을 사업에 쓴다면, 보험회사에 연락할 필요가 있다. 그러면 보험증권과 보험료 불입금은 이에 따라서 수정될 것이다.

생명보험은 사업에 관계하는 모든 사람에게 추천할 만한 상품이다. 유언장 작성은 우리 대부분이 심사 숙고하고 싶지 않은 일이다. 그러나 모두가 알고 있듯이 세금과 마찬가지로 죽음은 피할 수 없는 것이다. 그리고 유언장이 없다면, 당신의 아내와 아이들, 그리고 다른 부양인들은 어떻게 되겠는가?

〈검토할 것들〉

사업은 이윤 없이는 살아남을 수 있지만, 현금의 유입 없이는 살아남을 수 없다.

* 시작하기 전에
- 회계사와 상담하라.
- 사업형태를 처음부터 올바르게 잡아라.
- 시작자금이 필요하다면 : 융자나 당좌 대월, 사업 보조금을 신청하라.

* 일어나 뛰기
- 당신의 상품과 서비스에 대한 현실적인 원가를 책정하라.
- 분리된 계정에 돈을 치워 둠으로써 잠정적인 세금을 준비하라.

* 계속되는 재정 문제
- 당신의 원가와 가격을 고수하라.
- 당신의 저렴한 가격을 판매도구로 이용하라.
- 예산을 짜라.
- 회계사나 사업강좌에서 조언받은 대로 적절한 기록을 남겨라.

* 채무자 다루기

* 예방이 치료보다 좋다
- 고객이 당신의 거래규칙을 알고 있는지 처음부터 확인하라.
- 외상의 한도를 설정하라.
- 당신의 사업을 면밀히 살펴라.
- 지불되지 않은 계산서에는 즉각 전화를 걸고 편지를 보내라.

- 악성 빚을 보상받기 위해서는 일찍 행동에 들어가라.
- 필요하다면 수금 대행업자를 고용하라.

＊ 보험에 가입했는가? 다음 사항들을 살펴보라

- 집과 사무기구를 포함한 사무실 내부의 보험
- 직업 손해배상과 상품보상
- 대중보상보험
- 질병과 장애보험
- 퇴직수당
- 자동차보험
- 생명보험
- 유언장 작성하기

일에 잘 맞습니다

멜버른에 기반을 둔 기자이자 전자출판업자인 파울라 루젝(Paula Ruzek)은 1990년 1월에 국영기업의 잡지 일을 관두고 집에서 혼자 일하기로 한 것을 잘 했다고 생각하고 있다. "내게는 이런 생활방식에 매우 잘 맞습니다." 그녀는 말한다. "나는 기술이 있고 일하기에 적합한 정신적 훈련도 되어 있습니다."

정부 출판물과 직업적인 출판에 집중해서 일하는 파울라는 원고를 처리하고 편집하며, 전자출판과 배치 디자인을 하고 식자공과 인쇄업자에게 연락을 하며 편집자로서의 결정을 내린다.

파울라는 〈홀리데이 페이〉와 〈비즈니스 리뷰〉를 떠날 때 갖고 있던 돈을 써서 필요한 장비를 사들이고 당장 종일제로 일을 시작했다.

"1984년 〈에이지〉 신문에서 편집차장으로 일하기 시작했을 때, 나는 저녁 6시에서 새벽 1시까지 일했습니다. 그건 낮 동안에 프리랜서로 일할 수 있는 여유를 주었고, 나는 정기적인 일감을 잡기 시작했습니다." 그러나 4년 후 그녀가 〈비즈니스 리뷰 위클리〉로 자리를 옮기자, 프리랜서로 일하는 것은 더 힘들어졌다.

"새로 옮긴 곳은 아침 10시부터 저녁 6시까지 하루종일 일해야 하는 직장이었습니다." 그녀는 말한다. "그 일은 내게 마감에 대한 압박 속에서 어떻게 양질의 출판을 할 수 있는가를 보여 주었습니다. 나는 함께 일하는 사람들을 좋아했고, 근무환경도 매우 좋았습니다. 하지만 내가 하는 일은 매우 반복적이었고, 최종 결과물에 대해 발언권이 없었습니다. 그 무렵 나는 내 자신이 혼자만의 사업을 설립하는 데 필요한 모든 기술을 갖고 있다고 판단했습니다."

그녀는 구두를 통한 소개로 해마다 11번 출판되는 호주 인력지원기구의 잡지인 월간 〈HR〉의 편집인이 되는 큰 일감을 즉각 찾게 되었다. 다른 일들도 곧 들어왔다. "내가 다음 일이 들어올 곳이 어디 있을까 하고 생각하자마자 일감을 제안하는 전화가 걸려 오곤 했습니다."

유일하게 나빴던 기억은 2년 뒤에 예상치 않게 날아든 세금 청구서 때문이었다. "나는 매달 돈을 약간씩 마련해 놓았어야만 했습니다." 파울라는 털어놓았다. "나는 세금이 그 전년도와 같을 거라고 생각했기 때문에 얼마나 벌고 있는지를 계속 살피지 않았거든요." 다행히도 그녀는 〈에이지〉 신문사에서 임시 직장을 잡게 되어 이 일시적인 재정적 하락에서 헤쳐나올 수 있었다. 이제 파울라는 교훈을 얻었고, 자신의 수입과 지출을 잘 살피고 있다. 그녀는 이제 어디 취직했을 때보다 재정적으로 더 낫다고 말한다.

"나는 매달 며칠을 제외하고는 정말 열심히 밤낮으로 일합니다. 프리랜서로서 성공하려면, 당신은 정말로 잘 훈련되어 있어야 합니다. 일을 마치기 위해 8, 10시간 또는 12시간씩 일해야 하니까 말입니다. 마감시간을 맞춰야 하고 최선의 고객 서비스를 해야 하며, 정말로 고객 중심으로 움직여야만 합니다. 뒤에 물러나 앉아서 팀의 누군가가 그 일을 해 주기를 기대할 수 없습니다. 사무실에서 느림보로 지낼 수는 있습니다만, 고객에게 최상의 질을 제공해야만 합니다. 일을 시간 안에 마쳐야만 합니다. 고객의 기대를 만족시킬 뿐만 아니라 그 이상이 되어야만 합니다."

파울라의 유일한 불만은, 굳이 찾자면, 휴가의 시기이다. "내가 작업하는 출판물들이 나오지 않는 12월 외에는 틈을 낼 수가 없습니다. 그러나 나는 그게 특별히 나쁘다고 보지는 않습니다. 나는 이미 알고 있었거든요."

사람들이 집에서 일하는 사람들에게 끝내 물어 보고야 마는 그 질문, 외롭지 않냐고 물었을 때 그녀는 당황했다. "물론 아니에요." 그녀는 대답한다. "나는 매우 생산적이고, 잡담하고 싶어하는 사람들에게 방해받는 일도 없어요. 나는 하루에 업무용 통화를 30통까지 걸거나 받고, 전화를 통해 같이 일하는 사람들과 훌륭한 관계를 만들어 왔습니다. 나는 때때로 외출을 하고 친구를 만납니다. 사람들과의 접촉이 부족한 것은 절대 아닙니다."

그러나 그녀는 다른 사람들의 불안을 이해할 수 있다. "모두가 집에서 일할 수 있는 것은 절대로 아닙니다"라고 그녀는 말한다.

깜짝 놀라게 하기

1992년 로이 윌리엄스가 아내와 함께 영국에서 호주로 왔을 때, 그는 일자리를 찾을 수가 없었다. "나는 영국에서 잠수용 고무옷을 만드는 일을 했습니다만, 여기 애덜레이드에서는 내가 할 일이 아무것도 없었습니다. 나는 1주일에 네 군데씩 다니면서 직장을 찾느라 1년을 보냈습니다. 나는 아무거나 심지어 거리청소라도 할 준비가 되어 있었지만, 그것은 시간낭비일 뿐이었습니다. 나는 나이가 너무 많다는 소리를 들었습니다."

최근 61세가 된 로이 씨는 낙담했다. "나는 결국 포기했습니다. 구덩이를 파고 들어가 눕는 게 더 좋을 판이었습니다." 그는 직장을 찾는 대신 자신의 홈 비즈니스 사업을 시작하기로 했지만, 처음에는 그 계획에 대해서도 사람들이 만류했다. 그는 남호주에 이미 두세 군데의 다른 잠수용 고무옷 회사가 있으며, 누군가 끼어들 여지가 없다는 말을 들었다. 그러나 그가 조사한 결과로는 그렇지 않았고, 자신의 계획에 대한 비판이 틀렸다는 것을 증명하기 시작했다.

"나는 시장에서 틈새를 발견했습니다." 그는 말한다. "나는 기성품이 아니라 맞춤옷 전문을 하기로 했습니다." 그는 광고를 많이 하지 않았고—〈트레이더〉에 한 달에 한 번씩 광고를 했는데, 그건 10달러가 들었다—경찰과 해군을 위한 잠수복을 만드는 일부터 시작했다. 소문은 곧 퍼졌고 주문이 쇄도했다. "나는 당신이 상상할 수 없을 만큼 많은 주문을 받았습니다"라고 그는 말한다.

그가 접근한 한 은행이 그의 경력과 자세한 사업계획에 깊은 인상을 받은 나머지 그가 요청한 액수보다 더 많은 돈을 융자해 줄 것을 승인함으로써 회소식은 계속되었다!

로이의 부인인 발(Val)은 집 밖에서 회계사로 일한다. 그녀는 장부를 관리하고 '올바른 길을 가도록 하는 일'을 한다. 로이는 전문 다이버들을 위한 '잠수하지 않는' 옷도 만든다. 그는 공업용 재봉틀이 있는 집 뒤의 헛간에서 일한다. 가장 가까운 이웃은 200미터 밖에 있고, 그 헛간의 뒷쪽은 탁 트인 풍경이 펼쳐져 있다.

"나는 괜찮은 생활을 하고 있습니다." 로이는 말한다. "나는 큰 부자가 되기 위해 여기 온 것은 아닙니다. 내 사업은 매년 서서히 커지고 있습니다만, 나는 훌륭한 기초를 원합니다. 첫해에 50%가 커졌고, 이제는 75%가 커졌습니다. 나는 어느 정도 있는 데서 조금 가지는 것이 많이 가지려다가 아무것도 없게 되는 것보다는 낫다고 생각합니다. 큰 빚을 지면 하룻밤 사이에 망할 수 있습니다. 그래서 나는 매우 천천히 움직여 갑니다."

제5장

실행과 자기 연출

당신의 전문가적인 인상은 통화예절에서 사무용품에 이르기까지, 또 당신의 용모에서 작업의 질과 신용에 이르기까지, 그러니까 사업의 모든 측면에서 흘러다닌다. 많은 홈 비즈니스 사업자들은, 정확하지는 않지만 널리 받아들여지는 믿음들, 예를 들어 홈 비즈니스 사업이 도시 사무실에서 운영되는 사업보다 조악하다는 것 같은 편견에 시달려 왔다. 물론 모든 분야에서 그렇듯이 여기에도 서투르게 대충 일하는 사람들이 있다.

그러나 홈 비즈니스 사업에 종사하는 사람들의 대다수는 필요에 의해서라기보다는 자기가 그렇게 할 것을 선택해서 집에서 일하며, 따라서 사업에 매우 헌신적이다. 그들은 결국 자신의 상품과 서비스에 직접적이고 개인적인 책임을 지고 있으며, 이러한 사실에서 큰 만족을 느낀다. 부대비용이 적기 때문에 그들은 보통 매우 경쟁력 있는 가격을 제시할 수 있고, 또한 살아남기 위해서 경쟁자들보다 더 좋은 질이나 아니면 같은 질의 것을 제공해야만 한다.

사람들은 편리함, 임대료 절약, 자율성 같은 여러 가지 이유로 집에서 일하고 싶어한다. 그러나 그들은 이런 사실을 별로 밝히고 싶어하지 않는다. 어린이 책의 일러스트레이터인 크레이그 스미스(Craig Smith)도 그 점을 시인한다. "나는 집에서 일한다는 것을 떠들고 다니진 않습니다. 나는 '사무실 주택'이라고 말하거나 그 비슷한 말들을 씁니다. 그 이유는 몇몇 사람들이 집에서 일하는 사람들에 대해 침실 이미지를 갖고 있고, 그 사실에 민감하게 반응하기 때문입니다." 그는 그게 부당한 인상이라는 데 동의한다. 홈 비즈니스 근로자들에 관한 이러한 잘못된 견해가 "큰 걱정거리는 아니지만 인식은 하고 있다"는 것이다.

실내장식가인 캐서린 부고스와 동업자는 홈 비즈니스 사업을 하고 있다는 이유로 몇몇 계약을 놓쳐 버렸다고 믿는다. "많은 조직들은 아직도 집에서 일하는 사람들이 전문적이지 못하다는 생각을 하고 있습니다." 그녀는 말한다. "고객들은 종종 '비서도 없고 하부조직도 없다고요? 당신이 큰일을 할 수 있다고는 생각되지 않는군요'라고 말합니다. 하지만 우리는 우리가 할 수 있다는 것을 알고 있습니다. 우리는 다른 자원에 의존할 수 있고, 바로 큰 하부조직이 없기 때문에 부대비용을 적게 쓰게 되는 거라고 지적하곤 합니다."

고객들이 부탁한 그 일을 할 수 없기는커녕, 사실 캐서린과 동업자는 그들의 요구에 더 잘 맞출 수 있을 것이다. 그들은 많은 실내장식가들을 알고 있고, 각각의 일감을 가장 적합한 사람에게 맡길 수 있다. "우리는 이런 방식으로 항상 같은 고용인들을 둔 회사들보다 더 넓은 영역을 가질 수 있습니다." 캐서린은 말한다. "모든 게 변하기 마련입니다. 단지 시간이 걸릴 뿐이지요. 우리는 앞으로 2년 안에 다른 회사들이 홈 비즈니스 사업을 인정하게 될 것이라고 생각합니다."

캐서린과 그녀의 동업자는 눈에 띄는 컬러 팜플렛을 통해 전문가적인 인상을 줌으로써 훨씬 성공을 거둘 수가 있었다. 그들은 일거리를 찾아내고 창출해내며, 계속 반복되는 거래를 개발하기 위해서는 전문가적인 인상이 매우 중요하다는 것을 알고 있다.

당신은 가게 종업원이나 장사하는 사람들로부터 무례하거나 생각 없이 취급을 당해 본 적이 있는가? 당신은 '아, 그 종업원은 단지 오늘 안 좋은 일이 있었을 거야'라고 너그러이 생각해 주는 아량을 베풀었는가? 아마도 아닐 것이다. 아마도 당신은 그 가게나 회사가 지저분한 서비스를 제공한다고 판단하고, 거기와 다시는 거래하지 않겠다고 결심할 것이다. 그리고 당신은 친구나 안면이 있는 사람들에게 그 경험을 말하고 그 곳을 피하라는 경고를 하게 될 것이다.

상품이 늦게 배달되거나 잘못된 상품이나 서비스를 받게 되어 실망하고 불평했을 때, 상대방으로부터 친절하고 효율적으로, 그리고 존경이 어린 대접을 받은 적이 있는가? 만약 약간의 소동이 있은 후에 즉각 사과를 받고 돈을 돌려받거나 상품을 교환할 수 있다면, 상대방에 대한 당신의 신뢰는 완전히 회복될 수도 있지 않을까? 당신은 친구들에게 그 일에 대해 얘기하게 될까? 아마도 아닐 것이다. 어째서인지 모르지만, 나쁜 서비스는 좋은 서비스보다 훨씬 더 좋은 이야깃거리를 만들어 내는 것 같다.

만족하지 못한 고객은 17명의 사람들에게 그 일을 말하지만, 만족한 고객은 서넛에게만 말할 뿐이라는 얘기가 있다. 이것은 당신의 사업에서 명심해야 할 부분이다.

요점은 당신이 당신의 회사를 대표한다는 것이다. 당신은 단순히 진 던컨(Jean Duncan)인 것이 아니라 〈진 던컨 디자인 회사〉이기도 하다. 당신은 로저 윌슨(Roser Wilson)과 제인 윌슨(Jane Wilson)일 뿐만 아니라 〈노우드 회계사무소〉이기도 하다. 그러므로 좋은 평판을 쌓는 것은 당신에게, 오직 당신에게만 달려 있다. 그리고 이 중대한 과정은 고객과 당신의 첫 번째 접촉에서 시작된다.

통화 기술

대부분의 사람에게 있어서 첫 접촉은 전화를 통해서 이루어진다. 그러므로 당신의 통화예절은 매우 중요하다. 그러니 다음 지침들을 따르라 :

- 스스로를 사업명으로 지칭하라.
- 명확하고 밝게, 그리고 자신감 있게 말하라.
- 항상 친절하고 도움을 주는 자세를 유지하라.
- 시끄러운 음악, 아이들이 소리 지르는 것 같은 성가신 배경음을 피하라.
- 통화자에게 완전히 집중하라. 말하는 동안 서류를 뒤적이거나 먹거나 마시고 또는 담배를 피우지 말아야 한다. 통화자는 이런 행동을 하는 당신을 볼 수는 없지만 분명히 들을 수는 있다.
- 집에 있는 다른 사람들에게 전화에 올바르게 답하도록 훈련시키

거나, 아니면 전화를 잘못 받지 않도록 경고하라. "아빠는 없어
요. 그리고 언제 오실지 모르는데요"라고 말하는 아이의 목소리
보다 당신의 사업에 나쁜 인상을 주는 것은 없다.

- 고객과 절대로 논쟁하지 말라. 고객의 불평에 귀를 기울여라.
  말해 버리는 데서 오는 편안함이 그 고객의 화를 삭이는 데 충
  분할지도 모른다. 고객은 언제나 옳다.

- 자동응답기가 있다면 규칙적으로 새 메시지를 녹음하라. 몇 단
  어를 바꾸거나 목소리의 음조를 약간 바꾸는 것이 당신의 메시
  지를 단어 하나까지 모두 알고 있는 단골 고객들에게는 친절한
  인상을 주게 된다. 메시지는 항상 간결하고 진지하며 핵심을 찌
  르는 말로 남겨라. 우스운 메시지가 잠시 유행했던 적이 있었
  다. 어떤 사람들에게는 당신이 '금발과 함께 샤워를 하고 있기
  때문에' 연락을 할 수 없다고 말하는 것이 약간은 웃길지도 모
  르지만 신기한 느낌은 곧 사라진다. 구구절절 늘어 놓는 또는
  음악이 담긴 메시지보다 더 성가신 것은 없는데, 특히 한 번 이
  상 들어야만 할 때는 더욱 그렇다. 자동응답기를 효과적으로 사
  용하는 한 가지 방법은 그 기계를 판매도구로 사용하는 것이
  다. 매를린 졸리는 전화 메시지로 집과 애완동물 관리 서비스에
  관한 간단한 소개를 했다. 그래서 그녀는 전화를 받을 수 없기
  때문에 어떠한 문의에도 답할 수 없지만, 전화를 건 사람은 메
  시지에서 유용한 정보를 얻을 수가 있었다.

케이언즈에 있는 회사로 발표나 강연을 주선하고, 밀리언 셀러인
책 〈행복하기, 친구 만들기, 팩스를 받아라〉와 〈당신의 마음을 따르
라〉를 판매하는 줄리 매튜(Julie Matthews)와 앤드류 매튜(Andrew

Matthews)는 전화에서 나쁜 인상을 주는 것은 강연 약속을 망치거나 평판을 망치는 일이 될 수 있다고 말한다. 줄리는 이 점을 염두에 두어, 비서가 전화에 능숙하게 답하는 것을 돕기 위해 몇 가지 대본을 작성했다.

"전화를 걸 때는 통화하고 있는 사람이 누구인가를 말하는 것이 중요하다고 생각합니다 ; '나는 앤드류 프로덕션의 줄리입니다'라고 말하면, 다른 사람은 당신이 누군지, 어디서 전화를 거는지를 물어 볼 필요가 없습니다. 그것은 반드시 해야만 하는 일이기도 합니다."

당신의 제안이 효과를 보려면 ?

당신이 잠정적인 고객들에게 편지를 보내든 소책자를 부치든 또는 당신의 서비스를 홍보하는 전단을 돌리든 간에 전문가적인 자세는 꼭 필요한 것이다.

당신의 제안과 그걸 제시하는 양식은 당신이 하고 있는 사업의 이미지와 경쟁력을 반영한다. 그 홍보물들 때문에 낙담하게 되는 일이 없도록 하라. 문법과 철자를 확인하라. 전문가로 하여금 지면 배정을 하게 하라. 비용과 효율성 측면에서 당신에게 가장 적절한 양식을 사용하라.

당신은 고용경력에 관한 자세한 소개와 사진을 실은 총천연색 팜플렛을 만들 수 있을 것이다. 실내장식가인 캐서린 부고스와 동업자는 이러한 정보를 그들의 로고가 양각된 매력적인 청색 무광택지 팜플렛에 담았다. 그리고 그것을 잠정적인 고객들에게 부쳤다. 그것은 그들이 예산에 포함시켰던 비용이었고, 결과적으로 잘 쓴 돈이었다. 왜냐하면, 그 팜플렛이 많은 고객과 큰 일거리를 끌어들이는 데 도움을 주었기 때문이다.

한꺼번에 많은 돈을 벌어 주는 일감을 맡지 않는 매를린 졸리는 간결하지만 효율적인 2색 전단에 집과 애완동물 관리 서비스에 관한 자세한 내용을 인쇄했다. 그녀는 그것들을 자신이 살고 있는 지역의 애완동물 가게와 동물병원에 놓아 두었다.

줄리 매튜는 인쇄된 것들을 매우 중요하다고 생각한다. "당신의 명함은 당신 자신입니다." 그녀는 말한다. "그건 당신이 자신에 관해서 어떻게 느끼는가, 당신이 일류인가 삼류인가, 당신이 얼마나 자신 있는가를 보여 줍니다. 몇몇 사람들은 전화번호와 주소가 너무 작아 볼 수 없게 만드는 데, 그건 잘못된 일입니다. 그 글씨들은 눈에 잘 띄어야만 합니다. 사람들이 당신의 명함을 보관하고 싶어할 만큼 양질의 종이와 인쇄에 돈을 쓸 준비가 되어 있어야만 합니다." 자연히 이러한 것들의 치레는 당신의 사업 종류, 예산, 그리고 적절한 것이 무엇인가에 달려 있다. 〈앤드류 매튜 프로덕션〉의 명함은 세 부분으로 접혀지는데다 완전 천연색이며, 연락처에 관한 내용뿐만 아니라 제공되는 서비스까지 나열되어 있다.

"명함을 건네주었을 때 그걸 받는 사람이 깊은 인상을 받아야만 합니다"라고 줄리는 믿는다. "그는 순간적으로 당신과 당신의 사업, 그리고 상품에 관한 마음을 결정합니다. 당신은 스스로 값싸지 않다는 것을 보여 줄 필요가 있습니다."

앤드류 매튜의 명함은 그의 특정한 시장과 단골 고객에게 맞춰 만들어졌다. 짧은 경력을 가지고 작은 계약을 노리는 개인이나 사업체는 간단하고 비싸지 않은 명함으로도 여전히 효과를 볼 수 있다. 당신의 명함을 적절한 정도로 만들라. 창문 청소부는 변호사만큼 정교

한 카드가 필요없을 것이다. 그래도 그건 훌륭한 광고 수단이 될 수 있다! 또 어떤 경우이든 전문가답게 명함을 디자인하는 것은 보상을 받는다. 몇 달러로 즉석에서 명함을 만들어 주는 자판기는 피하도록 하라. 싸고 조잡한 명함은 당신의 사업체 역시 싸고 쓰레기 같은 서비스를 제공한다는 인상을 준다.

그러나 또한 지나치게 호화롭고 교묘한 명함을 만드는 데 돈을 낭비하지는 말라. "〈당신의 타자 비서 서비스〉를 처음 시작했을 때, 나는 정말 멋진 명함을 만들었습니다"라고 제니 처치는 말한다. "많은 사람들은 사업을 시작할 때 멋진 문양이 박힌 문구류나 명함을 인쇄하도록 합니다. 그건 심리적인 격려가 됩니다. 하지만 당신이 그걸 감당할 수 없을 때, 그것은 동시에 낭비가 되기도 합니다. 명함은 그 역할에 비해 지나치게 비싼 물건이 될 수도 있습니다."

가장 간단한 디자인이나 로고가 여전히 효과적이고 고상한 것이 될 수도 있다. 좋은 디자인이 그 핵심이다. 카드를 너무 많은 정보로 어지럽히지 말라. 그렇게 하면 단지 아마추어처럼 보이게 하고 괜히 읽기만 어렵게 만들 것이다. 이름과 경력, 주소, 전화번호, 팩스, 전자메일, 그리고 제공되는 상품이나 서비스에 집중하라. 그래픽 디자이너는 당신이 선택할 수 있는 여러 가지 디자인을 제안할 것이다. 아마도 당신이 명함을 문양 찍힌 노트나 전단 또는 팜플렛, 증정표나 팩스 표지 종이 같은 다른 문구류들과 사업체 로고가 조화를 이루도록 하는 데 도움을 줄 것이다.

작가 리비 그리슨(Libby Gleeson)의 짙은 청색 바탕의 2색 명함은 그녀의 많은 출판물과 경력, 그리고 자세한 연락방법을 나열해 둔 비슷한 2색 팜플렛에 의해 보완된다. 리비의 사진은 그녀의 이름과 명함에서 그런 것처럼 큰 이탤릭체로 씌여진 '작가'라는 말과 함께 앞

표지를 장식한다. "사람들은 항상 내 명함과 팜플릿에 대해 좋은 말을 합니다." 리비는 말한다. "한 그래픽 디자이너가 그걸 만들었고, 나는 그것을 큰 회사에서 인쇄했습니다. 그것들은 실제로 들인 비용보다 훨씬 비싼 것처럼 보였습니다. 나는 그 비결이 좋은 디자인에 있다고 생각합니다."

청구서

시간과 돈, 그리고 우편요금을 절약할 수 있는 여러 가지 방법이 있다. 고객에게 가는 청구서의 원본을 복사본과 함께 보내라. 그 복사본은 고객이 영수증으로 가지고, 원본은 대금과 함께 보내 줄 수 있다. 아니면 대금과 함께 부칠 수 있도록 아래 부분을 떼어 낼 수 있게 돼 있는 한 장의 종이를 청구서로 하도록 할 수 있다.

당신의 거래규정을 고객에게 분명히 말하고 청구서에도 명확히 기입하라. '대금 지급은 7일 이내'라든지, 아니면 무언가 적절한 것을 써 두어라.

사서함

이것 역시 당신의 전문가적인 인상의 일부가 될 수 있다. 우편 사서함을 갖고 있다면, 우편이나 전화로 접촉하게 되는 고객들은 당신이 집에서 일한다는 사실을 알 수 없다. 덤으로 보안성도 좋아진다. 더 이상 당신의 편지나 소포가 다른 사람에게 도난당하거나 비에 젖을 것을 염려할 필요가 없다. 당신이 없다고 해서 우편물이 반송되지도 않는다. 그것들은 자동적으로 우체국에 보관된다.

팩스 표지

수신 . . . . 회사 . . . .

전화 . . . . 팩스 . . . .

송신 . . . . 회사 . . . .

전화 . . . . 팩스 . . . .

구좌번호 . . . . 미수금 총액 . . . .

무엇보다도 집에서 일하는 사람에게 가장 큰 혜택 중의 하나는 늦은 오후까지 당신의 우편물이 집에 배달되는 것을 기다릴 필요없이 잘 정돈되어 사서함에 놓인 우편물을 아침에 가장 먼저 처리할 수 있다는 것이다.

사서함은 또한 돈을 절약해 줄 수 있다. 같은 지역 안에서 이사를 할 경우에는 새 것을 인쇄할 필요없이 같은 사서함과 문구류, 그리고 명함을 쓸 수 있다. 가격은 사서함의 크기와 위치에 따라 다양하다.

(우리의 경우는 관할 우체국을 찾아가서 개인이나 단체 명의로 사서함을 신청하면 된다. 수수료는 없으며, '열쇠담보금'이라는 명목으로 5,000원에서 1만원 정도의 실비만 부담하면 된다.)

대인 접촉

프랑스의 디자이너 코코 샤넬은 말했다. "세련되게 옷을 입는다면, 사람들은 그 옷을 기억한다. 그러나 완벽하게 옷을 입을 때 사람들은 그 여자를 기억하게 된다." 당신이 여성이든 남성이든 외모는 중요하다. 샤넬의 말처럼 너저분한 모습은 당신의 전체적인 인상을 망칠 것이다. 미래의 고객은 아마도 너저분한 그 모습을 보고 논리적인 결론을 내려서, 당신의 일 또한 마찬가지로 너저분하거나 흐트러져 있을 거라고 생각하게 될 것이다.

사람들은 첫인상을 매우 중시한다. 그러므로 스스로에게 기회를 주어야만 하지 않겠는가? 누군가를 처음 만날 때, 그 주의는 거의 60% 정도 그 사람의 외모에 집중되고 30% 이상은 매너와 목소리, 그리고

10% 미만이 그 사람이 실제로 말하고 있는 것에 기운다고 심리학자들은 말한다!

"당신의 외모가 절대적으로 첫째입니다. 그 다음으로 목소리가 중요하지요." 발성과 드라마 교사이자 배우, 연출가 그리고 제작자인 존 노블(John Noble)은 말한다. 그는 '그 무리에 끼기 위해서' 깨끗하고 적절하게 옷을 입어야 한다는 생각에 동의한다. 예를 들어, 그는 회계사들과 일할 때면 정장을 입는다. 작가들과 함께 할 때는 더 편안한─그리고 더 좋은 반응을 얻는─평상복을 입는다. 주변에 있는 사람들과 비슷하게 옷을 맞추어 입음으로써, 그 집단에 더 쉽게 받아들여지고 일에서도 더 나은 결과를 얻는다.

어떤 스타일을 선택하든 "당신의 외양은 깔끔하고 깨끗하며 정돈되어 있어야만 한다"고 줄리 매튜는 말한다. 그녀는 현재 〈앤드류 매튜 프로덕션〉을 운영함과 동시에 업무예절과 기업을 꾸미는 것에 관한 세미나를 하고 있다. "하지만 그게 비싸 보이는 겉모습일 필요는 없습니다." 그녀는 덧붙여 말한다. "스타일이 돈에 지배되는 것은 아닙니다. 무엇을 입어야만 하는가를 아는 것 역시 마찬가지로 중요합니다. 사람들은 심지어 당신이 입을 열기도 전에 당신을 판단하곤 합니다. 세련된 차림은 성격이 수줍은 사람을 격려하고, 그 옷을 입은 사람에게 자신감을 더해 줍니다. 깨끗하지 않고 흐트러진 외모는 너저분하고 조직적이지 못하다는 인상을 줄 수 있습니다."

자기 연출은 옷차림에 대한 감각보다 훨씬 복잡한 것으로, 예절과 태도에까지 이어진다. "자신 있고 힘 있는 악수는 적절한 눈맞춤만큼이나 중요합니다"라고 줄리는 말한다. 자신 있는 걸음걸이와 몸짓 역시 자신감을 반영한다. 유쾌한 목소리도 좋은 인상을 준다. "당신의 목소리는 좋든 나쁘든 누군가가 당신에게 가졌던 첫인상을 바꿀 수 있습니다"라고 존 노블은 말한다.

집에서 일할 때는 고객이 보지 않는 한 옷을 차려 입을 필요가 없다. "나는 지금 목욕 가운을 입고 있습니다"라고 어느 더운 여름날 나와 전화로 떠들고 있던 도중에 대중매체 상담가인 존 메이어(John Myers)가 말했다. "다른 어느 직장에서 내가 이럴 수 있겠습니까?"

〈당신의 타자 비서 서비스〉의 제니 처치는 말한다. "나는 이제 내가 전만큼 많은 옷이 필요치 않다는 것을 깨달았습니다. 나는 여전히 업무용 옷을 잘 차려 입고 화장도 합니다만, 옷에 드는 비용은 줄일 수 있었습니다."

우리 중 몇몇은 평상복을 입고도 전문가답게 일할 수 있다. 그러나 다른 사람들은 그게 어렵다고 느낀다. 평상복을 입는 것은 또한 당황스러운 일에 직면하게 만들 수도 있다.

실내장식가인 캐서린 부고스는 처음 집에서 일하기 시작했을 때 스스로를 통제하기가 어려웠다고 고백한다. "옷을 적절히 입지 않으면 일을 시작하는 데만 시간이 무한정 들곤 했습니다. 나는 설거지나 빨래를 하거나 또는 정원에서 잡초를 뽑는 일에 대해 생각하곤 했습니다. 그러다가 아침 10시 30분에 파자마를 입은 채로 한 고객에게 붙들리고 말았습니다. 그러고 나서 나는 방식을 바꾸기로 결정했습니다. 그 때부터 나는 마치 사무실에 나가는 것처럼 업무용 옷을 입기 시작했습니다."

〈호주 홈 비즈니스 사업회〉의 이사인 마가렛 시드먼(Margaret Seedsman)은 말한다. "나는 아침마다 잘 차려 입고 집을 나선 다음 가장 가까운 버스역에서 집으로 다시 들어오는 사람을 알고 있습니다. 그는 일을 시작할 적절한 마음의 태세를 갖추기 위해 그렇게 해야 할 필요가 있었던 것입니다." 마가렛은 고객에게 자신이 자신과 그리고 일에 대해 만족하고 있다는 것을 보여 주는 일 또한 중요한 것이라고 말한다. 그러나 단추를 모두 풀어서는 안 된다. "한 광고업자는 전화 중에 자기가 한 손에 진토닉을 들고 수영장 옆에 누워 있다고 말했습니다. 나는 그건 좀 지나치다고 생각했습니다."

다른 사람들과 만나지 않을 때, 나는 좀더 평상복 차림으로 옷을 입게 된다는 것을 인정한다. 그러나 종종 내가 더 깔끔해 보이는 날에는 전반적인 내 태도가 다르다는 것을 발견한다. 나는 보다 집중력을 얻을 수 있고 효율적이라고 느낀다. 그게 전화라고 해도 반바지와 티셔츠를 입고 있을 때는 전문가적인 인상을 주기가 어렵다. 그러나 이 문제에 대해서는 사람마다 다르다.

로즈마리 스탠튼(Rosemary Stanton)과 남편 피터는 각각 영양사와 영국에 있는 고객들을 상대하는 프로그래머이고, 뉴사우스웨일즈에 있는 전원주택에서 일한다. "피터는 직업을 여러 번 바꿨습니다." 로즈마리는 설명한다. "피터는 회사의 사다리를 오르는 대신 거기서 내려왔습니다. 그러고 나서 그의 행복감은 고양되었습니다. 그는 엔지니어로 일할 때의 정장을 입던 생활에서 평상복을 입고 자전거를 타는 선생님의 생활로 이동했습니다. 이제 그는 집에서 반바지나 청바지를 입고 일합니다. 그는 제약이 덜할수록 행복감과 만족감이 더 높아진다고 믿고 있습니다. 수입은 그렇지 않을는지도 모르지만 말입니다!"

당신의 옷차림과 작업 스타일을 결정하라. 그러나 이것은 상황에 따라 달라질 수도 있다.

당신은 고객을 사적인 장소에까지 들일 것인가, 아니면 홈 비즈니스 사무실에만 국한시킬 것인가? 그들이 보게 될 만한 모든 장소를 항상 깨끗하고 잘 정돈되어 있도록 하라. 더럽고 흐트러진 환경은 신뢰를 주지 못한다. 이런 점에서 사업만을 위한 전용 출구와 전용 공간이 없다는 것은 불리한 점이 될 수 있다.

"고객들은 우리 집 정문으로 들어옵니다. 그러므로 항상 집을 적절히 잘 정돈해 두어야만 합니다"라고 멜버른에서 회계사인 남편과 함께 일하는 전자출판업자 매기 보데이(Maggie Boday)는 말한다.

"일단 들어오면 고객들은 화장실을 쓰고 싶어할 수도 있습니다. 그래서 우리는 젖은 수건이나 널어 놓은 속옷 따위가 거기 있는지 항상 확인합니다. 우리는 심각하게 개인생활의 침해를 받습니다. 아이들이 샤워를 할 때면 목욕 가운을 입고 집을 가로지르곤 하는데, 그러다가 고객 때문에 놀라는 일도 있습니다. 우리는 화장실과 세면기가 딸린 분리된 외부 사무실이 있었으면 하고 바랍니다."

프랭크는 또 다른 약점도 발견했다. "집이 사무실인 경우, 고객들은 모든 만남을 사교성 방문으로 간주하는 경향이 있습니다. 그들은 주저앉아서 세상 모든 일에 관해 재잘대곤 합니다. 그럴 때마다 당신은 이건 업무상의 일이라는 것을 계속 일깨워 줘야만 합니다."

"무례하지 않게 사람들을 떠나게 하는 것은 어려운 일입니다." 매기는 부연한다. "나는 10분 후에 다른 약속이 있다고 말하면서 변명을 해야만 합니다. 한 번은 고객을 정문 휴게실에 남겨 두고 사무실에서 서류를 가지러 갔다가 돌아와 보니, 그가 집 안을 어슬렁거리고 있는 것을 본 적도 있습니다. 또 한 번은 어떤 사람이 금요일 저녁 8시에 세금 신고서를 주러 왔더랬습니다. 그 사람은 아내와 아이들도 데려왔는데, 그애들은 아래층으로 가서 컴퓨터를 켜고는 만지작거리기 시작하더군요. 그들은 이게 우리의 가정집이라는 사실을 전혀 존중하지 않는 듯했습니다."

처음부터 명확한 경계를 설정하라. 그 만남이 사교모임이 아니라 업무상의 만남이라는 점을 명확히 해야 하는 것은 바로 당신이다. 당연히 균형을 잡아야 한다. 그러나 당신은 경계를 명확하게 하면서도 다정하고 예의바른 만남을 가질 수 있다.

다행히 당신의 사무실이 집에서 떨어져 있다면, 아니면 최소한 주생활공간에서만이라도 분리되어 있다면 이런 일은 훨씬 쉽다. 동종요법가인 메레디스 노만은 집 뒤에 있는 진료장소로 들어가는 별도의 입구를 갖고 있다. "고객들은 뒷문으로 들어옵니다. 그들은 작은 복도로 걸어 들어오는 거죠. 그 오른쪽은 제 진료실이고 왼쪽으로는 화장실이 있습니다. 미닫이문들을 닫으면, 그 구역은 집의 나머지 부분과 분리됩니다. 토요일에 일을 마치고 나면, 나는 모든 문을 닫고 월요일까지는 사무실로 돌아오지 않습니다. 나는 가능하다면 분리된 입구를 가지라고 권합니다. 고객이나 낯선 사람들과 집을 나누어 쓰게 되지 않도록 말입니다."

건축 설계사인 엘비오 파라라는 한 걸음 더 나아가 스스로 집 뒤에다가 분리된 독립 사무실을 지었다. 아래층은 제도판과 서류들, 테이블과 고객을 위한 의자, 그리고 요리용 철판이 딸린 정식 부엌 따위를 충분히 수용하는 32평방미터의 넓이를 갖고 있다. 그 사무실에서는 천정의 문이 열리면 윗층으로 가는 데 쓰이는, 기가 막히게 설계된 사다리가 나타난다. 엘비오는 이 곳에 16평방미터의 빈 공간을 갖고 있는데, 현재는 사용하고 있지 않다. 그 전통 벽돌건물 한 켠에는 화장실과 싱크대, 그리고 샤워기가 설치되어 있다. 고객들과 이웃들 모두 그 구조에 깊은 인상을 받는데, 그것은 또한 값비싼 홍보도구의 역할을 하기도 한다. "많은 사람들이 작업환경을 보니 나의 훌륭한 설계 능력을 알 수 있겠다는 말을 합니다"라고 엘비오는 말한다. "그리고 일감이 쏟아져 들어오고 있습니다."

1990년부터 집에서 일해 오고 있는 엘비오는 1995년 석 달 동안에 자신의 홈 비즈니스 사무실을 지었다. 거기에는 3만달러가 지출되었고, 그는 재활용품을 사용함으로써 1만달러를 절약할 수 있었다고 믿는다. "내가 사무실 가옥을 세냈더라면, 최소한 1년에 1만달러는 들었을 겁니다. 나는 이 사무실을 1, 20년은 쓸 수 있습니다." 엘비오는 말한다. "그리고 윗층에 사무실을 확장할 수 있는 여유를 갖고 있습니다. 이 사무실은 집의 가치를 올려 주었습니다. 아이들은 윗층에서 놀거나 잠을 잘 수 있고, 아내와 나는 나이가 들었을 때 심지어 여기 살 수도 있습니다."

엘비오는 소음을 막고—그의 두 아들은 각각 여섯 살과 세 살이다—직업인으로서의 자신을 확립하자면 분리된 작업공간이 필요하다는 것을 발견했다. 여전히 친구들과 아이들 때문에 일을 멈추는 일이 있지만, 엘비오는 이것을 잘 선용하고 있고 꾸물거리는 방문객을 다루기 위한 정책을 개발했다. "나는 잠깐 방문하러 올지도 모르는 친구들을 위한 방책을 갖고 있습니다. 나는 계속 서 있습니다. 그리고 그들 역시 내가 그러지 않는 한 앉지 않습니다. 때때로 나는 친구들과 커피 마시는 일을 괘념치 않을 때도 있습니다. 하지만 싫을 때면 '나는 지금 하던 일이 있어. 마감시간 안에 마쳐야 하는 일이지'라고 말합니다. 나는 그들을 바깥쪽으로 안내한 후, 아마도 그들은 내 아내의 친구이기도 할 것이기 때문에 아내 베시와 커피를 마시는 것이 어떻겠냐고 말합니다."

고객들의 경우는 이렇다. "여기서 그들을 만나고 있을 때, 아들이 들어와 인사를 하게 되는 일이 때때로 있습니다. 고객이 당신의 가족을 만난다…, 나는 그게 중요하다고 생각합니다. 그게 형식적인 것을 없애 주고 울타리를 부셔 주며, 고객은 보다 부드러운 인상을 받습니다."

다정하고 안락한 분위기와 전문가적인 인상을 주는 것 사이의 균형을 잡는 일은 당신에게 달려 있다. 고객들에게 당신의 능력에 대한 신뢰를 주면서도 그들을 편안하게 하는 것이 필요하다. 그러나 당신과 당신의 사무실에 대한 보안 역시 고려해야 한다.

당신의 태도

친절하고 예의바르며 정중한 태도는 기적을 일으킨다. 화난 것 같은 태도는 아무리 잘 정당화한다고 해도 단지 반감을 일으킬 뿐이다. "겸손은 사업과 삶에서 큰 역할을 합니다"라고 줄리 매튜는 말한다. "겸손하도록 하십시오. 아무도 중요한 인물을 좋아하지 않습니다. 사람들은 잘 차려 입고, 말 잘 하고, 적절하게 시선을 주며 하는 일에 진실되어야 할 필요가 있습니다. 그게 사람들이 바라는 것입니다. 집에서 일하는 사람들 중 몇몇은 그렇게 하는 것에 대해 열등의식을 갖고 있습니다. 그럴 필요는 없습니다."

"집에서 일한다는 것을 자랑스럽게 여겨야만 합니다. 어디서 일하느냐고 물어 보면, 어떤 사람들은 움츠러들어서 '나는 집에서 일할 뿐이에요' 하고 우물댑니다. 그들은 자기의 일을 얼마간 부끄럽게 생각하고 있는 겁니다." 사실은 이러한 측면에서 부끄러워해야 할 것이란 없고, 정말 자랑스럽게 여길 것들—당신의 독립성, 스스로 동기를 부여하는 능력, 그리고 자신에 대한 신뢰 등은 모두 훌륭한 특성들이다—은 많다.

당신의 접근법

이것이 당신 사업 전체의 기초를 놓아 준다. 당신이 조직적이지 못하고 지저분하고 무관심하며, 참을성이 없고 산만하다면, 그것은 당신과 당신의 사업에 나쁘게 반영된다. 그리고 기억하라. 격의 없고 다정하게 구는 것과 갑작스럽고 즉흥적으로 구는 것은 매우 다른 것이다. 당신의 고객을 위한 시간을 마련하라. 그를 몰아대거나 당신의 시간을 완전히 다 써 버리게 하는 일 없이 각각의 고객으로 하여금 마치 가장 중요한 고객인 것처럼 느끼게 하라. 이것이 어떤 차이를 만들어 내는지 스스로 알아내 보라.

고객은 항상 옳다!

이 간단한 격언은 아무리 강조해도 지나치지 않다! 그것을 이런 식으로 생각해 보라. 당신이 100달러짜리 간판쓰기 일을 했는데, 고객이 만족하지 않았다면 작품이 양질의 것이고 정확히 주문한 대로라고 아무리 열심히 논쟁을 해도 고객을 이길 수 없을 것이다. 당신이 옳을지도 모르지만, 고객이 마음에 들어하지 않는다면 논쟁을 해서 무엇을 얻겠는가? 당신이 논점을 명확히 말해서 그 고객이 돈을 지불했다고 하자. 고객이 발끈해서 다시는 당신을 찾지 않을 것이라고 맹세한 다음, 모든 친구들에게 당신을 피하라고 말한다면 무슨 도움이 되겠는가?

당신이 옳다는 것을 증명하려고 싸우는 대신 고객의 관심을 살피면서 단호해질 수 있다. "저는 능력껏 최선을 다해 우리가 이야기했던

대로 하려고 했습니다만 만족하시지 않는군요. 제 관심사는 손님을 기쁘게 해 드리는 겁니다. 제가 무엇을 해 드리기를 바라십니까?"라고 말하는 것은 어떤가? 수정해 주기를 바라는지 혹은 그 일을 다시 하기 바라는지, 아니면 환불받기를 원하는지 고객에게 물어 보라. 그가 그 간판값을 내지 않는다고 해도 최소한 만족한 고객 한 사람이 생긴다. 결국 그 지역에 당신에 관한 악담이 돌게 된다면, 그 100달러는 얻을 값어치가 별로 없는 것이다. 계속 반복되는 거래가 중요하다면, 그 문제를 우호적으로 해결하는 것이 특히 중요하다. 그 100달러는 광고비용으로 여기도록 하라.

사진가인 매트 터너(Matt Turner)는 고객의 만족을 사업의 필수적인 부분으로 삼았다. "누군가가 어떤 이유에서든 내 작품에 만족하지 않는다면, 나는 돈을 전혀 받지 않습니다"라고 그는 말한다. 그는 좋은 인상을 잃으니 차라리 돈을 잃고 싶어한다. 그리고 그는 처음부터 고객에게 이것을 분명히 말한다. 혼자서 일했던 4년 동안 그가 대금을 포기한 적은 단 한 번뿐이다.

우아하게 양보하는 것을 배우라. 그렇게 하는 것은 강하다는 것이지 약한 것이 아니다.

사업의 생산성을 당장 올리는 한 가지 방법은 사람들에게 저항하기보다는 함께 일하기로 결심하는 것이다. 지금부터는 고객을 방해하지 말고 도우라. 홈 비즈니스 사업을 하는 한 친구는 학회에 참석하기 위해 외국에 가려고 하고 있었다. 시간이 부족한 나머지 그녀는 자신이 거래하는 은행의 지점에 전화를 걸었다. 여행자 수표를 3,000달러 준비해서 그 날 중으로 서명하고 찾아갈 수 있도록 해 줄 수 있느냐고 물었다.

비록 그녀는 그 은행에 구좌가 있었고 직원도 그녀를 알고 있었지만, 그녀가 수표를 가지러 오지 않을지도 모른다는 결론을 내렸다. 그는 왜 그것이 불가능한지에 대한 이유들을 여러 개 제시했다.

"물론 나는 갈 겁니다. 나는 그것들이 필요해요"라고 그녀는 항의했지만 소용없었다. 그 근무자는 마음이 변하지 않을 것이었다. 그래서 그녀는 사업—그리고 구좌를—을 다른 곳으로 옮겼다.

만약 당신이 고객에게 방해가 된다면, 그 고객과의 관계를 소원하게 만들고 있는 것이다. 이 점은 특히 계속 방문하는 고객에게 중요하다. 새 고객을 발견하기보다는 기존의 고객을 지키는 것이 훨씬 더 쉽다.

당신이 모든 고객과 친하게 지내는 것을 기대하기는 어렵지만, 그들 모두를 같은 정도로 고려하고 돌봐 주어야만 한다. "나는 모든 사람을 기쁘게 해 주려고 합니다. 무례한 사람들까지도 말입니다. 나는 그런 사람들을 몇 번 만난 적이 있습니다." 집을 근거지로 일하는 전기기사 밥 프라허티는 말한다. "하지만 혼자 일해 온 15년 동안 나는 단지 두 번의 불화가 있었을 따름입니다. 물론 나는 격론은 많이 벌였습니다."

"나는 의식적으로 스스로에게 모든 사람이 친절하게 대우받고 있다는 것을 증명하려고 합니다. 게다가 고객을 기쁘게 할 수 있다면, 그것은 훌륭한 광고가 됩니다. 그런 상황을 피하려고 한다면, 당신은 단지 고집을 피우고 있는 것에 지나지 않습니다. 결국 그것은 당신의 미래입니다. 당신이 하고 있는 사업 전체의 핵심은 고객 서비스입니다." 정말로 그렇다. 당신의 월급을 지불하는 것은 고객인 것이다.

"일을 잘 하십시오." 밥은 말한다. "그러면 당신은 같은 곳에서 더 많은 것을 얻게 될 것입니다. 나는 내 회계사를 위해 몇 가지 일을 해 주었는데, 그 덕분에 그의 세 동업자와 십여 명의 직원들로부터 일거리를 얻을 수가 있었습니다."

당신은 고객의 필요에 반응할 수 있어야만 한다.

밥은 가능한 한 빠르고 효율적인 고객 서비스를 제공하기 위해서 집에 자동응답기를 두고 있다. 그는 또한 휴대용 전화기를 갖고 있는데, 그 번호는 고객들에게 알려 주지 않았다. 아내이자 동업자인 수(Sue)는 자동응답기의 전갈을 받고, 그는 정기적으로 집에 전화를 한다. "내가 전화할 때까지 기다릴 수 없을 정도로 급한 일이 있을 때면 아내가 전화를 걸기도 합니다." 밥은 설명한다. (그는 고객과 같이 있을 때 휴대용 전화기로 전화를 계속 받는 것은 '나와 함께 있는 고객에 대한 기만'이라고 믿는다.) 그는 또한 금방 연락할 수 있는 예비 전기기사 두 명도 알고 있다. "내가 바쁘면 그들이 급한 일을 해 줍니다. 그런 일이 자주 생기지는 않지만요. 서비스 요청 전화 중 단지 5%만이 진짜로 급한 일이거든요. 하지만 나는 어떤 상황에 대해서도 준비가 돼 있습니다."

내가 이 글을 쓰고 있는 동안, 부엌의 전구 두 개가 아침 일찍 나가 버렸다. 내가 그것들을 바꿔넣으려고 했을 때, 소켓에 고리관들만 남기고는 전구가 부서지고 말았다. 나는 밥에게 전화해서, 그 날 저녁이나 다음 날 답신을 받기를 기대하면서 그의 자동응답기에 메시지를 남겼다. 20분 후 현관문의 벨이 울렸고, 그건 밥이었다.

고객 서비스 측면에서 그 일을 어떻게 받아들여야 할까?

〈당신의 타자 서비스〉의 제니 처치는 좋은 서비스를 제공하기 위해서 "모든 일을 명랑하게 하고 사람들에 대해 참을성을 발휘해야 합니다. 본인을 책임져야 할 상황에 빠뜨리지 말고 조언을 해야 합니다"라고 말한다. 제니는 필요할 때면 자신이 서류배치나 구조적인 선택 사양을 기꺼이 제시하지만, 물론 최종 선택과 그 책임은 고객의 몫이다. "고객에게 최대한의 도움을 주세요." 그녀는 말한다. "무엇보다도 마감일을 존중해야 합니다. 약속을 했다면 반드시 지키세요!"

당신의 요금

우리는 앞서 어떻게 가격을 책정하는가에 대해 이야기했다. 비결은 낯선 사람이건 친구건 또는 그저 안면이 있는 사람이건 그 요금을 지켜야 한다는 것이다. 친구를 봐 줘야겠다는 유혹에 저항하라. 그 일에 대한 소문이 퍼져 나가면, 모든 친구들과 아는 사람들은 당신이 가격을 할인해 줄 것이라고 생각할 것이다. 그럼 어떻게 할 것인가? 만약 당신이 한 일에 대해 돈을 받는 것이 어렵다면 스스로에게 물어보라! 당신은 사업을 하고 있는 것인가, 아니면 자선단체를 운영하고 있는 것인가? 만약 줄어든 수입만으로도 당신이 즐겁고 또 살아남을 수 있다면 그건 좋은 일이다. 그렇지 않다면 모든 사람에게 당신의 요금을 고수하라.

줄리 매튜는 남편 앤드류를 위해 가격협상을 떠맡는다. "나는 앤드류 매튜를 상품으로 거래합니다." 그녀는 말한다. "앤드류가 돈이나 계약조건, 기간 따위에 대해 이야기한다는 것은 전문가적이지 않은 일일 겁니다!"

모든 사람들에게 같은 질의 서비스를 같은 가격에 제공한다는 것은 사실 당신의 인상과 입지를 강화해 준다. 사람들은 그들이 돈을 지불한 만큼의 것을 받았다고 믿게 되는 것이다. 낮은 가격은 편법을 쓴 서비스와 값싸고 열등한 상품과 동일시된다. 사람들은 돈을 더 많이 낼 때, 그 상품이나 서비스를 더 높게 평가하는 경향이 있다. 반면 이따금씩의 교환은 상호 간에 도움이 된다. 한 홈 비즈니스 사업자는 그래픽 디자인을 하는 친구에게 문구류를 할인된 가격으로 공급하는 대신에 원가로 컴퓨터 서비스를 제공받았다.

홈 비즈니스 사업을 하는 전기기사인 밥 프라허티는 말한다. "내가 책정한 요금은 싸지는 않지만 경쟁력이 있는 가격입니다. 항상 일감이 끊이질 않는 걸 보면, 내가 일을 올바르게 하고 있음이 틀림없습니다. 오히려 나는 들어오는 일감을 모두 처리할 수 없을 정도가 되었기 때문에 지역신문에 내던 광고를 그만두어야만 했습니다. 내 경험으로는 싼 가격이 언제나 일감을 만들어 주는 것은 아니었습니다. 나는 가격을 터무니없이 깎아 주었다가 6개월만에 망해 버린 사업체를 몇 군데 알고 있습니다."

신용

당신은 큰 시장을 발견했을지도 모른다. 또 당신의 고객이 바라는 정확한 서비스를 제공하고 있을지도 모른다. 당신은 적당한 가격을 요구하고 그 일을 잘 해낼 수 있을는지도 모른다. 그러나 당신이 신용이 없다면, 사업이 잘 돼 가지 않을 것이다.

일단 고객에게 언질을 주었다면 그것을 중요하게 생각하라. 건축가인 웨인 케천은 고객이 아직 마감일을 정해 주지 않았더라도 항상 일을 마쳐야 하는 날짜를 스스로 정해 놓는다. "그 마감일은 내가 그 사람들에게 할 말이 있다는 것이기 때문에, 동기부여 측면에서 도움이 됩니다"라고 그는 설명한다. 마감일이 스스로를 위한 것이건 고객을 위한 것이건 간에 그것은 연마할 만한 습관이다. 그런 방식을 따르면 당신은 약간의 압력을 받게 된다. 그러나 정말로 계획보다 빨리 일을 마치게 된다면, 고객에게 깊은 인상을 주게 되고 당신은 더욱 자신감을 얻게 될 것이다.

〈당신의 타자 비서 서비스〉의 제니 처치는 계속되는 마감일 요구를
맞추어 주고 있다. "내 일이라는 것이 원래 자기의 것은 어제 벌써
끝났기를 바라는 사람들이 매일 6명쯤은 오기 마련이랍니다. 나는 그
런 상황에 대처해 왔고, 이제까지 항상 그렇게 살아 왔습니다. 내게
는 일이 첫째입니다. 때때로 일은 식사나 가족과의 시간보다도 더 중
요하게 여겨집니다. 나는 그런 식으로 훈련되었습니다. 나는 도전을
극복하고 불가능한 일을 해내는 것을 즐깁니다. 그리고 나는 항상
'어떻게 하면 더 잘 할 수 있을까?' 하고 생각하고 있습니다." 제니
는 자신의 신용에 자부심을 갖고 있고, 따라서 그녀의 사업은 번창하
고 있다.

마감일을 지키고 당신의 고객을 실망시키지 말라.

약간의 덤

당신이 제공하는 일의 품질이 일정한 기준에 이르러야만 한다는 것
은 당연해 보인다. 만약 당신의 서비스나 제품이 실망스럽다면, 전문
가적인 매너나 접근법은 보장될 수 없는 것이다. 그러나 추가의 서비
스, 기대하지 않았던 자상한 보살핌을 약간의 덤으로 제공해 주는 일
이 얼마나 이득이 되는가 하는 것은 그렇게 명확해 보이지 않는다.
그러나 이런 덤들은 당신을 경쟁자들보다 두드러지게 보이게 만들 뿐
만 아니라, 고객들에게 당신이 정말로 그들의 후원에 신경쓰고 있다는
것을 증명해 주기도 한다.

"우리는 매번 일이 끝나면 고객을 찾아가서 우리의 서비스에 만족
했는지, 도울 일이 없는지, 고칠 수 있는 문제점은 없는지를 묻습니

다.” 실내장식가인 캐서린 부고스는 말한다. “이런 방식의 보살핌은 큰 호응을 얻었습니다. 고객들은 때때로 매우 놀라곤 합니다. 그리고 이런 일들이 또 다른 일거리를 만들어 내기도 합니다. 그 약간의 덤이 당신을 눈에 띄게 하고 기억에 오래 남도록 합니다. 그것이 당신에게 더 많은 거래를 할 수 있게 하고 고객을 계속 만족시키며, 자기 자신에게도 만족을 줍니다. 당신이 고객을 기쁘게 한다면, 그리고 후일 사람들이 누가 그 일을 했냐고 묻는다면, 그 사람은 기꺼이 당신에 관한 상세한 정보를 넘겨 주게 될 겁니다. 입으로 전해지는 말들이야말로 최고의 광고지요.”

애덜레이드에서 홈 비즈니스 사업을 하는 창문 청소부인 조쉬 재뽀느(Josh Zappone) 역시 ‘사소한 것들이 중요하다’는 것을 믿는다. 한 고객이 지역신문에서 ‘신세대의 서비스’를 제공한다는 광고를 봤다면서 그에게 연락해 왔다. “그녀는 창문을 청소하는 데 도대체 뭐가 그렇게 새로운 게 있을 수 있겠냐고 물었습니다. 나는 그녀의 논지를 이해할 수 있었습니다만, 중요한 것은 그 사소한 차이들입니다.”

조쉬는 ‘물을 끼얹었을 때 진창이 돼 버리지 않도록’ 창을 닦기 전에 꼭 창턱을 솔질하고 닦는다. 그는 카페트에 물방울이 떨어지지 않도록 실내에서 일할 때는 양동이 밑에 항상 수건을 놓는다. 그는 방충망을 청소하고 거미줄을 제거한다. “일단 눈에 보이는 거미줄을 제거하면, 그 집은 정말로 좋아진 것처럼 보입니다. 그게 더 큰 청소효과를 주고 모든 것이 정말 좋아보이도록 만듭니다. 고객들은 그런 것들에 대해 고마워하죠.”

고객들은 또한 조쉬와 그의 아내 엠마가 로고를 새겨서 입고 다니는 티셔츠를 좋아한다. “누군가의 집에 갔을 때, 우리는 다른 사람들과 똑같이 보이지 않습니다. 고객은 우리가 누군지 당장 알 수 있는 거죠." 조쉬는 말한다. "그들은 우리를 알아볼 수 있고, 우리가 전문적인 서비스업체라는 것을 금세 알 수 있습니다. 우리의 모든 고객은 말합니다. '와, 그거 보기 좋은데요. 당신은 보면 볼수록 전문가로 보이는군요.' 그리고 우리는 그 티셔츠를 입기 시작한 때부터 많은 전화를 받았습니다."

그 '와'라는 말을 이끌어 내기 위해 당신은 뭘 할 수 있는가? "사람들이 우리를 세미나에 초청할 때면, 우리는 그들이 기대하는 것보다 약간 더 많은 것을 합니다." 줄리 매튜는 말한다. "우리는 무료로 그들의 광고용 전단을 디자인해 준 적도 있습니다. 우리는 뭐든지 그들의 일을 약간 더 쉽게 해 줄 수 있는 것을 찾아서 도와 줍니다."

고객을 기다리게 하지 말라

"사람들은 자동응답기에 익숙해지고 있습니다."〈졸리의 집과 애완동물 관리 서비스〉의 매를린 졸리는 말한다. "나는 반드시 최대한 빨리 연락을 취해서 그들이 잊혀졌다고 느끼지 않도록 하고 있습니다. 나는 어느 장소에서든 특별 접속 코드를 돌림으로써 내 메시지를 받을 수 있습니다."

창문 청소부인 조쉬 재쁘느 역시 고객의 필요에 재빨리 반응해야 한다고 믿는다. "내가 한 주에 나흘 간은 한 하청업자를 위해 일하고 나머지 날들만 독자적으로 일하고 있었을 무렵에, 고객들은 내가 그들이 필요로 하는 것을 봐 줄 때까지 기다려야만 했습니다. 이제는 내 자신의 사업을 하고 있기 때문에 그 일을 곧장 할 수 있고, 고객들도 그렇게 하는 것을 좋아합니다"라고 그는 말한다. 심지어 매우 바쁠 때라도 그는 고객을 실망시키지 않는다. "그런 때는 저와 마찬가지로 창문 청소를 하시는 아버지가 일의 부담을 나누어 맡게 됩니다."

〈검토할 것들〉

전문가적인 인상은 사업의 성공을 위해서 꼭 필요한 것이다. 당신 스스로가 사업체를 대표한다는 것을 잊지 말라. 당신은 자신에 대한 인상을 이렇게 전달한다.

- 통화예절 : 사업명을 써서 항상 스스로가 누구인지를 밝혀라. 깨끗하고 밝고 자신감 있게 말하라. 항상 예절 바르고 친절하게 행동하라. 자동응답기의 메시지를 정기적으로 다시 녹음하라. 그 녹음은 짧고 진지하며 핵심을 찌르는 것이어야만 한다.
- 문구류나 선전용 소책자와 명함 같은, 글자가 들어가거나 인쇄된 물건들을 사용하는 방식에 주의하라.
- 고객과의 대면접촉. 이건 고객 서비스도 포함한다. 기억하라. 고객은 항상 옳다. 만족하지 않은 고객은 17명의 사람들에게 떠들어대지만, 만족한 고객은 단지 서너 명에게만 이야기를 전한다.

고객을 다룰 때는 우호적이고 편안한 분위기와 전문가적인 인상을 주는 것 사이에서 적절한 균형을 잡아야 한다.

모든 고객을 같은 정도로 보살피고 고려하라. 최대한 친절하라. 사람들이 필요한 게 있다면, 당신은 거기에 호응할 필요가 있다.

명랑하게 일하고 사람들에게 참을성 있게 굴라. 당신의 마감일을 중요하게 여겨라.

고객과의 만남은 친밀하지만 사업적인 것이 되도록 유지시켜라. 가능하다면 홈 비즈니스 사무실 전용의 공간과 거기에 들어가는 별도의 입구를 마련하라.

약간의 덤을 제공하도록 노력하라. 고객의 필요에 재빨리 반응하라.

예술적인 추구

비트 위커트(Beate Wickert)는 시장성을 발견했고, 집에서 일하는 과정에서 하나의 새로운 산업을 개척해 냈다. 고국인 독일에서 법랑 화가로 훈련받은 그녀는 1986년 건축가인 남편 저겐(Jurgen) 씨와 함께 호주로 왔다.

"여기에는 그런 산업이 없었습니다." 그녀는 설명한다. "독일에는 1700년대 —이 산업은 이만큼이나 거슬러 올라갑니다— 의 디자인을 재창조하는 두 개의 큰 생산업자들이 있습니다. 나는 그 중 한 회사의 직원으로서 베를린에서 일했고, 매일 직장으로 오기 위해 각각 1시간 반 동안을 움직여야만 했습니다. 나는 아침 5시 반에 집을 떠나곤 했고, 집에 돌아올 때쯤이면 완전히 탈진하곤 했습니다. 나는 거의 개인시간이 없었습니다. 나는 텔레비전 앞에서 죽은 듯이 앉아 있곤 했습니다. 이제는 일하는 동안 텔레비전을 볼 수 있습니다."

비트와 저겐이 시드니에 왔을 때, 그녀는 레드펀에 있는 커다란 창고인 그들의 숙소에서 일하기 시작했다. "나는 시드니에서 한 중개인을, 그리고 또 다른 중개인을 멜버른에서 발견하고는 내 작품의 견본을 주었습니다. 그 후 나는 상업박람회에 물건을 납품하고 우편판매를 시작했습니다."

비트는 자세하고 섬세한 꽃 디자인을 브로치, 귀걸이, 팔찌, 그리고 작은 상자, 심지어는 명함 상자에까지 그려넣는다. 그녀는 하나의 새로운 산업을 창조해 냈지만, 그 과정에서 타협을 해야만 했다. "독일에서는 브로치 1개에 500달러 정도 할 겁니다. 하지만 여기서는 20달러 이하로 받아야만 합니다."

그들은 더 따뜻한 날씨와 더 조용하고 야외에서 보내는 시간이 많은 생활을 찾아 1993년 퀸즈랜드로 이사했다. "나는 케이언즈에 있는 가게에는 납품을 하지 않기 때문에 여건이 더 나빠지리라고 생각했습니다. 그건 정말 이 곳에는 맞지 않는 상품이었습니다." 비트는 말한다. "하지만 나쁘진 않았습니다. 나는 전화로 거래를 하고 1년에 두 번 시드니행 비행기를 탑니다. 나는 여기서 일할 수 없을지도 모른다는 걱정을 했지만, 지난해 이후 판매량은 두 배가 되었습니다."

그녀는 목가적 환경에서 일한다. 그녀는 작업만을 위해 쓸 큰 방을 치워 두었다. 그 방은 푸르른 열대 초원의 숨막히는 경치가 내다보이는 곳이다. 그녀는 스스로 마감일을 정함으로써 모든 장애를 극복한다. 고객의 주문은 대개 4~6주만에 완성되어야만 한다. 법랑 화가로서 또한 보석류 생산업자로서 생활을 꾸려 가는 비트는 어디에서건 집에서 일할 수 있다는 것을 보여 줌과 동시에 새로운 시장을 개척하는 가치를 보여 주었다.

다원에 사는 제니퍼 우드하우스(Jennifer Woodhouse)의 경험은 홈 비즈니스 사업이 얼마나 적응력이 강한가를 보여 준다. 직업적인 전시 예술가인 제니퍼는 진열장을 장식하고 상점의 실내장식을 하며, 쇼나 전시회에서의 발표를 디자인해 준다.

1986년 이후 그녀는 집에서 시간제와 종일제 사이를 왔다갔다하며 일해 왔다. "나는 바로 내 일이 가진 특성 때문에 집에서 일하는 것을 시작했습니다." 제니퍼는 설명한다. "나는 특정한 회사를 위해서 일하기보다는 프리랜서로 활동하고 있었습니다. 그래서 개인 작업실이 꼭 있어야만 했습니다. 나는 감당할 수 없는 돈이 들 사무실 임대를 택하는 대신 집에 있는 남는 방을 작업실로 쓰게 되었습니다."

전시에 관련된 일이 떨어지면, 제니퍼는 다른 외부일을 해서 수입을 메꿔 나간다. 그녀는 지압 척추교정소에서 접수원으로 일했고, 주말이나 크리스마스 또는 다른 바쁜 시기에 판매보조원으로 일하기도 했다. "나는 내가 전시작업을 한 가게에서 일할 수 있었습니다"라고 제니퍼는 말한다. 그래서 그녀의 홈 비즈니스 사업은 그녀에게 다른 일감을 주는 연결고리를 제공해 주었다.

집 밖에서 일하는 것은 또한 사회적 고립을 극복하는 데 도움을 주었다. "나는 꽤 사교적인 사람이기 때문에, 며칠 동안 집에서만 일하게 될 때는 그런 대인접촉이 그리워집니다. 그러면 나는 밖에 나가서 친구를 만나곤 합니다."

"집에서 일할 때는 자기를 통제하는 일이 가장 어려운 일 중의 하나일 것입니다. 그러나 나는 그게 태도 적응의 문제에 가깝다고 생각합니다. 내 일은 앉아서 타자를 치는 것 같은 한 가지 일만 있는 게 아닙니다. 나는 많은 조사와 계획을 해야만 합니다. 그림을 그리고, 물건을 장식하고…… 거기에는 많은 측면들이 있고, 그래서 나는 하나가 막히면 다른 일을 할 수가 있습니다. 나는 조직 안에서는 잘 지내지 못합니다. 나는 조직체 안에서 이건 할 수 있고 저건 할 수 없다고 말하는 사람들과 일하는 것을 좋아하지 않습니다. 나는 매우 창조적인 환경을 갖고 있고, 원하는 일을 할 수 있는 자유가 있습니다. 나는 자율성의 느낌, 밤늦게까지 일하거나 아침 일찍 시작할 수 있는 그 능력을 즐기고 있습니다. 상황이 좋지 않을 때, 그러니까 내가 지쳤거나 창의력이 줄어들 때면, 집안일이나 장보기 같은 기본적인 일을 합니다. 아니면 원예일을 할 수도 있었습니다. 당신은 일하기를 멈출 수 없고, 사무실 안에서 그런 일을 해결해야겠지요."

그녀의 또 다른 유리한 점은 종일제 직업에서 얻을 수 있는 만큼의 수입을 올릴 필요가 없다는 것이다. "나는 지금 스스로를 부양할 필요가 없다는 점에서 운이 좋습니다. 그러니까 부양의 부담은 없습니다. 나는 내 사업을 하고 내 차와 식료품에 드는 돈을 냅니다. 하지만 다른 생활비는 남편이 처리해 줍니다. 남편은 내게 매우 의지가 됩니다. 그는 내가 하는 일에 관심을 보일 뿐만 아니라 때로 같이 하기도 합니다."

생각해 볼 만한 음식

셜리(Shirly)와 제프 우드(Jeff Wood) 부부는 퍼스에서 동쪽으로 250 떨어진 코리진 지방에서 살고 있으며, 밀을 재배하고 양을 기르는 3,000에이커에 달하는 농장 두 곳을 소유하고 있다. 그 농장들의 둑에는 호주가재들이 서식하고 있었는데, 셜리의 한 아이가 그 사업성을 지적하고는 퍼스에다 살아 있는 호주가재를 팔자고 제안했다.

그녀는 수산청에 인가를 신청하고 호주가재를 잡기 시작했다. 그 후 6년이 지났고, 셜리는 여전히 호텔이나 레스토랑에 납품을 하거나 수출업자에게 도매를 하는 식으로 한 주일에 200kg까지 호주가재를 팔고 있다.

어떤 호주가재는 먹이를 두고 서로 싸웠기 때문에 집게가 하나밖에 없는 경우도 있다. 그것들은 이등품으로 처리되고 아주 싼 값에 팔리게 된다. '왜 이래야만 하는 거지?' 셜리는 생각했다. "깨끗하게 해 놓고 나면 그것들은 집게가 두 개 달린 것들과 차이가 없습니다. 겉으로 보이는 모양만 제외한다면 문제가 없는 거죠"

그러다가 그녀는 한 가지 아이디어를 떠올렸고, 법랑 화가인 비트 위커트처럼 완전히 새로운 사업을 만들어 냈다. "작은 오이나 양파는 항아리에 담아서 절일 수 있습니다. 호주가재라고 그렇게 만들면 왜 안 되겠어요?" 그렇게 해서 당신이 퍼스의 마이어스나 서부 호주의 다른 큰 상점들에서 둥근 젤리콩 모양의 소금에 절인 가재 꼬리인 키알라 호주가재를 살 수 있게 된 것이다.

셜리가 성공을 위해서 극복해야 할 장애물은 많이 있었다. 홈 비즈니스 사업으로 시작했던 일은 다시 자리매김되어야만 했다. "나는 10분 정도 차를 타고 가는, 블라링에 있는 작은 방에서 일해야만 합니다. 법에 의하면 콘크리트 바닥과 특수 조명, 그리고 발로 틀 수 있는 꼭지 따위가 있는 장소가 아니면 나는 일할 수가 없습니다. 나는 물어 보았어요. '콘크리트 바닥이 왜 필요하죠?' 나는 생선 가시를 발라내는 일을 하는 것도 아니고 도살업자도 아닙니다. 하지만 아무도 내가 하려고 하는 것을 해 본 적이 없었기 때문에, 그들은 그걸 어떻게 다루어야 하는지 알지도 못했습니다." 보건부의 규칙을 지키기 위해서는 방을 다소 수리하는 일도 해야만 했다.

셜리는 1주일에 한 번 그녀와 함께 일할 동네여자들을 고용한다. "그건 연쇄반응과 좀 비슷합니다." 그녀는 설명한다. 사람들은 요리된 껍질 벗긴 호주가재의 꼬리가 밀봉된 항아리에 넣어질 때까지 서로 다른 일을 하게 된다. 셜리는 가정에서 주문한 살아 있는 호주가재를 공급하고 있을 뿐만 아니라 매주 20kg의 소금에 절인 호주가재를 생산한다. 그녀가 1994년 퍼스의 음식축제에서 그 상품을 전시한 이래, 그에 대한 관심은 고조돼 왔다.

그녀는 이 산업에서 풍부한 잠재력을 볼 수 있었다. "가재는 밀이나 양모처럼 호주의 멋진 수출품이 될 수 있습니다. 전국에 호주가재가 있고, 우리는 이미 매년 300톤 이상의 살아 있는 호주가재를 수출하고 있습니다."

셜리는 호주가재와 식품산업에 대해 많은 것을 배우고 나서는 다소 의기소침해졌다. "호주가재는 요리하기 전에 깨끗하게 만들어야만 합니다. 진흙이나 침전물을 제거할수록 더 좋고 더 단 맛이 납니다. 그 내용물은 큰 것에서 작은 것의 순으로 항아리에 나열되어 있습니다. 거기에는 제조된 장소뿐만 아니라 날짜역시 쓰여집니다. 내 호주가재들은 호주에서는 유일하게 6개월의 보존기간을 가진 것들입니다. 냉장은 전혀 필요없습니다. 나는 살아 있는 호주가재의 양식장 면허와 소금에 절인 호주가재에 대한 식품처리 면허를 위해 매년 600달러 이상을 지불하고 있습니다. 소금에 절인 호주가재에 대한 식품 위생학적 수치—음식 속

의 미생물을 검사하는 수치 — 는 주가 요구하는 기준치보다 훨씬 좋습니다. 그러
나 규칙이 매우 엄격하기 때문에 수출을 할 수가 없습니다. 수출을 하려면, 사람
들이 차를 마시는 대기실이나 건물에 다른 종류의 창문을 가지는 것 따위가 필요
합니다. 나는 많은 노력을 기울였지만, 이제는 거의 포기했습니다. 그것은 황금
알을 낳는 거위가 삵아지고 있는 것과 마찬가지예요!"

시판용 채소 재배농인 프랭크와 애니 오클랜드 – 프리픽(Ackland-Pripic) 부부
의 사업은 계속 커져 왔다. 1982년 말, 그들이 처음 허브를 기르기 시작했을 무
렵에는 시장이 아직 형성되지 않았다. 그들은 처음에 채소를 기를 생각으로 남호
주의 빅토르 하버에 토지를 샀다. 그러나 그것은 너무 성가신 일이었고 한철 사
업일 뿐이었다. 신선한 산파(chire)가 없기 때문에, 중계상들이 고객들을 위해
기르려고 산파 씨앗을 사곤 한다는 말을 종자상에게서 들었을 때, 오클랜드–프
리픽 부부는 허브의 생산을 증가시켰다. 한 친구가 그들을 대신하여 채소와 과일
을 파는 그의 가게에서 나륵풀과 산파를 팔겠다고 제안했고, 이 사람들은 허브와
샐러드 산업에서 선두주자가 되었다.
야탈라 제일의 허브 농장이 문을 닫았을 때, 사업은 또 한 번 추진력을 얻었다.
그들은 그 허브 재배농을 만났는데, 그는 작물심기와 베어내기를 해 주었을 뿐
아니라 허브 재배에 관한 그들의 지식을 보완해 주는 친절한 조언을 해 주었다.
오늘날 애니와 프랭크는 애덜레이드의 중심부에서 차로 20분 정도 걸리는 곳
에 있는 몬타큐트의 땅에서 딸들과 함께 살고 있다. 그들은 백리향, 세이지, 고
수 등을 포함한 25종의 허브들과 일련의 샐러드 채소, 레몬, 그리고 약간의 체리
를 기른다. 수확하고 포장하는 것을 도와 주는 친구들과 친척들이 있고, 'A-Pic'
을 위한 상표를 고안해 주는 아이들도 있기 때문에, 일하는 것은 사교적이고 가
족적인 일이 될 수 있다.
"그 아이들은 살아 있는 것을 만드는 일이 어떤 것인가를 깨닫게 됩니다." 애
니는 말한다. "하지만 나쁜 점도 있어요. 바쁜 때가 되면 저녁마다 일해야 한다
는 것입니다. 당신은 바깥일에 매일 일과시간을 넘어서까지 매달리고 싶어하지는
않을 겁니다."
스스로가 사장일 때는 아픈 날도 없어야 한다. "당신이 아프건 그렇지 않건 일
은 마감지어야만 합니다." 프랭크는 말한다. "당신은 병에 걸려서는 안 됩니

다." 애니는 말한다. "우리는 1주일에 7일을 모두 일합니다. 프랭크는 대부분의 파종하는 일과 쟁기질, 그리고 트랙터 일을 하는 반면, 나는 주로 장부를 정리하는 일에 집중하고 수확이나 포장하는 일을 돕습니다. 나는 아이들과 함께 주말을 보낼 수도 있지만, 그렇게 하면 프랭크가 더욱 힘들어집니다. 그는 항상 일하지만, 동시에 아이들은 언제든지 그를 만나볼 수도 있습니다. 나는 배우자와 함께 일하는 것은 둘 사이의 관계를 풍부하게 만들어 준다고 생각합니다. 서로에게 보다 귀기울이게 되고 상대방의 판단을 존중하게 되거든요. 모든 사람은 서로 다른 능력을 갖고 있습니다. 프랭크는 재배일을 하지만, 나는 고객의 입장에서 사물을 살핍니다. 우리들은 고수를 땅의 높이 정도로 잘라서 묶곤 했습니다. 그러나 타이 요리가 매우 인기 있기 때문에, 이제는 거기에 필요한 뿌리까지 모두 함께 팝니다."

프랭크와 애니는 중개상을 통해 도매시장에 물건을 판다. "처음엔 모든 게 새로운 것이었습니다." 애니는 말한다. "로켓(아루굴라)은 별로 알려지지 않았었죠. 이제 훨씬 많은 사람들이 재배하지만, 아직도 시장이 훨씬 더 큽니다. 그래서 아무 문제가 없습니다."

애드가 웨이크필드(Edgar Wakefield)는 남아프리카에서 농업의 중심지였던 전원도시인 조지(George)에서 살던 정겨운 추억을 갖고 있다. "그건 목가적인 삶이었고, 그 기억들은 결코 잊혀지지 않았습니다." 그는 말한다.

33세의 나이로 20년 전 남호주에 도착한 후 1993년 조기퇴직할 때까지 그는 오랜 세월을 선생님으로 일하면서 보냈다. "가르친다는 일은 변했습니다. 그건 매우 스트레스를 받는 일이 되었습니다." 그는 설명한다. "교육은 더 이상 학생이나 사람 중심의 일이 아닙니다. 학생이나 선생님의 권리는 무시되고 있었고, 나는 매우 불행했습니다."

그는 자신의 삶을 완전히 바꾸기로 결정하고 여러 가지 채소 기르는 일을 시작했다. 최근에 재혼한 그는 가게를 하나 살까 하고 곰곰이 생각했다. 그러나 첫해의 수입을 살핀 후, 그는 그것이 현실적인 계획이 아니라는 것을 깨달았다. 아내 비벌리는 애덜레이드에서 차로 1시간 정도 걸리는 머레이 브리지(Murray Bridge)에 집을 갖고 있었는데, 애드가는 수확물들을 그 집의 정원에서 기르고 있었다. "거기에는 많은 토종 나무들과 성숙한 고무나무, 그리고 유칼립투스 나무가 있었습니다. 나는 가능성을 발견할 수 있었습니다. 우리는 지금 살고 있는 토담집을 설계하고 건축했습니다."

한편 〈텔스트라〉에서 중간 관리자로 일해 왔던 비벌리는 무릎에 관절염이 생겼고, 1994년 조기퇴직했다. "우리는 둘다 자연을 사랑했습니다. 우리는 모두 환경보존론자들입니다." 애드가는 말한다. "비벌리는 놀랄 만한 정원사였습니다. 반면에 나는 별로 아는 게 없었죠. 우리는 그 땅에 무엇이 자랄까를 살피는 시험재배를 한 다음에, 꽃양배추와 브로콜리, 옥수수, 그리고 호박을 시작했습니다. 우리는 퇴비와 자연비료만을 사용하고 〈NAASA(전국 호주 유기농업 연합; the National Australian Association of Sustainable Agriculture)〉에 인증을 신청했습니다. 그들은 토양에서 살충제와 제초제 검사를 하고 올바른 유기농법을 사용하는가를 확인합니다. 이 인증은 우리가 다른 주에서도 물건을 판매할 수 있게 해 줍니다!"

애드가는 이제 서양 호박을 기르고, 집에서 키운 보석 호박을 필요로 하는 시장을 만들었다. 이것은 우연히도 남아프리카로 많이 수출하게 되었다. "나는 시장을 뚫기 위해 에덜레이드의 거리를 걸어다녔습니다." 그는 말한다. "가게를 방문하고 주인과 이야기하면서 입에서 입으로 전해지는 말로 사업을 일으켰습니다. 그렇게 하는 데 15개월이나 걸렸습니다. 남호주는 매우 보수적인 곳입니다. 사람들은 시장에 새로 나온 것을 미심쩍어하기 때문에, 당신은 그들을 설득해야만 합니다. 나는 서양 호박을 그 요리법과 함께 가게들에 공짜로 주곤 했습니다."

강변에서 자연적으로 키운 상품은 인기가 있었고, 애드가는 자신이 사장이라는 사실이 좋았다. "나는 결정을 내리고 가격을 협상합니다. 나는 가게에서 사람들과 직접 대면하는 일이 좋습니다." 그는 머레이 브리지의 땅에 많은 토종나무들을 심었고 조경일도 많이 했다. 그와 비벌리가 사는 토담집은 주변과 잘 어울리며, 여름엔 시원하고 겨울에는 따뜻하다. 그것은 조용한 삶이었다. "여름과 겨울에는 꽃들이 핍니다. 여기는 매우 평화롭고, 아름답습니다. 이 나이가 되고 보니 그게 무척 즐겁습니다." 어린 시절의 목가적 삶을 겨우 다시 찾게 된 애드가는 말한다.

제6장

자기 자신과 일을 파는 법

초기의 힘든 일은 끝났다고 하자. 당신의 사업은 본궤도에 올랐다. 당신은 스스로 양질의 서비스와 상품을 제공할 수 있다는 것과 시장이 있다는 사실에 만족하고 있다. 당신은 경쟁자들에 대해 알아보고, 그에 따라 가격을 매기는 등 훌륭한 조사활동을 했다. 이제 당신은 모든 것에 대해 생각해 보았다. 아니 당신은 실제로 이렇게 준비했는가?

사람들은 당신의 새 사업과 그 상품, 그리고 당신이 제공하는 서비스에 대해 어떻게 생각하는가? 아무도 당신을 모른다면, 그것들이 최상의 것일지라도 그 모든 노력은 쓸모없는 것이다. 자 이제 시장관리에 대해 생각해 볼 시간이 되었다!

스스로를 알리기

"어떤 사람들은 태어나면서부터 위대한 사람들이었고, 어떤 사람
들은 노력으로 위대한 사람이 되었다. 그리고 그 밖의 그렇지 못한
사람들은 홍보활동을 한다." 내가 친구의 게시판에서 본 이 유머러스
한 인용구는 많은 진실을 내포하고 있다. 홍보활동은 고객이 당신의
사업을 바라보는 방식에 영향을 준다. 〈매커리 사전(Macquarie Dic-
tionnnnary)〉은 홍보활동을 '회사의 신용을 촉진시키기 위해 대중 사
이에서 이루어지는 행위'와 '좋은 인상을 주기 위해 일하는 행위'라
고 정의하고 있다.

홍보활동에는 광고와 판촉, 그리고 정보 알리기가 포함된다. 당신
은 상황과 예산에 따라 그 같은 요소들을 스스로 준비할 수도 있고,
그렇지 않다면 그렇게 하도록 누군가를 고용할 수도 있다.

당신이 돈을 내기 때문에 광고에 대해서는 당신이 전권을 가진다.
만약 신문이나 잡지에 광고를 한다면, 당신은 광고의 크기와 위치,
그리고 얼마나 자주 실릴 것인가를 결정할 수 있다. 라디오나 텔레비
전 광고를 할 수도 있고, 광고판을 사서 당신의 상품이나 서비스를
광고하는 포스터로 채울 수도 있다.

판촉 또는 특별판매는 사람들로 하여금 당신의 상품이나 서비스를
사용하도록 충동질하는 역할을 한다. 가령, 50쪽 이상의 타자 일에
대해서는 10%의 할인을 해 주는 것이 실제로 행해지는 판촉의 한 예
이다. 판촉은 거래가 부진할 때 거래를 만들어 내기 위해 사용될 수

있다. 한 액자상은 고객 중 다수가 휴가를 떠나서 일이 없는 시기인 1월에는 판촉을 위해 어떤 일이든 25% 할인을 해 준다.

사업에 대한 정보를 알리는 일은 사업에 득이 될 수 있을 뿐만 아니라 해가 되는 경우도 있다. 어떤 이는 정보를 알리는 것이 나쁘게 작용하는 일 따위는 없다고 주장할지도 모른다. 결국 그것이 당신의 상품과 사업을 대중에게 알려지게 만든다는 것이다. 그러나 신문에서 식품난의 필자가 당신의 잼이 불쾌한 맛이 난다고 말한다면, 고객들은 아마도 그것을 사려고 줄을 서지는 않을 것이다!

광고를 해야만 하는가?

당신이 사용하는 치약과 먹고 있는 시리얼의 상표, 그리고 당신이 타는 차의 종류를 생각해 보라. 당신은 그것들을 선전하는 데 사용된 구호나 광고를 기억할 수 있는가? 당신은 스스로 광고에 조종되기는 커녕 영향도 받지 않는 자유사고의 인간이라고 꿈꾸고 있을지 모르지만, 만약 무엇이 당신으로 하여금 다른 것들은 고려조차 않고 어떤 물건을 고르도록 했는가를 곰곰히 생각해 본다면 반드시 놀라게 될 것이다.

광고는 매우 큰 효과를 발휘할 수도 있지만, 당신은 그게 정말 필요한가를 생각해 봐야만 한다. 어쩌면 당신의 사업은 순전히 입으로 전해지는 추천을 통해서만 발전하게 될 수도 있다. 이 방법이 소규모 사업이 알려지는 방식으로는 최고로 효율적인 것이다. 게다가 공짜니까 말이다.

만약 믿고 있는 누군가가 유쾌하고 믿을 만하며 지난 해 당신의 친구에게 3,000달러의 세금 할인을 받게 해 준 어떤 회계사를 추천한다면, 전화번호부에서 임의로 한 사람을 선택하는 것보다는 그 회계사를 선택하게 될 확률이 훨씬 높을 것이다.

사진가 매트 터너는 광고에 돈을 한 푼도 써 본 적이 없다. 그의 일감은 모두 추천―그가 아는 기자, 너무 일이 많은 다른 사진가, 그리고 만족한 고객의 추천―에 의해 들어왔다. 이것은 매트에게 좋은 일일 뿐만 아니라 고객들이 그의 능력에 대한 믿음을 가지고 그에게 온다는 것을 의미하기도 한다.

"내가 명함을 만들 필요가 있었을 때, 친구 수잔이 집에서 일하는 한 그래픽 디자이너에 대해 말해 주었습니다. 나는 그 디자이너의 서비스에 감명을 받은 나머지 또 다른 친구에게 말했고, 이번에는 그녀가 자신이 다니는 법률사무소의 동료들에게 그 말을 퍼트렸습니다. 나는 수잔으로부터 받은 한 번의 추천이 5건의 추천을 만들어 냈다는 것을 알게 되었습니다. 수잔이 얼마나 많은 사람들에게 말했겠습니까?"

그러나 적극적인 판촉 역시 중요하다. 몇 년 전 애덜레이드의 마케팅 위크에서 어떤 연설을 듣던 중, 나는 의자와 기둥 뒷편에 붙은 둥글고 노란 스티커를 발견했다. 그 밝은 색에 이끌려 좀더 자세히 들여다보았고, 나는 다음 문구를 읽게 되었다. "자신을 홍보할 수 있는 기회를 절대 놓치지 말라." 그건 반짝이고 효율적인 광고개념이며 또한 지킬 값어치가 있는 격언이기도 하다.

당신이 환경보호 측면에서 유례 없이 바람직한 고양이 깔개를 발명해 냈다고 하자. 낡은 신문을 재활용한다는 것이 그런 아이디어였다! 그러나 아무도 그 놀라운 신발명품을 모른다면, 당신은 수십 톤의 신문용지만 갖고 있게 될 것이다. 당신이 청소한 창문은 당신의 기술과 당신이 고안한 청소용액 덕분에 반짝반짝 빛이 날지도 모른다. 그러나 아무도 연락처를 모른다면, 당신은 깨끗하지만 장래성은 없어 보이는 집에 홀로 앉아 지낼 뿐일 것이다.

시장을 평가하라

만약 당신이 이 훌륭한 조언을 따르고자 한다면, 먼저 당신의 시장, 그러니까 당신이 접촉하기를 바라는 고객들을 고려해 봐야 한다.

사업계획을 세워 두었다면, 당신은 이미 시장을 알아보고 고객들의 윤곽을 잡았을 것이다. 그것을 다시 살펴보고 다음 같은 것들을 생각해 보라;

- 시장의 넓이. 그것이 근교에 국한되는가, 아니면 전국적으로 미치는가? 그것이 해외에까지 확장되는가?
- 고객의 연령
- 고객의 특별한 필요나 흥미
- 당신의 고객이 개인인가, 아니면 회사인가?

그 대답들은 당신이 명성을 얻기 위한 최상의 방법을 강구하는 일에 도움이 될 것이다. 또한 돈을 절약하는 데도 도움이 된다. 얼마나 많은 회사가 부적절한 지역에다가 광고를 함으로써 큰돈을 낭비하는가 하는 점을 보면 정말 놀라운 일이다. 예를 들어, 만약 당신이 노인들을 위한 개인용 경보기를 만들거나 팔고 있다면, 그에 관한 정보를 가까운 은퇴자를 위한 마을에 보내는 것이 바람직할 것이다. 만약 당신이 잠수복을 만든다면, 스쿠버 다이빙 잡지나 스포츠용품 가게에서 광고를 하는 것이 합리적이다.

반면 반경 20km내에서만 상품과 서비스를 제공할 수 있는 회사라면, 전국적인 텔레비전 광고를 하는 것은 바보 같고 결국은 수지가 맞지 않는 일이 될 것이다. 그리고 대중음악 잡지에 광고를 하는 일은 당신의 오페라 교습에 대해 많은 호응을 이끌어 내지는 못할 것이다.

값싼 비용으로 정보 알리기

정보를 알리는 데 꼭 돈이 많이 들어야 하는 것은 아니다. 당신의 사업을 낮은 가격 또는 공짜로 판촉하는 방법에는 여러 가지가 있다.

당신은 그 지역의 잠재적인 고객에게 전단을 돌릴 수 있다. 매를린 졸리는 집과 애완동물 관리 사업에 대한 전단을 지역 동물병원과 애완동물 가게에 뿌렸다. 그녀에게 만족한 한 고객은 그녀의 서비스를 수의사에게 추천했는데, 그것은 매를린에게 상당한 양의 새로운 일감들을 주었다.

당신은 참석하는 모든 사업모임에서 명함과 소책자를 돌릴 수 있을 것이다. 사업모임이 아니라면 어떤 다른 기회에서건 말이다. 하루는 신호등에서 내 앞에 서 있던 밴이 이런 표시를 달고 있었다. "주의— 장님(blind man)이 운전 중." 호기심이 생긴 나는 신호가 바뀌자 속력을 내서 그 차를 따라잡고는 자신감이 넘쳐보이는 그 운전사를 바라보았다. 그는 검은 안경을 쓰고 있었다. 나는 당황했다. 얼마 후 나는 시력이 멀쩡한 그 장님(blind man)이 창문 가리개(window blind)를 만들고 설치한다는 것을 깨달았다! 나는 후에 그와 이야기를 나누었다. 한 번은 그가 신호등 앞에서 검은 안경을 쓴 채 차에서 나와 옆의 차로 비틀거리며 다가갔다. 사람들이 놀라고 있는 동안, 그는 열린 창을 통해 자신의 명함을 내밀었다. 그들이 다음에 창문 가리개가 필요할 때 누구를 생각하겠는가?

대합실의 잡지에 끼워 넣을 전단을 고안하라. 한 홈 비즈니스 사업가는 동네의 치과병원을 공짜로 말린 꽃으로 장식해 주고 있다. 거기에 그녀의 명함을 놓아 두는 조건으로 말이다.

당신의 자동응답기를 사용하라. 매를린 졸리의 번호를 돌려라. 만약 그녀가 없다면, 다음의 메시지를 듣게 될 것이다;

안녕하세요? 여기는 〈졸리의 집과 애완동물 관리 회사〉입니다. 우리는 당장 전화를 받을 수는 없습니다. 그러나 우리가 여러분의 집에서 애완동물을 돌보는 동안 해 드리는 몇 가지 서비스들에 대해 말씀드리겠습니다. 우리는 개를 산보시키고 신문과 우편함을 치우며, 모든 동물에게 먹이와 물을 줍니다. 화분에 물을 주고 쓰레기통을 내놓으며 집을 매일 점검합니다. 저희의 요금은 한 번 방문에 12달러부터입니다. 더 많은 정보를 원하시면, 삑 소리 후 이름과 전화번호를 남겨 주세요. 연락드리겠습니다.

매를린은 잠재적인 고객들을 고려해서 이 메시지를 만들었다. "우리는 전화를 거는 사람들이 대부분 전반적인 사실을 알기 원한다는 것을 발견했습니다." 그녀는 설명한다. "그래서 우리는 그들이 가장 높은 확률로 알기 원할 것 같은 정보를 입력했습니다. 그건 정말 효과가 있었습니다. 그들은 전화 한 통화를 낭비했다고 느끼지 않게 되었거든요. 그리고 우리는 같은 정보를 주는 데 시간을 허비하지 않게 되었습니다. 그건 양쪽의 전화비를 줄여 줍니다. 이제 사람들이 전화를 걸 때면, 우리는 그게 거의 확실히 서비스를 요청하는 것이라는 점을 알고 있습니다."

한 홈 비즈니스 사업자는 원하지 않을 때면 쉽게 떼어 버릴 수 있는 자석 자동차 간판을 갖고 있다. 당신은 친구의 바비큐 파티에 참석할 때라면 '래리 조경'으로 알려지기를 원하지 않을 것이다. 비록 소규모 사업주인 당신에게 그런 경우는 몇 번 없겠지만 말이다! 그러나 당신의 차에 표지를 달고 있는 동안에는 전문가적인 인상을 주어야 한다는 것을 명심하라. 끽 소리를 내며 모퉁이를 돌거나 속도제한을 어기는 일은 '래리 조경'이나 래리의 은행 잔고 모두를 위해서 바람직하지 않다.

창문 청소부인 조쉬 재뽀느는 티셔츠를 자신의 로고로 장식했다. 그와 부인 엠마가 일할 때, 그들은 자신들의 서비스를 잠재적인 고객들에게 광고하기도 하는 것이다.

잠재적 고객에게 직접 접근하라. 캐서린 부고스는 최신의 빌딩 건설 계획에 대한 이야기를 찾아 신문과 잡지를 철저히 훑었다. 그리고 그녀는 자신이 작성한 실내장식 견적서를 들고 그 회사들에게 접근했고, 이 일은 많은 일거리를 그녀에게 가져다 주었다. 어떤 홈 비즈니스 음식 회사는 큰 항공회사에 고급 잼을 가지고 접촉해 본 결과, 그전에는 열린 적이 없었던 아주 큰 시장이 있다는 것을 발견했다. 한 아동작가는 도서관들을 찾아갔고, 정기적으로 아이들과 이야기를 할 수 있는 기회를 얻었다. 그 대부분이 돈을 받지 않는 것이긴 했지만, 그 일은 그녀의 이력을 늘리는 데 도움을 주었다. 그리고 결국 그녀의 책이 많이 팔리게 되는 결과를 낳았으며, 새로운 이야기들을 그 '예약된' 고객들에게 '시험 상영'해 볼 수 있었다.

상호 판촉은 비용절감의 또 다른 아이디어이다. 당신은 다른 홈 비즈니스 사업과 연합하여 사람들에게 보다 완벽한 꾸러미 서비스를 제공할 수 있다. 사진가인 당신은 그래픽 디자이너와 연합할 수 있다. 청소 회사는 잔디깎기 회사를 추천해 줄 수 있으며 그 역도 가능하다. 연합을 하는 것은 서로의 판촉을 도울 수 있고 광고비용도 줄여준다.

당신은 홈 비즈니스 사업 소식지나 인쇄물에 값싸게 광고할 수 있다. 나는 홈 비즈니스 사업가들이 서로 돕고 서로를 잠재적 고객들에게 추천해 주는 경향이 있음을 발견했다. 그것은 멋진 일이다. 당신과 비슷한 위치에 있는 사람만큼 당신과 당신의 사업을 더 잘 광고해 줄 수 있는 사람이 어디 있겠는가? 당신은 순식간에 당신이 추천해 주거나 반대로 당신과 당신의 사업을 추천해 줄 홈 비즈니스 사업의 조직망을 만들어 낼 수 있다.

단골손님도 잊지 말아야 한다. 특별 서비스를 제공함으로써 그들이 당신의 사업을 선전을 주도록 격려해 줄 수 있다. 매를린 졸리는 새 고객을 소개해 주는 단골손님들에게는 약간 싼 가격을 적용해 주고 있다. 그것은 사업을 확장하는 혁신적이고 효율적인 방법 중의 한 가지이다.

마지막으로 당신은 대중매체를 값싸게 이용할 수 있다. 당신의 사업에 관해 뉴스가 될 만한 이야기를 모아서 보도자료로 만들어 지역 신문과 라디오, 그리고 텔레비전 방송국에 보내라. 또는 당신의 사업에 관련된 웃기는 일화를 신문에 보내라. 이것은 짧은 여백기사로 사용될지 모르고, 그렇게 되면 당신의 사업명은 부수적으로, 그리고 바라건대 물건을 사라고 하는 구호로 나타나게 될 것이다!

광고

당신이 광고에 돈을 쓰기로 했다고 가정하자. 첫 번째로 고려해야 할 일은 다음과 같다;

당신은 광고를 해도 되는가?

대부분의 업종에서 그 답은 '그렇다'이다. 그러나 어떤 직업의 경우 광고에 대한 엄격한 규칙이 있다. 1980년 노던 테리토리 (Northern Territory)에서 개인병원의 치과의사로 일하고 있을 때, 나는 영업을 시작했다고 알리는 작은 광고를 지역신문에 실을 수 있도록 허가받았다. 이 알림광고는 매주, 모두 합해서 세 번까지 인쇄될 수 있었다. 그 이상의 광고는 지역 치과의사위원회에서 허가해 주지 않는다. 일반 의사의 광고 역시 제한된다. 법률가나 회계사는 광고를 할 수 있다. 예를 들어, 당신이 가정법이나 세금 신고서 전문이라면, 그것을 밝히는 광고를 하고 그에 따라 고객을 찾을 수 있다.

당신은 광고비를 감당할 수 있는가?

유료광고가 당신의 사업에 필요하다고 결정했다면, 그것을 위해 예산과 시간을 마련하라. 그 예산은 엄청난 것일 필요가 없다. 광고 전문가인 사이먼 레이놀즈는 큰 기업의 경우에 판매의 2%, 소기업의 경우에는 5%를 제안하고 있다.

그러나 그 돈을 어떻게 쓸 것인가에 대해서는 주의를 기울여야 한다. 판매에는 아무 효력도 미치지 못하고 수천 달러를 낭비할 수도 있다. 당신의 광고비용이 수지가 맞는 결과를 줄 것인가를 스스로 생각해 보라. 같은 사업을 하는 사람들과 이야기해 보라. 광고를 같이 만들려고 하는 출판사나 조직체에게 최상의 행동노선이 무엇인지를 문의하라. 신문에서는 평일에 며칠 동안 광고하는 것보다 독자가 많은 토요일에 광고를 하는 것이 훨씬 더 효과적일는지 모른다. 심야 텔레비전 광고는 낮시간의 광고보다 당신이 목표로 하는 시청자들의 눈에 뜨일 확률이 높을 수 있다.

이 단계에서 조언을 얻고 홍보를 기획하기 위해 홍보활동을 하는 개인이나 회사를 고용할 수 있다. 이것 역시 당신의 예산과 필요에 맞추어져야만 한다. 당신은 처음에만 광고를 하고 사업이 자리를 잡고 다시 오는 고객이 발견됨에 따라 서서히 광고를 줄여야 할 필요가 있을는지 모른다. 홍보활동 전문가에게 시간당 최소 80달러를 지불할 준비가 되어 있어야 한다. 다른 방식을 따르자면, 일 전체를 정해진 금액에 협상하는 것이다.

어디에 광고할 것인가?

대중매체를 통한 광고를 고려할 때는 인쇄매체와 전자매체를 생각할 수 있다. 인쇄물은 지역적, 전국적, 농촌, 도시신문, 잡지, 매매 책자와 직업적인 출판물 우송용 고객명부, 동아리 소식지, 홈 비즈니스 사업회 책자, 그리고 전화번호부 등이 있다.

당신에게는 소식지나 매매 책자, 직업적인 출판물에 소개글을 싣는 것이 적합할지도 모른다. 편집기사와는 반대로 이런 것을 광고기사라고 부른다. 당신은 광고라기보다는 기사를 닮은 광고기사에 돈을 낸다. 이 때 '광고'나 '광고기사'라는 말이 광고기사의 페이지 어딘가에 쓰여져야만 한다.

전자매체는 라디오나 텔레비전으로 이루어져 있다.

* 인 쇄

인쇄물에서 광고 공간을 살 때는 ;

- 당신의 잠재고객이 읽을 것 같은 적절한 출판물을 고려하라.
- 전문가가 고안한, 눈을 사로잡는 광고를 하라.
- 상단 오른쪽 구석이라든지 신문 1면에 가까운 것이라든지 하는 식으로 광고가 적절한 규격으로 보기 좋은 장소에 놓여지도록 하라.
- 당신의 광고가 효과를 충분히 발휘할 수 있도록 상당히 오랜 동안 정기적으로 나오도록 하라.
- 유료광고를 고려할 때는 라디오나 텔레비전 광고를 생각할 수 있다. 이것은 당신이 생각한 것만큼 비싸지 않을지도 모른다. 적절한 시간대를 선택함으로써 지불한 비용만큼의 효과를 얻을 수 있고, 사업을 위해 하길 잘 했다 싶은 결과를 얻게 될 수도 있다.

심야나 이른 아침의 텔레비전 광고는 가격이 좀더 싸게 매겨진다. 만약 당신의 잠재적인 고객이 이 방송의 청취자라면, 얼마간의 광고 예산을 사용하는 것도 생각해 볼 만하다. 마찬가지로 라디오 방송국을 당신의 홍보활동 중 연속적인 광고에 대해서는 좀더 좋은 계약조건을 제시할 것이다.

평 가

광고나 판촉에 있어서의 어려움은 아무도 결과를 보장할 수 없다는 것이다. 어떤 사업동료에게는 통했던 것이 여러 가지 이유로 해서 당신에게는 통하지 않을 수도 있다. 당신은 몇 번의 광고를 시험삼아 내보내고 그 효과를 측정하는 실험을 해 볼 수 있다. *고객들에게 어떻게 당신과 당신의 사업을 알게 되었는가를 물어 보라. 그리고 그 결과를 잘 기록하라.* 그것은 광고를 통한 것이었는가, 아니면 만족한 다른 고객을 통한 것이었는가? 그들이 당신의 자동차 로고를 보았는가, 아니면 당신의 멋진 티셔츠를 지적하는가? 우편함에 넣은 전단은 성공적이었는가, 아니면 동네의 가게에 잘 보이게 전시한 홍보물이 효과를 보였는가?

당신의 광고에 대해 너무 높은 호응도를 기대하지 말라. 하룻밤을 지내고 차에 돌아갔을 때 차창에 전단이 꽂혀 있는 것을 발견한 적이 없는가? 아마도 그 종이는 쉽고 빠르게 살 빼는 비법을 가르쳐 주겠다든가, 전단을 가져오면 할인된 가격으로 나이트클럽에 올 수 있다고 자랑스럽게 말하고 있을 것이다. 만약 당신이 그런 전단을 참을성 있게 1,000대의 자동차 바람창에 놓아 둔다면, 어느 정도의 반응을 얻을 수 있을 것이라고 생각하는가? 긍정적인 답을 20개만 얻을 수 있으면 당신은 성공한 것이다!

우편물도 똑같다. 100장의 전단을 보내고 두세 번의 거래를 얻게 된다면 기뻐해야 할 것이다. 통신판매 요원은 10회의 전화에 한 번꼴로 판매에 성공한다면 매우 기술이 좋은 것으로 여겨진다.

그러나 이런 사실에 낙담하지는 마라. 알아야 한다. 당신은 자신의 사업을 홍보할 수 있는 방식을 알고 거기에 민감해야만 한다.

유료광고의 이득에 대해 건전한 회의를 가져라. 그 작용원리를 배우고, 당신을 위해 가장 경제적이고 효율적으로 작용할 수 있는 방법을 찾아야 한다.

보도자료

만약 당신이 사업에 대한 이야기를 신문이나 라디오 또는 텔레비전에 실릴 수 있게 할 수 있다면, 공짜 광고에 상응하는 것을 얻을 수 있다. 당신은 이것을 한 페이지 정도의 짧은 기사나 특집, 뉴스거리나 인터뷰로 쓸 수 있는 이야기의 줄거리, 즉 보도자료를 이용해서 해낼 수 있다. 그 기본 생각은, 일단 사람들이 기사를 읽거나 쇼를 보거나 라디오나 텔레비전에서 말하는 것을 듣는다면, 당신의 사업에 대해 알게 되고, 희망컨대 당신의 상품이나 서비스를 사게 될 것이라는 것이다.

그래서 어떻게 보도자료를 만들어 낼 수 있는가? 당신이 그래픽 디자인 서비스를 하는 홈 비즈니스 사업을 시작했다고 가정해 보자. 많은 그래픽 디자이너들이 집에서 일한다. 당신의 사업은 뭐가 다르고 특별하며, 뭐가 뉴스거리가 될 수 있겠는가? '뉴스'란 '새로운 정보와 신선한 사건'을 의미한다. 뉴스는 최초나 최후 또는 가장 큰 것이나 작은 것에 관한 것이 될 수 있다. 뉴스는 무언가 다르고 평범하지 않은 것이며, 무언가 일반적이지 않은 것이다. 싱가폴에 있는 호텔 체인과 수익성이 높은 계약을 확보했다고 하자. 그리고 그 계약은 호주 그래픽 디자인 회사 중 최초로 맺어진 것이라고 하자. 자, 바로 그게 뉴스다.

당신이 시드니나 퍼스, 멜버른에 있는 기념품 가게에 호주 풍경을 그린 법랑 브로치를 그려 판다고 하자. 당신은 고객의 대부분이 외국 관광객이고, 그 중 다수가 독일인이라는 것을 발견했다. 그들은 '호주의 일부'를 집에 갖고 가게 되어 기뻐하고 있다. 우스운 점은, 당신이 독일에서 온 사람이라는 것이다. 당신은 귀화한 나라를 발전시키고 있을 뿐만 아니라, 그 나라에 새로운 기술을 소개했다. 법랑 그림은 독일에서는 전통적이고 매우 존경받는 작업이지만, 호주에서는 비교적 알려지지 않았다. 이것 역시 뉴스가 될 만하며, 이것을 중심으로 기사와 인터뷰를 만들 수 있다. 이런 것들이야말로 기자들이 항상 찾고 있는 시각인 것이다.

당신은 이렇게 말할지도 모른다. "그건 모두 좋은 이야기군요. 하지만 나는 집에서 타자 서비스 또는 전기 기술자 사업을 하고 있고, 내게는 별로 새롭고 특별할 것이 없어요. 아니면 뭐가 있나요?" 당신이 타자 서비스를 하고 있는 사람이라는 것 자체가 특별한 것이다. 이제까지 당신은 당신을 만나러 오면서 여성을 기대했다가 놀라는 고객들의 반응을 보아 왔을는지도 모른다. 그들의 반응은 흥미있는 신문 기사거리가 될 수도 있다. 전기기사인 당신이 설치해 준 연기 탐지기 덕분에 심각한 건물 화재를 피한 두 고객을 알고 있을지도 모른다. 이 이야기는 생명을 구하는 그 기계의 중요성을 이야기하는 글에서 좋은 서두가 될 수 있다.

하나의 보도자료는 다음 질문에 답해야만 한다. 누가, 무엇을, 언제, 어디서, 어떻게, 왜? 그 모든 요점을 망라하면, 당신은 자신의 이야기를 보도하게 될 것이다! 당신은 스스로 보도자료를 만들어 발송할 수 있고, 홍보활동 전문가나 회사에 의뢰할 수도 있다.

어디에 보낼 것인가?

당신의 보도자료는 신문이나 잡지, 라디오, 그리고 텔레비전 기자들에게 우편물로 부치거나 팩스로 보낼 수 있다. 어디로 보낼 것인가를 고려할 때는 다음과 같은 사항들을 생각해 보라; 당신의 시장은 무엇인가? 이 뉴스거리는 그 지역만의 이야기인가, 아니면 전국적인 관심사가 될 것인가?

지역신문과 전국적 신문을 고려할 때, 교외와 농촌지역의 신문을 잊지 말아야 한다. 사실 그런 곳에서 성공할 가능성이 더 높을 것이다. 지역사회 신문과 소식지 또는 종교적 신문과 잡지, 그리고 직업적인 출판물 역시 기억해야 한다. 매매 잡지나 구인 출판물들도 적당한 것들이며, 잡지 시장은 아주 크다.

전자매체 역시 기사에 대한 탐욕스럽고 가차 없는 식욕을 갖고 있다. 신문은 그런 기사들에 대해 고정된 넓이의 지면을 갖고 있지만, 라디오나 텔레비전 뉴스 시간의 경우는 아침부터 밤까지 할당량이 계속 변한다. 그러므로 당신은 특히 지역 라디오에서 이야기를 내보낼 수 있는 기회를 더 많이 갖게 될 것이다. 당신은 라디오 좌담과 시사 프로그램 또는 특정 관심사를 다루는 프로그램에서도 더 쉽게 인터뷰할 수 있는 기회를 얻을 수가 있을 것이다. 지역방송의 아침 텔레비전 쇼 역시 노려 볼 만하다.

보도자료는 그 회사에서 적당한 사람—뉴스 편집인 또는 신문의 경제부 기자, 접촉하려는 라디오나 텔레비전 쇼의 프로듀서나 뉴스캐스터—에게 보내도록 하라. 당신은 그 프로그램을 잘 알아야 하고, 당신의 이야기는 그 프로그램에 적절한 것이어야만 한다. 당신의 틀립 수출사업에 대한 보도자료를 지방 텔레비전의 요리시간에 보내는 것은 인터뷰 요청을 받기에는 바람직한 행동이 되지 못할 것이다!

텔레비전 뉴스나 시사 정보 프로그램을 목표로 한다면 시각적인 측면을 생각해 보라. 당신이 키운 화려한 튤립의 사진은 아주 유용할 것이다.

시기 조절

당신의 보도자료를 언제 보내는 것이 적당한가? 이것은 몇 가지 요소에 달려 있다. 당신의 이야기는 단지 한동안만 화제거리가 될 뿐인가? 당신이 노리고 있는 출판물은 얼마나 자주 나오는 것인가? 만약 일간신문이라면 하루나 이틀 정도의 유예기간이면 충분할 것이다. 주간신문이라면 한두 주의 유예기간을 주어라.

시기 조절이 매우 중요하다. 그 일이나 사건에 대해 너무 많은 유예기간을 주면, 당신의 보도자료는 한쪽에 치워진 채로 잊혀질 것이다. 너무 유예기간이 짧으면, 기자가 기사를 구성하려고 할 때쯤에는 이미 너무 늦어 버릴 것이다.

팩스를 보낼 때는 아침에 첫 번째로 받도록 보내는 것이 가장 좋다.

당신의 자료를 눈에 띄게 만들기

당신은 어떻게 당신의 보도자료가 수백 개의 다른 것들 사이에서 보도되도록 선택받게 할 수 있겠는가?

당신은 다음 사항들을 반드시 지켜야만 한다;

- 특별하고 기사거리가 될 만한 것이어야 한다.

- 적당한 사람에게 부치고 적당한 시기에 도착되도록 할 것. 절대로 정보를 단지 라디오 또는 텔리비전 방송국 앞이라고만 써서 보내지 말라. 어떤 프로그램의 어떤 사람을 말하는 것인가?

- 명쾌할 것. 당신의 기사를 짧고 활기차며 직설적이게 만들라. 가능한 한 가장 적은 말로 최대한의 정보를 주려고 하라. 꾸미지 않는 말을 써라.

- 전문가답게, 그리고 호소력 있게 제출할 것. 두드러져 보이도록 만들려면 천연색이나 굵은 글씨체를 사용하라.

- 더 자세한 정보가 필요한지를 묻는 예의바른 전화를 이어서 할 것.

- 그들이 인터뷰를 원했을 때, 당신을 쉽게 찾을 수 있도록 할 것.

- 기자란 마감일까지 일하기 마련이다. 그들은 시간이 부족하기 때문에, 당신이 그들의 편의를 봐 주면 봐 줄수록 더 기뻐할 것이고, 기사가 뽑힐 확률도 더 높아진다.

- 당신의 보도자료는 신문기사에서 한 마디 한 마디 인용될지도 모른다. 이 점에 대비하라. 그러면 이제 형태든 내용이든 다 된 것이다!

인터뷰

인터뷰에 대처하는 최선의 방법은 ; 준비하고, 준비하고 또 준비하라는 것이다.

무엇을 어떻게 말할까를 준비하라. 인터뷰를 짜는 사람에게 얼마나 오래 할 것이며, 무엇이 핵심이 될 것인가 또 만약 라디오나 텔레비전의 경우라면 생중계인가 녹화인가 같은 몇 가지 핵심적인 내용들에 대해 물어 보라.

당신의 옷차림에 유의하라. 세련되고 적절하게 옷을 차려 입어야 한다. 시간에 맞추어 도착하라.

근거자료—보도자료의 사본, 신문이나 잡지를 위한 사진이나 프로젝터용 필름—을 가지고 가라. 당신이 말하고 싶어하는 바의 주요 요점을 생각해서 종이에 메모하라. 당신은 마음을 진정시키기 위해서 인터뷰 전이나 도중에 그것들을 참조할 수 있다. 우호적이고 친절하며 예의바르고 매력적이 되도록 하라.

당신이 하고 있는 것을 즐기려고 노력해서 마음을 진정시켜라. 그것은 결국 당신이 이룩한 사업에 대해 이야기할 수 있는 기회이다. 당신은 자신이 전문으로 하는 주제에 관해 말하고 있고, 인터뷰를 하러 온 사람보다 그 주제에 대해 더 많이 알고 있다. 그리고 당신은 다른 이들에게 영감을 줄 수도 있다. 그 동안 출판된 많은 전기와 자서전만 보더라도, 사람들이 가장 흥미있어 하는 것은 다른 사람들과 그들의 삶이라는 것을 알 수 있다.

일단 인터뷰를 시작하면, 당신은 분명히 그것이 즐거운 경험이라는 것을 알게 될 것이다. 사실들만을 다시 언급하거나 추상적인 개념을 논의하는 것보다 생생한 묘사를 하는 쪽이 라디오 인터뷰를 훨씬 더 기억이 오래 남는 인상 깊은 것으로 만들어 준다. "나는 1년에 2톤의 마분지를 절약했습니다"보다는 "잼 포장을 다시 설계한 결과, 1년에 트레일러 10대분의 마분지를 낭비하지 않게 되었습니다"라고 말하라. 요점을 밝히기 위해서 일화를 이야기하고, 가능한 한 유머스럽게 말하라. 짧게 핵심을 찔러 답하라. 라디오 인터뷰는 아마도 5분 정도일 것이다. 첫 질문에 답하는 데 세월을 허비한다면 남는 시간이 별로 없을 것이다.

〈검토할 것들〉

홍보활동은 고객이 당신의 사업을 보는 방식에 영향을 미친다. 거기에는 광고와 정보 알리기, 그리고 판촉이 포함된다.

당신은 광고에 대하여 돈을 내는 대가로 광고의 크기와 위치, 얼마나 자주 내보낼 것인가 등을 결정하는 데 있어 전권을 가진다.

당신의 상품과 서비스를 팔기 위해서 판촉을 사용할 수 있다. 정보 알리기는 공짜로할 수도 있다.

시장관리법
- 당신의 시장을 찾고 목표로 정하라.
- 할인을 해 주거나 특별판매를 하는 등의 방식으로 반복되는 거래를 만들도록 하라.
- 환불보증 역시 거래를 활발하게 만드는 데 도움이 될 수 있다.

자신에 대한 소개
당신은 다음을 고려할 수 있다.
- 지역의 잠재적 고객에게 전단을 돌리기.
- 지역신문에 광고내기.
- 지역신문과 라디오, 텔레비전 방송국을 위한 보도자료 준비하기.
- 당신의 사업에 관한 재미있는 일화를 지역신문에 보내기.

당신은 반드시;
- 항상 전문가적인 인상을 유지해야 하고,

- 훌륭한 개인 서비스를 제공해야 한다는 인식을 갖고 있어야 한다.

행동으로 광고하기
- 인쇄물과 전자매체(라디오, 텔레비전)에 대해 숙고하라.
- 상호 판촉을 고려하라.

인쇄물 광고
- 잠재적 고객을 끌어들일 적절한 출판물을 골라라.
- 광고 디자인은 매력적이고 시선을 끌며 호소력 있도록 하라.
- 당신의 광고가 눈에 띄도록 적절한 크기와 튀는 위치를 선정하라.
- 광고가 효과를 발휘할 수 있도록 충분히 오랫동안, 그리고 정기적으로 나오게 해야만 한다.
- 당신의 사업을 선전할 기회를 절대로 놓치지 말라.

보도자료
보도자료란, 당신의 사업에 관한 짧은 요약으로서, 한 대중매체에 보내지고 기사로 실리거나 인터뷰를 요청하게끔 유도하도록 만들어진 것이다.

당신의 보도자료는 반드시 :
- 시기를 적절하게 조정해야 한다.
- 특별하고 기사거리가 될 만한 것이어야 한다.
- 누가, 무엇을, 언제, 어디서, 어떻게, 그리고 왜 했다라는 질문에 답이 있어야 한다.
- 적절한 부서의 적절한 사람에게 보내져야만 한다.
- 길이가 A4 용지 1장보다 길지 않아야 한다.
- 명쾌하고 직설적인 언어를 사용해야 한다.
- 가장 짧은 말로 가장 많은 정보를 포함해야만 한다.
- 호소력 있고 전문적으로 보이는 양식을 갖추어야만 한다.
- 보도자료를 보낸 후에는 그 이상의 정보가 필요한가를 묻는 정중한 전화가 뒤따라야만 한다.
- 손쉽게 인터뷰할 수 있는 사람에 대한 상세한 정보를 포함해야 한다.

인터뷰 하는 법
준비하고, 준비하고, 또 준비하라.

인터뷰에 참가하고 즐기기
- 시간을 맞춰 도착하고 적절히 차려 입을 것.
- 당신이 말하고자 하는 바를 적어 놓고 기억해 둘 것.
- 자신감 있게 행동할 것.
- 천천히, 그리고 명확히 말할 것.
- 품위 있고 우호적이며, 친절할 것.
- 모든 질문에 간결히 답하고 요점만 말할 것.
- 열정적이고 미소를 지을 것.
- 인터뷰를 하는 사람을 존중할 것.
- 긴장을 풀고 유머스러운 분위기를 유지할 것.

사업을 홍보할 기회를 결코 놓치지 말라
치과의 의자에 드러누워 입을 크게 벌리고 두려움에 떨고 있던 나는 천장의 표시판에 주의를 돌리게 되었다. "치료에 만족하신다면 여러분의 친구분들에게 말씀해 주시기 바랍니다. 그게 아니라면 입을 다물고 계셔 주시면 감사하겠습니다."

그 치과의사는 분명히 자신의 사업을 위해 최선을 다하고 있었다!

창문 청소부인 조셉 재쁘느 역시 혁신적인 접근방식을 취하고 있다. "나는 언제나 윗주머니에 명함을 가지고 다닙니다." 그는 말한다. "그리고 어떤 가게나 집의 창문에서 일하고 있을 때 그 가게가 들어 있는 쇼핑 센터나 그 근처의 거리에서 더 많은 일거리를 얻으려고 노력합니다."

예를 들면, 그는 이웃의 가게의 청소상태를 평가할 것이다. 그러고는 손에 명함을 들고 걸어 들어가서는 말한다. "안녕하세요? 나는 방금 사업을 시작했습니다. 창문 청소를 원하신다면 5달러에 해 드리겠습니다." 그는 당장 자기를 소개하고 가격을 제안한다. 그러고 나면 놀라운 일은 아니지만 일거리가 굴러 들어오는 것이다.

비교하기

당신은 신문의 부동산 난에 실린, 집을 그린 예술적이고 섬세한 그림을 누가 그리는지 궁금하게 생각해 본 적이 있는가? 그 사람은 로드 후치슨(Rod Hutchison)처럼 집에서 일하는 사람일 가능성이 있다. 비록 혼자서 일하고는 있지만, 그는 부동산 회사를 위해 일하는 매우 기술 좋은 사람들 중의 하나이다. 그는 그 자신을 기술적인 도면까지 그리는 일러스트레이터로 묘사한다. 그 범위는 공군학회 책자에 실리는 에어콘 밸브의 그림에까지 이른다. 그러나 그의 주요한 일은 부동산과 관련돼 있다.

로드는 독학을 했다. "나는 공군의 기술자였는데, 그 일을 그만두고 다시 호주 관공서에서 직장을 얻게 될 때까지 몇 달을 실업자로 지냈습니다"라고 로드는 말한다. 그는 그 시간을 석조 건물을 스케치하면서 보냈다. 한 부동산 중개인이 로드와 그의 아내가 사 두었던 나이드의 땅에 있는 석조 훈제실을 그린 삽화를 우연히 보았다. 그때 그 사람은 그림이 신문에 나면 멋져 보일 거라고 말했다.

"1972년 당시에는 어떤 다른 사람도 이런 일러스트레이션 기법을 사용하지 않았습니다." 로드는 말한다. "신문에 난 선으로 된 그림이라고는 집의 투사도 정도였습니다. 그래서 나는 그 부동산 그림을 시간제로 그리기 시작했습니다."

그 동안 그는 노인 간호 같은 것을 포함해 여러 가지 일을 했다. 1990년 5년제 계약이 끝났을 때, 그는 종일제 홈 비즈니스 사업으로 일하기에 충분할 만큼의 일러스트레이션 일감을 얻게 되었다.

"80년대 후반에는 몇 명의 고객들이 있었고, 다른 수입에 더해서 족히 5,000달러 정도 되는 수입을 일러스트레이션으로 벌을 정도로 잘 되고 있었습니다. 나는 이제 집에 장비가 완비된 작업실이 있고, 아침 7시에 잠옷을 입은 채 책상에 앉을 수 있습니다. 한 시간 후에 아침을 먹고 하루를 시작하는 거죠."

로드의 아내 역시 그 사업을 위해 일한다. 여러 가지 행정적인 사무를 보고, 전화에 답하는 한편, 때때로 스케치를 배달하기도 한다. 그들은 하나의 동업 형태를 취하고 있으며, 〈후치슨 일러스트레이터〉라는 등록된 사업명을 갖고 있다.

로드는 직접 중개인을 만날 뿐 아니라 부동산 기구 잡지에 광고를 해서 일감을 모은다. 그는 또한 평면도를 그리고 택지를 계획하는 일을 배웠다. 그는 집의 크기나 관련된 출장 기간에 상관없이 자신의 일에 대해 고정된 가격을 받고 있다. 그는 지정된 장소에서 그 집의 연필 스케치를 하고 내부를 측정한 다음, 집에서 일을 마감한다. "나는 한쪽에서 손해 본 것을 다른 쪽에서 벌충하고 있습니다." 그는 말한다. "그게 기복을 해결해 줍니다." 일에서 떠나 자유시간을 가지는 것에 관해서는 "일감의 양에 따라 금요일 오후까지는 일을 끝내려고 합니다. 그래서 약간 긴 주말을 보낼 수 있도록 말입니다"라고 로드는 말한다.

크레이그 스미스는 20년 동안 140권 이상의 책에 그림을 그려 왔다. 자기 통제는 그에게 있어 아무런 문제가 되지 않았다. "소규모 사업은 내 혈통입니다." 그는 말한다. "부모님은 애덜레이드 힐에서 신발가게를 하셨고, 나는 그분들의 예를 엄청나게 중요하게 생각했습니다. 그분들은 나더러 독자적으로 일하라고 하신 적이 한 번도 없었지만, 제게 그것은 너무나 자연스러운 일이었습니다. 나는 자신의 사업을 하는 것이 두렵지 않습니다. 제게 있어 그것은 거의 유전입니다." 크레이그는 미소지었다.

그는 처음에 집에서 일하기 시작했다. "전통적으로 많은 일러스트레이터들은 예술학교에 다닙니다. 그러고는 침실에서 일하면서 30대 중반이 될 때까지는 두각을 나타내지 못하는 겁니다." 그는 웃었다. "그리고 부끄럼을 타는 사람이 이 일에 적합한 것 같습니다. 아마도 현실세계로부터 벗어나 꼼꼼하게 재창출된 이미지와 색조의 세계로 숨는 거겠지요."

어쩌면 그럴지도 모른다. 그러나 크레이그의 작품들은 다른 일러스트레이터가 그랬듯이 수천 명의 어린이들에게 기쁨을 주었다. 그의 다양한 스타일은 길리언 루빈스타인의 〈거인의 이빨〉이나 제닝스의 〈양배추밭의 책〉, 그리고 제시카 캐롤의 〈악동 빌리〉 같은 다양한 책에서 볼 수 있다. 그가 작업한 몇 권이 책은 저명한 상을 수상했다.

그러나 재능만으로는 충분하지 않다. 크레이크의 일 중 가장 어려운 점은 스스로 수줍음을 이겨 내고 일감을 얻기 위해 집을 나오는 것이다. "하나의 정상적인 작업환경이란, 그에 따르는 대인접촉을 갖게 해 주기 마련입니다. 사람을 만나는 것은 중요합니다. 그것이 이 일의 속성이죠"라고 그는 말한다. "사람들은 부대비용 측면에서 집에서 일하는 것이 싸다고들 합니다. 하지만 예술가들은 일감이 입으로 전해지는 말들에 의해서 흘러들어온다는 것을 깨닫지 못합니다. 상업적인 스튜디오에서 일했을 때 당장 얻는 이득 중의 하나는 당신이 거대한 거래의 순환 속에 있게 된다는 것입니다. 조직은 더 많은 일감을 얻을 수 있기 때문에 거의 제값을 하기 마련입니다."

크레이그가 자신의 홈 비즈니스 사무실을 떠난 것은 그와 아내 리사가 부모가 된 후였다. "새로 태어난 아이 때문에 집은 참을 수 없는 환경이 되었습니다. 그리고 그 결과 우리의 관계마저 악화되었습니다. 한 친구가 자기의 그래픽 디자인 스튜디오에 자리를 내주었고, 그래서 나는 거기서 일했습니다."

그 후 몇 년 간 크레이크는 집에서 나와서 일했고, 다른 일러스트레이터나 디자이너와 함께 애덜레이드의 한 스튜디오에서 몇 년을 보냈다. "우리는 모두 독립적으로 일했습니다만, 거기에는 얼마간의 교류가 있었습니다. 우리는 서로 하청을 주며 일했고, 그건 좋은 일이었습니다. 그러나 시간이 감에 따라 웅웅거리던 느낌과 혁신적인 반작용은 사라지고, 진부함과 지루한 일과가 그것들을 대신했습니다. 그 곳은 더 이상 신나는 장소가 아니었습니다. 한 단체와 그렇게도 오랫동안 같이 있었는데, 어떻게 거기에 새 생명력을 불어넣을 수 있겠습니까? 아무튼 기본적으로 개인주의적인 사람이 어떻게 다른 사람에 의해 새로운 활력소를 얻게 되리라 기대할 수 있겠습니까?"

크레이그는 또한 모든 청구서를 끼워맞추는 데도 진력이 나 있었다. "그것들이 들어오면 내가 지불해야만 했습니다. 그리고는 그걸 나누어 다른 사람들로부터 돈을 받곤 했습니다. 나는 항상 다른 사람의 일이 어떻게 흘러가는가를 인식해야 했고, 때로는 몇 달이고 돈을 돌려받지 못하는 경우도 있었습니다."

때마침 그 스튜디오는 외부인의 침입을 당했고, 후일 몇 번의 화재가 있었던 끝에 결국 다 타 버리고 말았다. 이런 일들은 거주자들을 불안하게 만들었고, 크레이그는 그 단체를 떠나서 집으로 돌아가야만 할 것 같다고 느끼게 되었다. 그는 이제 보안에 매우 신경을 쓰고 있으며, 항상 자신의 집에 있을 수 있다는 것에 대해 즐거워하고 있다.

"매우 사교적인 환경으로부터 나와 다시 혼자가 된다는 것이 처음에는 당혹스러운 일이었습니다. 어떻게 대처하는지를 모른다면, 집에서 일할 때 외롭고 소외된 것처럼 느껴집니다. 집에서 일하는 이런 단점, 사람들과 계속 접촉하지 않게 된다는 것은 당신이 말이나 생각을 조율할 수 있는 능력을 함께 잃게 된다는 것입니다. 당신은 조용한 일상에 빠져들게 됩니다. 많은 시간을 외롭게 보내기 때문이지요!"

크레이크는 학교활동으로 이런 일을 막는다. 8월의 책 주간은 그에게 있어 특별히 바쁜 시기이다. 그는 또한 일이 가족들과의 시간을 빼앗지 않도록 신경쓴다. "나는 1주일에 5일을 일하고 저녁 6시를 넘겨서 일하는 경우는 드뭅니다. 나는 사무실에서보다 더 짧은 시간 동안 일합니다. 나는 보다 효율적이 되었어요. 그리고 마감이 있는 날이면 더 일찍 일어납니다."

건축가인 웨인 케천에게는 두 아이가 자라는 것을 지켜볼 수 있다는 사실이 너무나 고귀한 경험이다. "작업시간이 유동적일 수 있기 때문에, 나는 가족과 많은 접촉을 할 수 있습니다." 그는 말한다. "하지만 꼭 규칙을 만들 필요가 있습니다." 웨인에게 그것은 낮에 아이들과 놀고 나중에 그 작업시간을 벌충한다든가 어린 아들이 그의 관심을 끌려고 하는 것은 허락한다는 식의 일을 포함한다.

"요즘 나는 다른 전문가들과의 접촉이 부족하다고 절실히 느낍니다. 그래서 외출해서 사람들을 만나려고 노력하고 있습니다. 나는 세미나에도 참석하고 절대로 집에 앉아서 무력하게 되지는 않을 겁니다. 당신이 집에서 일한다고 하면, 고객은 당신을 다르게 봅니다. 그러나 집에서 일한다고 해서 다른 곳에서는 통하지 않게 된다는 것은 결코 사실이 아닙니다. 당신은 적당히 세련되게 옷을 입고 그에 맞는 인상을 지니는 등 전문가적인 모습을 가져야 할 필요가 있습니다. 나는 집에서 일하는 것 때문에 어떠한 종류의 지위 하락도 겪지 않았습니다. 사실 나는 내 자신의 사업을 운영하는 동안 여러 가지를 배워서 오히려 자신감을 더 갖게 되었습니다. 자신의 사업을 운영한다는 것은 위신이 서는 일입니다."

퀸즈랜드에 있는 해변가 아파트를 집과 업무장소로 가지는 것보다 나은 것이 있겠는가? "집에서 일하는 것은 보다 많은 돈을, 그렇게 하지 않았을 경우라면 사업에 밀어넣었을 돈을 집에 투자할 수 있게 해 줍니다." 저술가이자 연설가, 만화가인 앤드류 매튜는 설명한다. 이런 식으로 그와 아내 줄리는 집에 돈을 쓰는 것을 내심 정당화해 왔다. "한 주에 500달러 하는 사무실 임대료는 1년에 2만 5,000달러 이상의 돈이 됩니다." 앤드류는 말한다. "그 돈을 융자의 10%로 생각한다면, 당신은 집에 투자할 25만달러를 얻게 되는 셈입니다!"

앤드류는 20세 때 액자 사업을 하던 짧은 시기를 제외하면 항상 집에서 일해 왔다. 이제 39세인 그는 "자신이 좋아하는 일을 충분히 열심히만 한다면 그걸 계속할 수 있습니다. 어떤 일을 충분히 오래 그리고 열심히만 한다면 그것으로 생계를 꾸려갈 수 있는 특혜를 누리게 되지요"라고 말한다.

이 특혜는 앤드류와 줄리가 시간을 함께 보낼 수 있게도 해 준다. "함께 있는 것이 매우 즐겁기 때문에 쉬는 시간뿐만 아니라 일하는 시간도 줄리와 함께 있을 수 있다는 것은 하나의 보너스입니다. 그녀는 내 배우자이고 친구이며, 가장 중요한 조언자입니다"라고 앤드류는 말한다. 모든 것이 순조로웠다고 말하는 것은 아니다. 앤드류는 그들이 정한, 아침 8시 이전과 저녁 6시 이후의 시간에는 일에 대해 말하는 것을 멈추는 법을 배워야만 했다. 그리고 줄리는 성공적인 직장여성이었지만, 〈앤드류 매튜 프로덕션〉에서 일하기 위해 한동안 화려함에서 물러서야만 했다. 양쪽에게 모두 절충이 취해졌다.

"사장 같은 건 없어요. 우리는 합의에 의해서 사업을 운영하려고 합니다." 앤드류는 말한다. "그렇지만 그것은 때로 약간 어려운 일이 되기도 합니다. 낯선 사람에게 하듯이 배우자에게 주말에 지불하겠다고 통고할 수는 없습니다." 각자의 책임영역을 정하는 것은 긴장을 줄여 준다. 앤드류는 줄리를 "개념과 아이디어를 내는 사람, 전체적인 그림을 바꾸는 통찰력과 직관적인 깨달음을 가진 사람"으로 묘사하는 반면 그 자신은 "비록 매우 조직적인 사람은 아니지만 관리 쪽 일에 좀더 잘 맞는 사람"이라고 말한다.

앤드류는 책을 쓰고 일러스트레이션을 넣는다. 〈즐거운 마음 갖기와 친구 만들기〉는 이례적으로 성공적이었다. 대중연설을 하고 얼마간 사무실을 운영하기도 한다. 줄리는 사업에서 판매와 시장관리 측면을 맡고 있고, 꼼꼼하게 그들의 지방 또는 해외예약을 주선하고 있다.

"나는 스스로 좋아하는 일을 하는 아버지 옆에서 자랐습니다. 그것이 내게 영향을 주었죠." 앤드류는 말한다. "아버지는 액자상이고 발명가이며, 조경 예술가이자 소규모의 부동산 개발업자셨습니다. 그분을 보고 있을 때면, 나는 그분이 무엇이건 자신이 하고 싶은 일을 하고 있다는 인상을 받았습니다. 그리고 생활을 위해서 당장은 덜 흥미있는 것을 해야만 한다면, 그게 당신에게 훨씬 더 많은 동기를 주는 겁니다. 나는 집에서 일할 때는 일정량의 자기 절제가 필요하다고 생각합니다. 그리고 당신은 자신이 하는 일을 매우 좋아해야만 합니다. 만약 하고 있는 일을 사랑하고 미래에 대한 계획을 갖고 있다면, 그 열정이 필요한 절제력을 제공하게 되는 겁니다."

그래픽 디자이너인 킴 듀발(Kim Duval)은 1993년 그 자신의 사업을 집에서 시작했다. "가게가 있다는 것은 일감을 모으는 데 있어 입으로 전해지는 말을 통하는 것보다 아주 약간 더 유리할 뿐입니다." 그는 말한다. "다른 사람들과 함께 있는 것에 대해 말하자면, 나는 과거에 다른 회사들에서 한 팀 안에서 일을 했습니다만, 독자적으로 일하겠다는 생각을 포기할 수가 없었습니다."

그는 한 사업을 자리잡게 만드는 데는 시간이 걸린다고 말한다. 초기에 그는 얼마간 바보 같은 재정적 판단을 내렸고, 자신의 서비스에 대한 가격을 너무 낮게 책정했다. "나는 스스로가 큰 대가 없이 한 주에 70내지 80시간에 이르는 긴 시간을 일하고 있다는 사실을 발견했습니다. 나는 지금도 매일 일합니다만, 이제는 주 60시간 정도로 시간을 줄였고 전화 소리 같은 방해 요소가 없는 밤에 가장 생산적으로 일합니다."

그래픽 디자이너인 킴은 '최종 결과를 가능한 한 좋아 보이고 힘 있게 보이도록 만들기 위해 글과 그림들을 예술적으로 배치하는 일'을 하고 있다. 그의 일감은 회사를 상징하는 로고 디자인에서 문구류와 광고 디자인에 이른다. 그는 또한 판촉물에 관한 작업도 하는데, 그것은 결국 티셔츠나 유개트럭의 측면에 작업하는 일이 되곤 한다.

"어떤 사람들은 당신이 집에서 일하기 때문에 비용이 다른 데보다 엄청나게 쌀 것이라고 기대합니다. 그건 꼭 그렇지는 않습니다. 사실 회사에서 20명이 함께 일할 때는 재료를 다량으로 한 번에 구입하기 때문에 사무실 부대비용이 더 높더라도 더 싼 가격을 제시할 수 있습니다. 내 가격은 매우 경쟁력이 높습니다만, 소모품이나 장비들 때문에 한계가 있습니다. 그래서 나는 일반적인 시업체들보다 어마어마하게 싸게 가격을 책정할 수는 없습니다. 그건 힘든 일이지만, 내가 하는 것을 좋아한다는 것은 다행한 일입니다."

킴은 필요한 장비를 사기 위해 자신이 10년에 걸쳐 갚고 있는 은행 융자를 받았다. 그는 자신이 모든 것을 조율할 수 있는 상황에 대해 즐거워하고 있다. "내게는 다음 주에 임대료를 올리겠다는 집주인 따위는 없습니다. 내 제조원가는 변하지 않고, 나는 어떤 분야에서든 세금 감면의 자격이 있습니다."

"내게 있어 홈 비즈니스 사업의 주된 이점은 아이들과 시간을 보낼 수 있다는 겁니다. 다른 경우라면 그럴 수 없었을 겁니다. 아이들은 내가 사무실에 귀가한 지 몇 분 후면 잠자리에 들곤 했기 때문입니다."

"단점이라면 긴장을 푸는 게 점점 더 어려워지고 있다는 겁니다. 휴식을 취하려고 할 때도 무언가 다른 걸 해야 하지 않나 하고 생각하고 있는 나를 발견합니다. 이 일은 본래 마감일이 빠듯하기 마련이지만, 나는 고객의 기대 이상으로 일을 잘 하기 위해 불필요한 짐을 스스로 짊어지고 있습니다. 요즘은 스트레스를 받지 않도록 내 일의 이런 측면을 더 잘 다루는 법을 찾고 있습니다."

후원 조직망

때로 집에서 일한다는 것은 외롭고 격리된 경우가 될 수도 있다. 부양자도 없고 사회적 접촉도 매우 적을 때, 작은 문제점이 가장 큰 어려움으로 변할 수 있는 것이다. 이럴 때 〈호주 홈 비즈니스 사업회〉 같은 조직의 보조와 격려가 절실해진다.

빅토리아에서 시작된 이 조직의 설립자이자 이사인 마가렛 시드먼은 전국적으로 5,000명 이상의 회원들에게 서비스를 제공하고 있다. 전국적으로 정기적인 만남과 아침식사를 하며 대화를 나눌 수 있는 기회를 주는 행사들이 열리고 있으며, 여기에 참석하지 않는 사람들을 위해 월간 소식지를 발행하고 있다.

마가렛은 홈 비즈니스 사업자들에게 여러 가지에 관해 조언하고 있다;

홈 비즈니스 사업을 하는 사람들은 자신들이 차별을 받고 있다고, 예를 들면, 은행 융자 같은 데서 특히 그렇다고 불평합니다. 은행이나 다른 기구들은 집에서 일하는 풍조가 점점 늘어나고 있다는 사실을 각종 통계가 보여 줌에 따라 이들에 대한 태도를 바꾸고 있습니다. 그러나 완전히 바뀌려면 시간이 걸릴 겁니다. 나는 사람들에게 문제는 은행뿐만 아니라 각자가 융자신청에 접근하는 방식에 있을지도 모른다고 말합니다. 만약 당신 자신이 홈 비즈니스 사업주일 뿐이라는 사실을 사과하는 것처럼 이야기를 시작한다면, 어느 정도 스스로 융자를 얻지 못할 것으로 예상하고 있는 셈입니다. 그리고 실제로 그렇게 될 것입니다. 나는 여러분 자신이 누구인가를 스스로 결정한다고 믿습니다. 기대하지 않는다면 얻을 수도 없는 것입니다. 최근에 라디오에 출연했을 때 한 여성이 전화를 걸어서는 물었습니다. "언제쯤이면 사람들이 홈 비즈니스 사업을 진지하게 생각하게 될까요?" 나는 "언제쯤이면 당신은 자신의 홈 비즈니스 사업을 진지하게 생각하게 될까요?"라고 대답했습니다. 당신은 전문가적인 태도를 유지하고, 자신이 하고 있는 일에 대해 만족해야만 합니다. 집에서 일하는 것에 자부심을 가지십시오.

〈전국전기기사연합(NECA)의 남호주 지부에 참여하고 있는, 크리스틴 틸리(Cristine Tilly)에 따르면, 많은 홈 비즈니스 사업자의 배우자는 외로움과 소외감을 느끼고 있다. "그들의 전기기사 남편은 홈 비즈니스 사업자일지는 모르지만 집 밖에서 일하는 사람들입니다"라고 그녀는 말한다. 전직 국민학교 교사 겸 사서인 크리스틴은 집에서 전기기사인 남편과 함께 일하기 시작했을 때 후원회가 없다는 사실에 놀랐다. 그래서 그녀는 〈NECA〉의 남호주 지부 안에서 한 단체를 조직했다. 현재 등록된 35명의 여성들은 격월로 모임을 가지고, 참석할 수 없는 사람들에게 정보를 주기 위해 정기적인 소식지를 발행하고 있다.

"여성의 역할은 종종 인식되지 않습니다." 크리스틴은 말한다. "그들은 사업의 운영과 경영에 직접적인 책임을 지고 있을 수도 있습니다. 여성들이 사업모임에 참석하면, 다른 남자 참석자들은 그들이 불편하게 느끼게끔 해서 자리를 뜨도록 만듭니다. 그래서 그들은 사교나 사업 모두를 위해 매우 값어치 있는 접촉의 기회를 잃게 됩니다."

크리스틴이 조직한 〈NECA〉는 다른 주에서도 비슷한 운동을 시작했다. "우리는 세 가지 목표를 갖고 있습니다." 크리스틴은 설명한다. "여성이 얼마나 전기사업에 기여하고 있는가에 대한 인식을 높이는 것, 후원 및 사교조직을 만드는 것, 그리고 사업운영의 기술을 여러 가지 측면에서 향상시키기 위한 강좌를 개설하는 것입니다."

제7장

스트레스에 대처하자

메레디스 노먼(Meredith Norman)은 일 중독증 환자였다. "나는 첫 번째 직업은 농촌지역의 교사였고, 대부분의 저녁시간과 주말에도 최소한 하루 정도의 시간은 일하면서 보냈습니다. 나는 자유시간이 별로 없었습니다. 긴장을 푼다는 것은 불가능했죠." 계속해서 육체적으로나 정서적으로 한계상황에 있었던 그녀는 오래 가지 못했다. "첫 학기가 끝날 무렵, 나는 심각한 편도염에 걸렸고, 결국 선열증으로 병원에 입원하게 되었습니다. 그건 내 몸이 견뎌내지 못한다는 걸 말해 주고 있었습니다."

그녀는 일하는 방식을 바꾸려고 했다. 그러나 그녀는 말한다. "나처럼 결벽증이 있는 사람에게는 그것도 어려운 일입니다." 10년 동안 아무것도 바뀌지 않았다. 애덜레이드의 초등학교 선생님으로 일하게 된 메레디스는 주중에 열심히 일했지만 때로는 주말에도 여분의 시간을 일에 써야만 했다. 일에 대한 그 같은 헌신은 자연히 신체적 정신적 건강에 대가를 요구했고—그녀는 자주 감기와 가벼운 증세로 시달려야만 했다—사교생활도 제한적일 수밖에 없었다.

오늘날 그녀는 교사로서 얻었던 교훈을 자신의 동종요법 사업에 적용하고 있다. 그리고 외부활동과 여가선용을 위해서도 정기적으로 시간을 낸다. ("나는 1주일에 세 번 테니스를 치고 자주 마사지를 받으며 친구들과 만나곤 합니다.") 그녀는 근무시간에 한계를 설정하고 일요일에는 아무 일도 하지 않는다. "40대에 이른 나는 균형이 잡힌 삶을 사는 게 중요하다는 것을 20대였을 때보다 훨씬 더 잘 알게 되었습니다." 그녀는 말한다. "나는 근무시간을 준수하고 스스로의 속도를 조절합니다. 나는 일 중독에 빠져서 스트레스를 받으면 어떤 결과가 오는가를 경험했습니다. 그래서 새로운 일을 시작했을 때 이전과는 달라져야 하겠다고 결심했습니다."

스트레스는 우리 모두가 너무 자주 듣는 말이다. "스트레스가 쌓이는 것 같애." "나는 스트레스를 못 견디겠어." "그는 스트레스 해소를 위해 휴식을 취하는 중입니다." 그러나 그게 무슨 뜻일까? 〈멕커리 사전〉은 스트레스를 '한 개인에게 심각한 긴장상태를 일으키는 생리학적 또는 심리적 영향', 물리학적 용어로는 '물체에 변형을 주거나 장력을 가하는 힘'이라고 정의한다. 일상적인 용도로 쓰인 스트레스라는 말은 몸이 견딜 수 없을 때, 불쾌감이나 질병을 유발하는 여러 가지 사회적, 심리적, 정서적 압력, 그리고 일 때문에 생기는 압력을 말하는 단어이다. 지나친 스트레스가 가해져도 한동안은 몸이 견뎌낼 것이다. 그러나 조만간 긴장으로 몸은 악화되기 시작하고, 당신의 안녕은 위험에 처하게 된다.

스트레스가 항상 나쁜 것만은 아니다. 아무 스트레스도 없고 동기부여도 없다면 너무나 긴장이 풀어진 나머지 혼수상태처럼 될지도 모른다! 스트레스는 일상의 생활을 위해서 필요하고, 적당량의 스트레스는 추진력을 주고 당신을 사려깊게 만들며 일을 잘 수행하도록 해준다. "나는 10년 정도 젊게 보이고 또 그런 것처럼 느낀답니다." 몇 달 간 집에서 남편과 함께 식품사업을 해 온 필리파 커스레이크(Philippa Kerslake)는 말한다. 장시간 일하는 것과 새로운 계약이나 고객을 찾아 각 지방으로 여행하는 과정을 살피는 것은 그녀에게 힘들고 까다로운 일이었다. 그녀는 때로 걱정되고 근심에 빠지게 된다는 것을 인정하지만, 새로운 삶의 방식을 기반으로 점점 더 성공해 가고 있다. "자기 사업을 가진다는 것은 내가 해 본 일 중에서 최고의 일이에요." 큰 회사의 중간 경영층으로 10년을 보낸 필리파는 흥분해서 말했다. "정말 만족스럽습니다. 우리는 우리 자신의 성취에 대해 흥분하고 자극을 느낀답니다."

최근에 누군가가 일을 빨리 마치도록 당신을 재촉하던 때를 기억하는가? 시간은 진땀이 나도록 없었고, 고객은 고약하고 고집이 센데다가 일은 복잡하고 까다로웠다. 그러나 어떻게든 당신은 그걸 해냈다. 그뿐 아니라 당신은 모든 능력을 동원해서 그 일을 당신이 할 수 있는 최대한의 것으로서 완성했다.

당신이 사람들 앞에서 이야기해야만 했을 때는 어땠는가? 아마도 그것은 직업적인 행사나 사교적인 모임에서의 일이었을 것이다. 당신이 소개되고 있을 때, 심장은 쿵쾅거리기 시작하고 손에는 땀이 흐르며, 입 안은 갑자기 말라붙는다. 그것은 특별한 일이 아니다. 결국 대중연설은 사람들이 가장 두려워하는 일인 것이다. 그러나 주목할 만한 사실은 당신의 몸이 어떻게 반응하는가이다. 집에서 일할 때면, 당신은 몸에 아드레날린이 꽉 차서 환상적으로 힘있고 열정적인 연설에 매혹된 고객을 상대하게 된다. 당신을 칭찬하는 커다란 박수 소리를 믿지 못하며, 당신은 자신에게 묻게 될 것이다. "내가 어떻게 그럴 수가 있었지?"

당신은 그걸 해냈다. 왜냐하면, 당신의 몸이 그 도전에 반응했기 때문이다. 스트레스를 주는 상황에 처하면, 몸은 긴장하고 '싸우지 않으면 도망갈 수밖에 없다'는 자세가 된다. 당신은 그대로 있다가 연설을 할 것인지, 아니면 도망갈 것인지 당장 결정해야만 한다. 당신의 몸은 즉각 행동을 취한다. 심장 박동수가 올라감에 따라 당신의 피는 주요 기관과 근육으로 펌프질되어 옮겨진다. 소화 같은 덜 중요한 기능들은 저하된다. 당신은 더 빨리, 그리고 그 깊이 숨쉬기 시작해서 당장의 에너지를 위해 더 많은 산소를 들이마신다. 발한작용은 가속화되고 체온은 떨어진다.

당신이 도망가기로 결정했다고 해도 같은 일이 일어나게 된다. 당신의 몸은 최대한 빨리 달리기 위해 준비할 것이다. 강압적인 환경 아래서 거의 초인적인 일을 해낼 수 있었던 사람들의 예는 많이 있다. 흉폭한 개에게 쫓길 때 높은 담장을 뛰어넘는다든지 친구를 구하기 위해 무거운 바위를 들어올린 사람들에 대한 이야기들 말이다.

뉴사우스웨일즈의 한 외딴 오팔 채집장에서 존 파커의 트랙터가 언덕을 올라가다가 갑자기 곧추 서 버린 일이 있었다. 그는 아무 탈 없이 튕겨졌지만 15살 난 딸 헬렌은 그렇게 운이 좋질 않았다. 그녀의 머리는 트랙터의 바퀴와 그 뒤의 트레일러 사이에 끼워져 있었다. 인근 주민들이 현장에 도착했을 때, 누군가 그녀를 빼내기 위해 트랙터를 들자고 제안했다. "나는 우리가 그걸 할 수 있을 거라고 생각지 않았습니다." 존은 수긍한다. "그러나 우리는 결사적이었습니다. 우리 5명은 트랙터의 앞쪽 부분 아래에 서서는 영차 하는 소리와 함께 그걸 45센티미터 정도— 헬렌을 꺼내기에 충분한 공간을 만들 수 있는— 들어올렸습니다. 아드레날린이 돌고 있을 때 당신이 할 수 있는 일은 정말 놀라운 것입니다." 조치를 빨리 취했기 때문에 헬렌은 생명을 구했고, 지금은 완전히 회복되었다.

'싸우느냐 도망가느냐' 반응은 우리의 신체적 능력을 증가시킨다. 그러나 우리가 둘다 하지 않을 때, 그리고 계속되는 잔인한 압력 속에서 세차게 부딪치든지 도망가든지 하지 않고 버티기만 할 때, 그 반응을 몇 시간, 며칠, 몇 주간이나 유지하게 된다. 그리고 이것은 몸에 엄청난 부담을 주게 되는 것이다. 우리의 몸은 오랜 기간 그토록 긴장한 채 지탱할 수 있도록 만들어져 있지 않다. 결국 우리가 두통이나 등의 통증, 잦은 감기, 위통 같은 가벼운 증세나 잔병으로 고생하게 되는 것도 별로 놀라운 일이 아닌 것이다.

당신은 지나치게 스트레스를 받고 있는가?

1. 당신은 종종 머리나 등, 목의 통증을 겪는가?
2. 당신은 쉽게 화를 내는가?
3. 당신은 최근 들어 결정을 내리는 것이 힘들게 느껴지는가?
4. 일에 집중하는 데 문제가 있는가?
5. 일하고 있지 않을 때는 죄책감이 느껴지는가?
6. 당신의 수면양식이 바뀌었는가?

7. 최근 건망증이 더 심해졌다고 느끼는가?

8. 당신은 보통 이상으로 사람들에게 화를 잘 내는가?

9. 당신은 줄서서 기다리는 것이 짜증난다고 느끼곤 하는가?

10. 당신은 자주 기침이 나거나 감기에 걸리는가?

11. 긴장을 푸는 것이 어려운가?

12. 보통때보다 커피를 더 많이 마시고 담배를 더 피우는가?

13. 알콜 섭취가 증가했는가?

14. 작은 일에도 과민하다고 느끼는가?

15. 당신은 계속 일에 관해 생각하고 걱정하는가?

16. 금요일이나 토요일(근무하는 마지막날)이면 기분이 좋고, 일
    요일 저녁이나 월요일 아침이면 기분이 나빠지는가?

17. 자주 속이 좋지 않은가?

18. 자주 심장이 뛰는 것처럼 느끼는가?

19. 사람들이 성가셔서 혼자 있는 시간이 많아졌는가?

20. 과거보다 훨씬 더 참을성이 적고 완고해졌는가?

21. 사무실 또는 근무장소에서는 불안한가?

22. 당신은 계속 시간이 부족하다고 느끼는가?

23. 당신은 자주 공상에 빠지곤 하는가?

만약 10개나 그 이상의 질문에 '예'라고 대답했다면, 상황을 잘 살
피고 행동을 취하라고 권고할 만하다.

스트레스의 경고표시

피터 코튼(Peter Cotten) 박사는 직업 때문에 생기는 스트레스를

전문으로 하는 임상심리학자이다. 그는 종종 스트레스의 최초 경고가 수면방해라고 말한다. 잠들기 어려운 것이든 밤에 깨어나서 잔걱정이 많아 다시 잠들 수 없는 것이든 말이다.

피터는 이것이 다른 신체적 표시로 발전할 수 있다고 말한다. 가장 흔한 증상들로는 두통이나 등과 목의 통증을 야기시키는 근육 긴장, 가슴 두근거림, 입 안이 마름, 손에 땀이 많이 나는 증세, 잦은 감기나 잔병, 위경련 같은 위장병, 피로, 기분이 나쁘고 근심이 많아지는 것, 가벼운 호흡기 질환이나 기침 감기에 걸리기 쉬워지는 것, 그리고 알레르기 반응이 심해지는 것 등이 있다.

또한 스트레스는 정서와 지각력에도 영향을 미친다. 전자의 경우는 조급함, 근심이 많음, 그리고 화를 잘 냄 등이며, 후자의 경우에는 집중력 저하, 건망증, 결단력 약화 등의 증상이 나타난다. 장시간 계속된 스트레스는 혈압의 상승(진성 고혈압) ― 비록 여기에는 이견이 있지만 ― 을 가져올 수 있으며, 심장 혈관 문제나 편두통, 민감성 대장증상과 피부염 같은 만성적인 질병들을 가져올 수 있다.

스트레스는 작업성과를 떨어뜨리고 사고를 부르며, 결국 당신을 신체적으로 파탄시킬 수 있다. 그렇게 될 때까지 기다리지 말자!

스트레스에 대한 반응

피터 코튼 박사는 말한다. "스트레스에 대한 반응은 당신이 어떤 종류의 사람이냐에 달려 있습니다. 어떤 사람들은 자기 통제를 하고 일과를 만들어서 성공적으로 문제를 해결해 나갑니다. 또 다른 사람들은 혼자 일할 때보다 외부조직이 있고 마감일로 압박을 받는 상황에서 자기 몫을 더 훌륭히 해냅니다."

사람들은 또한 서로 다른 방식으로 스트레스의 영향에 대처한다. 어떤 사람들은 경고표시를 무시하려고 하고, 어떤 사람들은 그걸 억누르려고 한다. 그들은 그 나쁜 기분에 저항하기 위해 니코틴이나 카페인 또는 알콜의 섭취량을 늘인다. 그러나 그런 물질들은 의존성을 키우고 합병증을 가져올 수 있다. 따라서 그런 방법들은 장기간에 걸친 해법으로는 효과가 없다.

사람들은 보통 다음의 경우 스트레스에 잘 견디게 된다 ; 스스로 하고 있는 일에 몸 바쳤다고 느낄 때, 그 일을 하는 데 도움을 받고 있다고 느낄 때, 그리고 적절한 보상을 받고 있을 때 등이다. 예를 들어, 사기가 높다면 비록 얼마간의 심리적 고통을 경험하고 동요되었다고 해도, 당신은 여전히 일을 잘 할 수 있다. 그러나 일단 사기가 떨어지면 스트레스 증상을 겪게 된다.

행동 취하기

"언제 행동을 취할 것인가는 오직 당신만이 결정할 수 있습니다." 코튼 박사는 말한다. "그것은 당신의 성격에 달려 있습니다. 어떤 사람은 그 경고를 다른 사람보다 더 빨리 인식합니다." 또한 성별에 따른 차이도 있다. "어떤 여자들은 그 경고에 훨씬 더 민감하게 반응하고 도움을 구하는 반면, 남자들의 경우에는 커피나 담배, 술 따위에 보다 많이 의존하곤 합니다."

대개 표준적인 경우에는, 가령 규칙적으로 수면이 방해받고 있다면 상황을 살펴야 한다. 무엇을 해야 할지 스스로 생각해 보라. 단순히 수면제를 먹고, 그게 효과가 없어지면 술과 함께 먹거나 의사에게 더욱 강력한 약을 요구하는 짓을 해서는 안 된다. 스트레스의 징조가 있다면 분명히 무언가 잘못되고 있는 것이다.

자기 자신에게 스트레스가 어디서 오고 있는지를 물어라. 최소한 잠정적으로라도 일의 부담을 줄인다든지 작업설비를 바꾸는 식으로 어떻게든 작업환경을 바꿀 필요가 있을 것이다. 또 다른 길은, 당신의 개인적인 스트레스 대처 기술을 증가시키는 것이다.

당신은 혼자서 그 상황에 대처할 수 있을지도 모른다. 그게 아니라면 의사와 상담하라. 의사는 스트레스 다루기에 관한 강좌를 들으라고 추천하거나 — 이 강좌는 자신의 상황을 자세히 살필 수 있도록 도움을 주고 특정한 긴장완화 기술을 가르친다 — 상담가나 심리학자와 의논하라고 할 것이다.

일반 개업의인 앨리스 맥레넌(Alice McLennan) 박사는 스트레스가 상황을 해결할 수 없는 사람들에게 불리하게 작용할 확률이 매우 높다고 말한다. "공장에서 일하는 사람 중 생산공정의 속도에 보조를 맞출 수 없고 이걸 바꿀 힘도 없는 사람은 책임 있고 300명의 직원을 통솔하는 보스보다 훨씬 쉽게 스트레스의 영향을 받습니다."

패션 디자이너인 마가렛 무어는 가르치는 일인 자신의 직업을 사랑한다. "나는 사람들을 좋아합니다. 그리고 가르치는 데서 많은 즐거움과 기쁨을 얻고 있습니다. 그러나 그 부담이라는 것이 엄청납니다. 패션 디자인에서는 항상 그렇습니다." 그녀는 수긍한다. "당신은 직접 모든 학생의 옷을 감수해야 할 매우 큰 책임이 있습니다." 그래서 그녀는 휴식을 취하기 위해 정원을 가꾸거나 풍경화 그리기를 즐긴다.

당신의 일과 완전히 반대되는 신체적 활동을 하는 것은 스트레스를 푸는 데 매우 좋은 방법이다. 앤드류 매튜는 테니스를 친다. "나는 일할 때보다 테니스를 칠 때 더 스트레스를 받습니다." 그는 웃으며 말한다. "그러나 늘 할 수 있는 운동을 가진다는 것이 내게는 중요합니다. 나는 꼭 내가 사는 곳에 테니스 코트가 있는지를 확인합니다. 아침 8시에 코트를 나서면 8시 30분에는 사무실에 들어갈 수 있도록 말입니다."

잰 스미스 역시 다른 취미를 가지는 것이 매우 중요하다고 믿는다. "내 경우에는 조깅이 그렇습니다. 나는 무슨 일이 있어도 그걸 하기 위한 시간을 내지요. 마감일이 어떻건 어디에 있건 나는 하루에 얼마간의 시간은 조깅을 하러 갑니다."

치과의사인 데릭 토마스의 해결책은 처음부터 스트레스를 받지 않는 것이다. "내 철학은 너무 열심히 일하지 않는 것입니다." 그는 말한다. "나는 하루에 8명에서 10명의 환자만을 진찰합니다. 그래서 내게 무언가 문제가 생기면, 그것에 관해 생각해 보고 해결할 시간이 있게 되는 겁니다. 하지만 내가 돌볼 아이가 5명이나 된다면 분명히 이런 사치는 누릴 수 없을 겁니다." 데릭은 혼자서 일하기로 했다. 왜냐하면, 그는 어떤 종류의 동업에서든 격무와 긴장을 피할 수 없다는 것을 발견했기 때문이다. "혼자 있을 때 나는 자신의 주인이 됩니다." 그는 그렇게 평가했다.

아내와 어린 두 아들이 있는 건축가 웨인 케천은 말한다. "나는 내가 한 종류의 스트레스를 다른 종류의 스트레스와 맞바꾼 것처럼 느낍니다. 나는 더 이상 멜버른을 오가기 위해 매일 3시간씩 출퇴근전쟁을 하지 않아도 됩니다. 그러나 이제 나는 스스로 일감을 찾고, 목표를 정하고, 의욕을 가져야 하며, 작업에 대한 방해를 피해야만 합니다. 그리고 주말이 되면 청구서를 지불할 수 있도록 충분히 돈을 벌어야만 하는 겁니다." 그리고 희망사항이지만 이익도 남겨야 하는 것이다. 웨인은 말한다. 상황이 견딜 수 없어지면, "나는 자리에 앉아서 깊이 숨을 들이마십니다. 그리고 무엇이 가장 급한 일인가를 생각하고 그 위기에 대처합니다."

이 위기 대처법은 여러 가지 형태를 지닐 수 있다. 머리를 맑게 하기 위해 30분 정도 산책을 한다든지 하는 식으로 말이다. "나는 집에 돌아왔을 때면 이미 무엇을 해내야만 하는지 알고 있습니다." 웨인은 또한 매주 배드민턴을 치고 정기적으로 명상을 한다. 그는 상호 연락과 원조를 위해 〈호주 홈 비즈니스 사업회〉의 회원이 되었다. 그는 말한다. "비슷한 문제를 가졌기 때문에 서로 문제를 나누고 토론함으로써 바람직한 사람들과 만나게 됩니다."

업무와 업무 아닌 것 구분하기

잡지 편집자인 수 카니(Sue Carney)는 방문객을 맞기 위해 자신의 홈 비즈니스 사무실을 안쪽방으로 잠시 옮겼을 때 그 결과가 좋지 않다는 것을 발견했다. "집 안의 주요 생활공간에서 일에 대한 의욕을 가지기라 매우 어려웠습니다." 그녀는 말한다. "그리고 일이 모든 것과 섞이고 마는 경향이 있었습니다."

당신의 전반적인 행복과 작업능률 모두를 위해서 일과 생활을 물리적으로 분리하는 것은 매우 중요하다. 그것이 현재로서는 가능하지 않다면, 짧은 기간 내에 그렇게 할 수 있도록 계획을 세우라. 만약 당신이 자신의 홈 비즈니스 사업을 부엌이나 거실 탁자에서 운영하려고 한다면, 처음부터 스스로 일을 매우 어렵게 만들고 있는 것이다.

그럴 수는 있다. 선택의 여지가 없는 사람은 그렇게 하고 있다. 그러나 그것은 결코 오랜 기간 유지될 만한 현실적인 상황이 아니다. 이상적인 것은 일만을 위한 방이나 공간을 마련하는 것이다.

업무와 그렇지 않은 것 사이의 명백한 경계선을 설정하라. 그것을 계속 구분해서, 예를 들어, 식사를 하며 업무에 관련된 서류를 읽는 것 같은 일이 없도록 해야 한다. 집에서 일할 때, 우리는 하루의 시작을 알리는 시작신호 따위는 갖고 있지 않다. 정해진 시작도 끝도 없는 것이다. 우리는 더 이상 9시까지 사무실에 도착하기 위해 7시 45분 기차를 잡아타야만 할 필요가 없다. 정해진 점심시간이나 아침과 오후의 차 시간도 없다. 우리는 스스로 그것들을 정해야만 한다. 마가렛 시드먼은 세련되게 차려 입고는 매일 아침마다 밖에 나갔다가 정문으로 다시 들어오곤 하는 한 여성을 알고 있다. 그녀는 인위적으로 근무의 시작을 만들어 내기 위해 그런 행동을 한다. 시드니에 사는 또 다른 홈 비즈니스 근무자는 인근 카페에서 드는 아침식사를 업무시작의 신호로 사용한다. 상쾌한 공기 속에서의 짧은 산보와 즐거운 대화, 그리고 훌륭한 아침은 그로 하여금 하루를 준비하게 해준다.

수 카니는 〈리더스 다이제스트〉사의 시드니 사무실에서 1주일에 이틀씩 일하고 사흘은 집에서 일한다. "하루 근무는 내가 아이들을 보육원과 학교에 데려다 준 후에 시작됩니다. 나는 집에 다시 들어오자마자 일할 자세가 되는 거죠." 그녀는 근무시간을 준수하고 언제 일할까를 결정하는 데 아무 어려움이 없다. "일단 아이들이 돌아오면 계속하는 게 불가능해요." 그녀는 웃으며 말한다.

다른 사람들은 그녀처럼 하루 일과의 확실한 마감시간을 갖고 있지 않거나 그렇게 되기를 원하지 않을 것이다. 저술가이자 만화가, 연설가인 앤드류 매튜는 자신의 일을 매우 좋아하기 때문에 계속해서 일할 수 있다. "때때로 나는 그림 그리는 데 푹 빠져서 오후 4시인데도 점심은 생각조차 해 본 적이 없었다는 것을 깨달을 때가 있습니다." 일에 대한 그 같은 몰두는 그와 아내 줄리 사이에 마찰을 일으켜 왔다. "내가 작업장을 신체적으로 떠나는 게 아니기 때문에 저녁식사 뒤나 아침식사 전에도 일을 계속하게 되기 쉽습니다. 그건 줄리에게 불공평한 일이 될 수 있죠." 앤드류는 말한다. "그래서 우리는 이제 규칙을 만들었습니다. 저녁 6시 뒤나 아침 8시 이전에는 일에 관해 이야기하지 않기로 말이죠."

그건 현명한 결정이다. 왜냐하면 일과 가족시간, 그리고 여가 사이의 균형은 매우 중요하기 때문이다. "그 균형들은 스트레스에 대한 최대의 완충장치입니다." 피터 코튼 박사는 말한다. "만약 그 영역들 중 하나 둘이 균형을 잃는다면, 당신은 훨씬 더 쉽게 스트레스를 받을 수 있습니다!"

간섭과 방해에 대처하기

당신이 분리된 작업장을 갖고 있다면 방해를 줄이거나 최소한이 되도록 유지할 수 있다. "나는 우리집의 바깥쪽 방에서 내 사업을 운영합니다. 은행 관리자로 일하는 남편이 비번인 날에 나를 방해할 때면 매우 화가 나요." 필리파 커스레이크는 말한다. 그녀는 그 경계에 대해 엄격하다. "나는 문을 닫고 그에게 가까이 오지 말라고 말합니다. 방해받는 것을 원치 않거든요."

친구들이나 같이 살고 있지 않은 가족들에게 당신이 집에서 일하며 어떤 시간대에는 접촉을 피하고 싶다고 말하라. 물론 위급상황은 예외이다. 나는 뭉게뭉게 피어오르는 연기나 피, 가능하면 그 둘다 연관될 만큼 심각한 상황이 아니면 방해하지 말라고 아이들에게 말했다는 한 어머니에 관해 읽은 적이 있다!

누군가가 사교적인 방문을 했거나 전화를 걸었을 때 거칠거나 딱딱하게 굴 필요는 없다. 예의 바르게 굴고 더 편리한 다른 시간대를 말하라. 그리고 그 만남을 짧게 만들라.

〈리더스 다이제스트〉의 편집자인 수 카니는 방해가 되는 일이나 의무적으로 해야 하는 일들을 피해 근무시간을 구성할 수 있었고, 그렇게 함으로써 더 생산적으로 일할 수 있었다. "아이들의 학교 음악회에 참석하기 위해 시간을 내야만 할 때도 있습니다. 그러나 집에서 일할 때는 작업시간이 유동적이기 때문에 여전히 하루분의 일을 할 수 있는 겁니다."

집에서 일할 때 무엇이 당신으로 하여금 계속 담배를 피우거나 군것질을 하려고 냉장고를 열거나, 아니면 끝없이 커피를 마셔 대지 못하게 막아 주는가? 자기통제밖에는 없다. 여기 몇몇 유용한 비결들이 있다.

안심하고 먹을 수 있는 군것질거리를 준비하라. 홍당무나 샐러리 썰은 것을 물에 담가 냉장고에 넣어두라. 사과, 배, 바나나 같은 과일조각들을 곁에 두라. 초콜릿이나 비스켓보다는 과일과 야채로 군것질하는 게 훨씬 좋다. 달콤한 군것질은 맛이 좋지만 혈당량이 떨어지고 나면 무기력해지고마는, 빠른 활력을 줄 뿐이다. 시리얼과 토스트로 된 훌륭한 아침식사는 매우 중요하다. 복합 탄수화물은 하루 내내 고른 혈당량을 유지시켜 준다.

니코틴에 대한 욕구와 싸워라. 담배가 너무나 피우고 싶다면, 일단 현재 하는 일을 마치고 30분 안으로 한 개피 피우자고 자신에게 말하라. 이것은 일에 대한 동기를 제공해 줄 뿐만 아니라—운이 조금 좋다면—그 30분이 지난 후에는 담배에 대한 욕구도 사라져 버릴 것이다. 언제 당신이 자동적으로 담배에 손을 내미는지를 주목하라. 커피를 마실 때, 일이 잘 안 풀릴 때, 전화에 대고 이야기할 때, 그런 시작신호를 배제하려고 노력해야만 한다.

차, 핫초콜릿, 물 같은 다른 음료들로 대체해서 *하루의 커피 섭취량을 제한하자.* 한 컵의 커피에는 240mg이 카페인이 있고 한 컵의 차에는 80mg만 있다.

텔레비전은 또 다른 중독성 방해물이다. "점심시간에 다른 가족들이 텔레비전을 보고 있다면, 나도 그들과 함께 보게 됩니다." 웨인 케천은 말한다. "그리고 미처 깨닫기도 전에 많은 시간이 지나가 버리곤 하죠." 마음을 단단히 먹어라. 낮시간의 텔레비전 시청을 피하라. 그것은 너무나 빠져들기 쉬운 일이다.

집 안의 모습

당신이 집에서 일하기로 한 이유 중 하나는 아마도 기분좋고 평화로운 주변환경 때문일 것이다. 어쩌면 당신은 블루 마운틴의 멋진 경관을 향유하는 수 카니처럼 운이 좋을지 모른다. 아니면 깨끗한 모래 사장과 야자나무들이 펼쳐진 곳을 조망하는 열대의 환경에서 일하고 있을지도 모른다. 그러나 집 안의 모습은 어떤가? 싱크대에서 커피를 끓일 때마다 보게 되는 더러운 접시들, 화장실에서 넘치고 있는 빨래통, 그리고 더러운 부엌바닥 따위가 보이지는 않는가?

"나는 그것들을 그냥 무시합니다." 수 카니는 말한다. "사무실에서는 그 모든 것들로부터 떨어져 있을 수 있죠. 당신은 집과 개인적인 생활에서 분리되어 있는 겁니다. 여기서는 그것들이 항상 당신을 쳐다보고 있는 꼴이랍니다."

그리고 당신에게 소리치고도 있는 것이다! 때로 더러운 소스팬을 닦아 내는 것이 그림에 몰두하는 것보다 훨씬 더 중요해 보이기도 한다. 그 외침을 무시하라. 마음을 굳게 먹어야 한다. 그리고 자신을 통제하라. 무엇보다 주말이나 월말에 당신이 갖고 싶은 것은 무엇인가? 월급봉투인가 깨끗한 집인가?

약간만 조직적으로 일을 처리하면, 집안을 돌보는 자질구레한 일들은 일하는 날에도 할 수가 있다. 컴퓨터 화면 앞에 최대 1시간 정도 앉아 있은 후에는 세탁을 하며 근육을 풀어라. 휴식시간이 짧고 제한된 경우, 주변환경이 방해가 되기보다는 당신을 돕도록 만들 수 있다. 짧은 휴식은 실제로 집중력을 배가시키고 생산성을 늘린다.

전자출판업자인 메기 보데이는 말한다. "나는 내가 하는 일을 사랑합니다. 하지만 나는 깨끗한 집도 좋습니다. 나는 더러운 접시나 정돈되지 않은 침대를 못 본 척할 수는 있습니다. 나는 그 일로 소란을 피우지는 않습니다. 그러나 나는 누군가 다림질을 해 줄 사람을 구하고 싶습니다." 그렇다면 안 될 것이 무언가? 그게 그녀로 하여금 돈을 더 많이 벌게 해 줄지도 모르며, 그 과정에서 제정신을 유지하는 데 도움을 줄지도 모르는 것이다!

당신이 하면 2시간이 걸릴 다림질을 해 주는 대가로 누군가에게 매주 20달러를 지불한다면, 그리고 당신이 시간당 40달러를 받는다면,

수학의 천재가 아니더라도 어느 쪽이 재정적으로 유리한 것인가를 알수 있을 것이다. 죄책감은 버려라. 여분의 이득을 생각하라. 게다가 당신은 누군가를 고용함으로써 새로운 일자리를 창출해 내고 있지 않은가!

우선순위를 바꾸는 일이나 내친 김에 당신의 기준을 낮추는 일을 고려하라. 집에 있어서 한 부분만은 세련되고 보기 좋게 해야 한다. 고객을 맞이하는 장소만은 말이다.

아이들 다루기

부동산 상담가이자 작가인 잰 소머즈는 말한다. "'엄마, 나 배 고 파'라는 목소리가 들릴 때, 나는 마침 멋진 생각이 떠올라서 컴퓨터에 묶여 있을 때가 있습니다. 이런 방해는 늘 있는 것이고, 일을 멈추고 샌드위치를 만들 수도 있지만 때로 그러고 싶지 않을 때도 있기 마련입니다."

이것은 웃기는 일 아닌가? 집에서 일하기로 한 이유 중 하나는, 그렇게 하면 가족과 보다 많은 시간을 보낼 수 있기 때문이었다. 그런데 바로 그 가족들이 당신을 정신없게 만들고 있는 것이다. 아이들이 울고 있다든지 학교에서 돌아와 당신의 주목을 끌려고 한다든지 하는 식으로 말이다. 그러나 당신은 중요한 고객을 위한 보고서를 내일까지 죽을 힘을 다해 타자 쳐야만 하는 상황에 있을 수 있다. 상황을 잘 살펴라.

"당신은 아이들을 공평하게 대해야만 합니다." 잰은 조언한다. "우리 아이들은 매우 착하고 집에 근무윤리 같은 게 있다는 것을 이해합니다. 그리고 나는 반드시 일에서 몸을 빼내어 아이들도 말할 수 있는 시간을 줍니다. 예를 들어, 매일밤 30분씩 하는 식으로 말입니다. 나는 엄격한 규칙을 갖고 있지는 않습니다. 바로 그게 집에서 일하는 것의 장점이니까요. 당신은 언제든 시간을 낼 수 있는 것입니다. 나와 남편은 맹세를 했습니다. 스포츠 대회 같은 데 같이 가 주는 등 아이들과 함께 하는 시간을 갖기로 말입니다. 그것은 당신이 다른 사람을 위해 일하다가 '죄송합니다. 거기 갈 수 없군요. 지금은 근무시간입니다'라고 말하는 것과는 다릅니다."

어떤 사람들은 엄격한 제한선을 정하고 잰과 같은 사람들은 보다 유연한 태도를 취한다. 아이들의 나이를 고려하라. 이제 걸음마를 하는 아이를 전담하며 돌봐야 한다면, 까다로운 홈 비즈니스 사업을 효과적으로 해 나가리라고 기대하는 일은 불가능하다. 할 수 있다고 스스로를 속이지 말라. 그리고 그러려고 노력하면서 시간을 낭비하지 말라. 어떤 회사는 따로 아이를 돌볼 준비가 되어 있지 않다면, 그 고용인들이 집에서 일하는 것을 금지하기까지 한다.

등록된 보육원 외에도 배우자나 친척에게 도움을 청할 수 있을 것이다. 수 카니는 양쪽 면에서 모두 운이 좋았다. 그녀의 두 아들은 그녀가 집에서 일하는 날이면 보육원과 학교에 나가고, 사무실에 나가는 날이면 남편 폴이 그 애들을 돌본다. 폴은 이런 일을 하기 위해 시간제로 기자(記者) 노릇을 하고 있다. 두 사람 모두 이런 방식에 대해 만족한다. 그녀는 아이들이 보살핌을 잘 받고 있다는 것을 알기 때문에 걱정하지 않는다. "보육원이 차로 10분 거리에 있기 때문에, 무슨 일이 있으면 거의 즉각 거기로 갈 수 있답니다."

건축가인 웨인 케천은 홈 비즈니스 사무실에서 전업으로 일하고, 아내 조안나는 18개월 된 매디슨과 4세가 좀 지난 알렉산더를 돌본다. "조안나는 2년 전 교사 일을 그만두었습니다. 그래서 지금은 내가 가정의 주수입원이 되었죠. 그녀가 일하던 때에는 장모님이 아이들을 돌봐 주셨습니다." 웨인은 설명한다. "집에서 일하는 것의 가장 큰 단점 중 하나는 아이들에게 노출돼 있다는 겁니다. '아빠'라고 부르는 소리는 결코 사라지는 법이 없습니다. '내 근무시간은 9시부터 오후 5시까지란다. 그러니까 방해하지 마'라고 말하기는 망설여집니다. 대신에 15분 정도 시간을 내고 다른 곳에서 그 시간을 벌충하죠. 나는 집에서 일하는 것의 한 장점, 그러니까 가족과 더 많은 시간을 함께 보낼 수 있다는 것이 동시에 단점이 되기도 한다는 것에 놀랐습니다. 그러나 아이들이 자라나는 것을 보는 것은 값진 경험이고, 나는 언제라도 기꺼이 그들을 도울 겁니다."

아이들의 나이가 좀더 많다면, 그건 이야기가 또 다르다. 잰 소머즈는 자신의 아이들을 일에 참여시킨다. 그녀는 그것이 아이들에게 근로윤리의 중요성과 돈의 가치를 가르치는 데 도움이 된다고 생각하는 것이다. "나는 자연스럽게 그들을 끌여들이려고 합니다. 큰아들은 일에 관심을 갖게 되어서는 '마실 것을 한 잔 얻으려면 뭘 해야 돼요, 엄마?'라고 물어 올 거예요. 그러면 나는 스테이플러를 박아야 할 팜플렛 한 묶음을 건네 줄 생각입니다. 나는 아이들에게 거래의 규칙을 가르치고, 거래라는 것이 어떻게 효과를 발휘하게 되는가를 이해하도록 도와 주려고 합니다."

심부름과 잔일들

"내가 집에서 처음 일하기 시작했을 때, 피터는 아침에 은행으로 출근하면서 '시간 좀 있으면 이걸 비우거나 저걸 좀 털어 줄래?' 따위의 말을 하곤 했습니다. 그는 그 때를 가르켜 내가 처음으로 '일을 관둔' 때라고 말하곤 합니다. 지금 나는 어느 때보다도 더 열심히 그리고 더 오랫동안 일하고 있는데 말입니다!" 필리파 커스레이커는 슬픈 듯이 말했다.

"사람들은 집에 있는 사람한테는 심부름을 시켜도 된다고 생각합니다." 전화통신 상담원 폴 청은 말한다. 주변 사람이 적응하는 데는 시간이 좀 걸린다. 배우자와 아이들, 그리고 친구들은 당신에게 세탁물을 찾아오라고 부탁해서는 안 된다는 것을 알아야만 한다. 당신이 도회지 사무실에서 일하고 있다면 그런 일은 할 수 없을 것이다. 지금은 뭐가 다른가? 휴식시간에만 잔일을 하도록 하고, 그렇지 않다면 근무시간이 아닐 때 하도록 하라.

일 과

그 날 할 일들을 현실적으로 잘 정해 놓지 않으면, 아무것도 이룩하지 못한 채 시간은 흘러가 버릴 수 있다. 당신이 얼마나 움직이는가를 살피기보다는 얼마나 생산하고 있는가를 살펴라. 계속해서 바쁘긴 쉽지만, 효율적으로 일하기는 보다 어려운 일이다. 연설가 앤드류 매튜는 말한다. "나는 하루의 마지막에 스스로를 평가하며 '오늘 무엇을 이루었는가?' 하고 나 자신에게 묻습니다. 만약 하루가 끝나도록 뭔가 특별한 걸 한 게 없었다면, 나는 몇 시간을 더 투자합니다." 앤드류의 자세는 이렇다. "하는 일을 사랑하고 목표를 갖고 있다면, 그 열정은 거기에 필요한 자기 통제력을 제공합니다."

불행히도 우리들 대부분은 열정만으로는 충분치 않다. 우리는 체계적으로 근무하는 일도 필요하다. 먼저 당신은 근무시간 — 실제로 일하는 시간과 고객에게 쓰는 시간 모두—을 결정하는 게 순서이다. 치과의사인 데릭 토마스(Derick Thomas)는 자신의 진료소에서 매주 5일씩 일하고 영업시간 이후에도 응급 상황의 경우는 연락할 수 있다. 동종요법 치료사인 메레디스 노먼은 주당 45시간을 고객에게 쓴다. "하지만 나는 그 시간 내내 고객과 직접 만나지는 않습니다."

시드니 대학의 심리학과 학과장을 역임했고 지금은 퀸즈랜드 대학의 정신의학과 부교수인 데이비드 캐버나(David Kavenagh) 박사는 근무시간을 정하는 것은 많은 사람들이 일하고 있지 않을 때 겪는 죄책감을 극복하는 데 도움이 된다고 말한다. 그는 하나의 일과로서 여가시간을 마련하라고 제안한다. "오후 4시부터 5시까지는 내 딸과 놀아 준다." 이렇게 말이다. "그것은 딱딱하고 냉소적으로 들리지만, 바로 그것이 당신에게 그래도 된다는 허가증 역할을 해 줍니다" 그는 말한다. "그 일과는 당신의 일지에 쓰여 있습니다. 그래서 당신은 말할 수 있는 겁니다. '나는 그 모임에 갈 수 없어, 4시에 일이 있으니까' 하고." 물론 그는 모든 여가시간을 계획 속에 넣지는 말라고 부언한다. "그것 역시 스트레스를 줍니다. 그러나 영화관을 찾는다든지 운동을 한다든지 하는 취미생활을 위한 시간을 정기적으로 마련하도록 하십시오."

데이비드 캐버나는 집에서 일하는 사람들 대부분은 매우 의욕이 높아서—그들은 결국 스스로 그런 식으로 일하기로 했다—문제가 되는 것은 일을 시작할 때보다 멈출 때 훨씬 더 많이 생긴다는 사실을 발견했다.

죄책감에 대한 말이 있다. 바로 '그것을 잊어라'이다. 죄책감은 소름끼치는 정력의 낭비이며, 당신의 기지를 고갈시키고 만다. 대신 매일 현실적인 목표를 정하고 정기적인 휴식시간을 가져라. "당신이 외부에서 일한다면, 거기에는 준비시간과 휴식시간이 있습니다." 캐버나 박사는 설명한다. "당신은 사무실까지 가야만 합니다. 나는 어떤 다른 시간대보다도 일하러 오가는 시간에 클래식 음악을 더 많이 듣습니다. 그것은 내게 있어 큰 즐거움이고 마음을 진정시켜 줍니다. 집에서 일할 때는 그게 없습니다. 그러니까 스스로가 10분 정도 앉아서 음악을 듣도록 허락해 주십시오. 이것은 집중력을 향상시키는 데 매우 유용할 수 있습니다. 기차역에 가자면, 당신은 계단들을 오르내려야 할 겁니다. 그것 또한 건강뿐만 아니라 집중하는 데 도움이 됩니다. 그러니까 오랫동안 컴퓨터 앞에 앉아 있거나 일을 할 때는 활동적인 휴식시간을 가지도록 하십시오. 생산성이 올라가는 걸 느낄 수 있을 겁니다!"

"당신은 일정을 마련할 필요가 있습니다. 그렇지 않으면 하루가 엉망이 됩니다." 〈다이알-에이-와이프〉의 잰 서덜랜드는 거기에 동의한다. "나는 단지 원을 맴돌다 아무것도 하지 못하게 됩니다." 그녀는 그 날 성취하기를 바라는 6가지 과제를 습관적으로 적는다. 그녀는 이것이 매우 유용하다고 느꼈다. "이상적인 경우, 나는 이 일을 전날 밤에 하고 중요도의 순서대로 나열합니다. 나는 최소한 네 가지 일을 하고, 남은 것은 다음날의 종이에 남겨 둡니다."

왜 귀찮게 그걸 적는가? "나는 내가 목표로 하는 것을 정확히 안다"라고 당신은 말할지 모른다. 그러나 당신의 과제를 종이에 적는 것은, 그것들을 명백히 하고 현실적인 것으로 만든다. 중요한 정도에 따라 순서를 매기고 하루를 지내면서 그것들을 지워 나가는 일은 성취감을 준다. 당신은 스스로가 보다 효율적으로 움직이게 되는 것을 발견할 것이다.

사업에 대한 걱정

당신은 한 가지 주문이나 일감을 가지고 일하면서도 이미 다음 번 일감에 신경을 쓰고 있다. 다음 번 일거리가 없다면 어떻게 할 것인가? 사업이 잘 되고 있지 않다면, 그것은 진짜 근심거리가 될 것이다. 어떻게 재정적으로 살아남을 수 있을 것인가? 청구서는 어떻게 지불할 것이며, 본인과 가족은 어떻게 먹여 살리고 융자는 어떻게 갚아 나갈 것인가? 어느 새 당신은 스스로를 미칠 것 같은 상태로 밀어넣게 된다.

당장 그만둬라! 스스로에게 말하라. "나는 풀어야 할 문제가 있다. 그러나 지금은 그 문제에 관해 생각하지 않겠다. 나는 오늘 오후 5시에 그 문제에 대해 생각할 것이다." 시간을 정해 놓으면, 당신은 그 문제에 빠져드는 것을 멈추고 눈앞의 일에 집중할 수 있다. 5시가 되었을 때면 당신의 '문제'는 이미 풀려 버렸을지도 모른다. 어쩌면 한 고객이 더 많은 일감을 위해 전화를 걸어 줄지도 모른다. 또 많은 외상을 갚으려는 고액의 수표가 우편으로 들어올지도 모른다. 그게 아니라면, 3명의 잠재고객이 당신의 신문광고를 보고 전화를 걸어 줄지도 모른다.

5시가 되었을 때면 당신은 안도의 한숨을 쉬게 될 것이다. 그러나 아침 이래로 아무것도 바뀐 게 없다고 해도, 당신은 이제 약간의 자유시간을 갖고 있다. 걱정에 쓸 만큼은 아니라고 하더라도 사업을 키우거나 당신의 문제를 해결하기 위한 현실적인 행보에 대해 생각할 수 있을 만큼 말이다. 왜 사업이 난조에 빠졌는가? 보다 폭넓은 광고가 필요할 것인가? 당신의 원가와 요금이 너무 비싼가? 어쩌면 회계사와 면담을 하는 것이 바람직할 수 있다. 당신의 걱정거리에 대해 집중할 시간을 마련하는 것으로 근심을 덜어 준다. 걱정거리에 관해 행동을 취하는 것은 그 모든 것을 사라지게 해 줄 수 있다.

모든 일을 도맡아 하기

집에서 일할 때는 혼자 일하게 되기 쉽고 따라서 사업에 관련된 모든 일을 혼자 책임지게 되기 쉽다. 사진작가로 또 전기기사나 컴퓨터 상담가로서 당신이 좋아하는 일을 하는 것 이외에도 접수원이자 장부 계원이고 비서여야만 할 필요가 있다. 당신은 고객의 문의를 처리하고, 편지를 타자 치고, 송장을 보내고, 통장 계좌를 관리해야 한다. 커피를 만들고 파일 정리를 하며, 우편물을 받아오고 발송하는 등의 일을 해야 한다. 하루가 짧게 느껴지는 것은 놀라운 일이 아니다.

당신은 엄청난 압력을 받게 된다. 그러니까 당신 자신을 위해 상황을 가능한 한 쉽게 만들 필요가 있다. 가능하면 그 부담을 덜어 내라. 우리 모두는 강점과 약점을 갖고 있고, 언제나 즐겁고 모든 면에서 경쟁력 있는 사람은 매우 드물다. 만약 장부일이 진저리나고 타자를 칠 수 없어서 몇 시간이나 그것 때문에 고초를 겪어야 한다면 누군가를 고용하는 게 어떤가? 전문가라면 절반의 시간밖에는 걸리지 않을 것이다. 그 동안 당신은 그 시간을 선용하여 그림 그리기든 건축설계든 아니면 치아에 구멍뚫기든 당신이 잘 하는 일을 해서 수입을 올릴 수 있다. 또 기억해야 할 일은, 모든 체계를 잘 잡아 놓아야 한다는 것이다. 찾기 힘든 중요한 서류를 찾느라 시간을 쓰는 것은 낭비이다. 가장 먼저 해야 할 일은 효율적인 서류정리의 체계를 세우는 일이다.

하루 정도 아침시간을 내서 자신의 상황을 잘 살피고 스스로 시간과 노력을 절약하기 위해서 무엇을 해야겠는가를 생각해 보라. "많은 사업은 그 사업주가 지나치게 다양한 종류의 일들을 하기 때문에 실패합니다." 〈다이알 - 에이 - 와이프〉 청소용역회사의 잰 서덜랜드는 말한다. "그들은 서로 다른 많은 일들을 할 뿐만 아니라 그것들에 관한 경험과 기술도 없습니다." 잰은 행정과 창고관리, 그리고 재정과 비서업무, 판매와 시장관리 등을 수행해야만 했다. "그것들을 배우자면 비틀거리기 마련입니다. 당신은 그런 일들에 타고난 재질과 지성이 있을 수도 있지만, 그것들이 당신의 발을 걸 수도 있습니다. 당신은 자신의 일뿐만 아니라 그 모든 것들을 해야 하고, 그것은 지나치게 엄청난 일이 될 것입니다. 그 일들은 당신을 비능률적으로 움직이게 만듭니다."

잰과 그의 남편은 두 가지 해법이 효과적이라는 것을 발견했다. 위임을 하는 것, 그리고 돈을 내고 전문적인 서비스를 받는 것이다. 남편 로스가 그녀의 사업에 동참하기로 했기 때문에, 이 부부는 일을 나누게 되었다. "나는 서류작업은 좋아하질 않았어요. 그래서 그 사람이 그 일과 모든 장부정리를 하기로 했죠. 나는 직원훈련 쪽을 선호했습니다." 그들은 또한 사업상의 조언자를 구하기 위한 자금을 마련했다. "그는 우리와는 다른 각도에서 우리의 사업을 살필 수 있습니다." 잰은 말한다. "그는 우리에게 신선한 의견을 제공하고 조언을 해 줍니다." 전문적이고 객관적인 시야는 그들로 하여금 돈이 되지 않는 방향으로 시간을 낭비하는 대신 목표한 바에 집중할 수 있게 해 주었다. "우리는 시장 판매계획을 그에게 말했고, 그는 우리에게 실상을 알려 주었습니다." 잰은 웃었다. 로스는 부연한다. "그가 말해 주더군요. '당신들은 고작 이 정도의 돈을 위해 그 모든 일을 하는군요. 그러나 누군가에게 고용되어 일한다면 훨씬 더 많은 돈을 벌 겁니다'라고요. 글쎄, 우리도 압니다. 사람들은 모두 사업을 시작할 때 장밋빛 색안경을 쓰고 시작하는 경향이 있습니다. 이건 힘든 싸움입니다. 그러나 우리는 목표를 갖고 있고, 거기에 도달하기 위해 기꺼이 도박할 자세가 돼 있습니다."

서덜랜드 부부는 조언자의 도움을 얻어 사업계획을 다시 한 번 연구하고 수정했다. "우리의 선결과제는 12달만에 다른 것이 되었습니다. 우리 스스로 청소를 하는 대신에 사업을 확장하고 청소부들을 교육하는 쪽으로 말입니다. 그것은 또한 우리가 청소상품들을 개발할 시간을 벌어 주기도 했습니다"라고 로스는 말했다.

일의 의미

우리가 보아 왔듯이, 일이란 생존에 필요한 돈 말고도 훨씬 많은 것을 제공한다. 그것은 자기 정체성과 목표의식, 그리고 사교적 만남을 제공한다. 그리고 당신이 현재 가진 직업의 지루함이나 사무실 정책에 관해 얼마나 많이 불평해 왔는가에 상관 없이, 집에서 일하기로 할 때는 그런 것들이 없을 경우에 당신이 어떻게 되겠는가를 고려하는 것이 중요한 일이다.

당신은 노동이 없는 삶이 이상적이라는 환상을 갖고 있을지 모른다. 그러나 그것은 정말 환상일 뿐이라는 것을 상기하라. 복권 당첨자는 금세 지루해지고, 은퇴한 사람들은 의욕을 잃게 되며, 실직자는 낮은 자긍심 때문에 괴로워하다가 의기소침해진다. 현실적으로 선택에 의한 것이든 주변환경에 의해 그렇게 된 것이든 일이 없는 삶이란 불행한 것일 수 있다.

이 말의 진실성을 발견한 한 호주인을 보다 자세히 살펴보는 일은 그만한 가치가 있다. 잰 소머즈는 수년 간의 빈틈없는 부동산 투자로 복권을 탄 거나 다름없을 정도가 되었다. 37세가 되었을 때, 그녀는 자신의 직업이었던 고등학교 교사 노릇을 그만두었다. 아무튼 그녀는 백만장자였고 일할 필요는 없었다. 아니 최소한 그녀는 그렇게 생각했다. 아이들과 집에서 몇 년을 보낸 후, 그녀는 돈을 버는 일이 주던 정신적 자극이 자신에게 부족하다는 것을 발견하게 되었다. 비록 몇몇 다른 관심거리들을 갖고 있기는 했지만 거기에 몰두하는 데는 한계가 있었다. "나는 조깅에서 큰 기쁨을 얻었습니다." 그녀는 말한다. "나는 세 번 임신을 했는데, 그 때에도 아이들이 태어날 때까지 매일 조깅을 했습니다. 조깅은 건강을 유지시켜 주었지만, 나는 그 이상의 것이 필요했습니다. 나는 시간이 얼마든지 있었습니다. 나는 몸뿐만이 아니라 정신도 건강해지기를 바랐습니다."

'쉬는 것은 녹슬어 가는 것이다'라고 믿으며 그녀는 스스로 개인적인 목표를 설정했다. 부동산 판매가 자신에게 적합한 일이 아니라는 것을 깨달은 뒤로, 그녀는 자신이 재산 투기에 관해 배운 것을 쓰기 시작했다. 부동산업자도 초보 투자가도 모두 그녀의 50쪽짜리 책자를 재빨리 집어들었다. 그리고 그녀는 자신의 지식을 필요로 하는 시장이 존재한다는 것을 깨달았다.

잰의 첫 번째 책은 자비 출판되어 20만 부가 팔렸다. 이것은 7,000부만 팔리면 베스트셀러로 인정받는 호주 출판계에서는 괄목할 만한 성공이다. 그리고 그녀의 다음 번 책도 마찬가지로 인기가 좋았다.

잰은 또다시 자신의 삶이 가치가 있으며, 만족스럽고 즐거우며 재미있다고 느끼게 되었다. 그리고 결국 삶이란 그게 전부 아니겠는가? 그녀는 지방으로 세미나를 하러 정기적인 여행을 하고, 자신과 함께 일하기 위해 공무원 노릇을 그만둔 남편과 함께 보조 소프트웨어를 만든다. 그들의 사업은 번창하고 있다.

잰은 그녀가 하고 싶은 일—가르치는 일, 그리고 그녀가 배운 걸 다른 사람에게 전해 주는 일—이 무엇인가를 살폈다. 그녀는 말한다. "어떤 사람한테든 재정적으로 자립한다는 것은 멋진 일일 거예요. 부동산 투자가 그걸 가능하게 해 준답니다."

실 직

프린더즈 대학의 심리학과 교수인 노만 페더(Norman Feather)는 일이 사회적, 심리적, 그리고 경제적 안녕에 기여한다는 것을 매우 잘 알고 있다. 그는 실업자들에 대해 연구하면서, 삶에 체계와 목표가 없다는 것도 수입이 없다는 것처럼 불행하다는 생각을 불러일으킨다는 것을 발견했다. "우리에게는 목표와 의도가 필요합니다." 그는 말한다. "급여는 일이라는 것의 명백한 한 측면이지만, 고용은 또한 자신의 기술을 활용하고 사회적인 접촉을 가질 기회와 다양성, 활동에 대한 기회를 제공합니다. 당신은 집에서 일할 때도 여전히 그 기술들을 발휘하고 수입을 벌어들이겠지만, 사회적인 접촉은 하지 못하게 될 것입니다."

직업적이고 사회적인 고립의 문제는 제8장에서 상세히 다루어진다. "실업자들은 낙담하고 자부심을 잃게 될 수 있습니다." 페더 교수는 계속했다. "그들은 텔레비전을 보거나 잠을 자는 것 같은 수동적인 행위에 빠져들게 됩니다."

"대부분의 사람들에게 일이란 자기 정체성의 일부입니다." 시드니 맥콰이어리 대학의 지역사회통합연구소에 있는 트레보어 파멘터 (Trevor Parmenter) 교수는 말한다. "그건 대중과 자기 자신에게 당신이 누구인가를 정의해 줍니다. 그리고 그러한 깨달음은 매우 중요합니다." 직업을 잃는다는 것은 무서운 일이 될 수 있다. "나는 감원되어 직장을 그만두었지만, 아내에게는 아무말도 하지 않고 여전히 같은 시간에 일어나 도시락을 싸들고 같은 기차를 타러 가는 사람에 관해 들은 적이 있습니다. 그들은 실직한 일을 모욕이라고 생각한 나머지 무력해지고 절망적이 됩니다!" 그러므로 그런대로 괜찮은 삶을 살고 싶다면, 우리 대다수에게는 일이 필요한 것 같다.

파멘터 교수는 신체 부자유자들에 대한 연구를 통해, 일이 사회적인 가치의 척도로서 너무 높게 강조된다고 결론지었다. 그는 이 점에 대해 비판적이다. "그럼에도 불구하고," 그는 말한다. "몇몇 사람에게는 일이란 인생 전체가 걸린 주된 것입니다. 나는 보호받는 작업장보다는 '진짜 직장에서 일하고 싶다'고 말하는 신체 부자유자들을 많이 만났습니다. 그들은 '직장을 가진다는 것은 우리가 보다 가치 있는 사람이고, 사람들이 우리를 보다 존경하며, 우리 스스로가 자신이 누구인가를 알고 있다는 것을 보여 줍니다'라고 말합니다. 몇몇 사람들에게는 정말 그럴 겁니다. 나는 신체 부자유자들의 숙박을 위한 모텔을 운영하는 부부를 만난 적이 있습니다. 그들은 둘다 휠체어에 앉아 있었습니다." 집에서 일한다는 것은 신체 부자유자들에게 이상적인 해결책이 될 수 있다.

은 퇴

솔 엔셀(Sol Encel) 교수 — 헬렌 스튜덴키(Helen Studencki)와 함께 — 는 〈뉴사우스웨일즈 노화문제자문위원회〉가 출간한 〈퇴직 ; 그에 대한 조망〉의 공동 저자이다. 그는 조기퇴직이 건강과 부, 그리고 스스로 잘 지내고 있다는 생각에 위협이 될 수 있다는 것을 발견했다. "활동을 하는 것이 만족스러운 건강과 삶을 가장 확실히 보증합니다." 그는 말한다. "내 연구결과에 따르면, 퇴직 후에 건강을 보장하는 가장 좋은 방법은, 그게 자발적이든 그렇지 않든 일하는 것입니다." 왜냐하면, 일이란 일상생활에서 그만큼 핵심적인 것이기 때문이다. "당신의 일과와 살아 오던 방식, 그리고 사교적인 연락망을 잃어버린다면, 많은 사람들의 경우에 나쁜 영향을 받게 됩니다. 직업을 잃고, 직장으로 돌아가고 싶지만 그럴 수 없는 사람들을 환자로 돌보는 의사와 이야기해 본 적이 있습니다. 그들은 삶에 대해 낙심하고 있었고, 우울증이나 다른 사소한 병들로 치료를 받고 있었습니다."

사람들이 퇴직할 필요가 없거나 스스로 원하는 시기를 선택할 수 있다면 지금보다 훨씬 좋을 것이다. 50세에서 60세에 이르는 사람들의 다수가 퇴직했지만, 어떤 고용주도 그 나이의 사람들을 받아들이려고 하지 않기 때문에 그들은 만성적인 실직상태에 있는 듯하다.

"우리는 퇴직하면 이제 기회의 문이 닫히고 말 것이라는 생각으로부터 벗어나야만 합니다. 꼭 그런 것만은 아닙니다." 이 이야기는 사실이다. 집에서 일하는 것은 이상적인 퇴직 다음 일이 될 수 있다. 존 에임은 60세의 나이로 해고되었을 때, 관광객을 위한 숙박사업인 홈 비즈니스 사업 〈홈 체인〉을 시작했다. "나는 케이언즈의 북쪽인 애보리지날 지구의 건설인부 훈련원에서 자리를 맡고 있었습니다. 그러나 그 일자리는 5년 계약의 중간쯤에 없어지고 말았습니다"라고 존은 말한다. 그와 아내 에미는 브리스베인의 집을 임대하고는 딸 중 둘과 손자와 손녀 여섯이 살고 있는 케이언즈에 정착하기로 결정했다.

존은 이제 이럴 수도 저럴 수도 없는 상황에 직면하게 되었다. 그는 수입이 필요했다. 그러나 "1992년에 누가 60세 먹은 사람을 고용하겠어?"라고 혼잣말을 할 수 있을 뿐이었다. 그는 자신이 할 수 있는 것들과 관심 있는 것들을 생각해 보았다. 존에게 있어서는 여행—목장과 소유지를 돌아보는 것—과 사람들을 만나는 일이 거기에 포함되었다. "나이 든 사람들은 바쁘게 지내야 할 필요가 있습니다. 사람의 예상 수명은 이제 80이나 90세에 이르기 때문입니다. 그리고 나는 직장이 필요한 손자들이 있지요. 케이언즈에서는 실업률이 매우 높습니다. 나는 하나의 사업을 창업함으로써 손자들과 다른 사람들을 고용할 수 있습니다. 내 장기계획은 연금생활자들을 돕는 것입니다. 그들이 친구를 사귀고 돈도 벌 수 있도록 각자의 집을 여행자들에게 개방하도록 하는 것이지요."

엔셀 교수는 직장에서 조기퇴직한 사람들과 이야기해 오고 있다. "조기퇴직이란 말은 약간의 환상을 포함하고 있습니다." 그는 조언한다. "당신은 재정적인 문제가 없을 것이라고 생각하지만, 때때로 그것은 사실이 아닙니다. 경제상황은 악화될 수 있고, 이자율이 떨어지면 당신에게 제안되었던 퇴직조건들은 갑자기 매력을 잃게 됩니다. 당신은 병 때문에 혹은 직장을 구하지 못한 아이들을 도와야 하기 때문에 예상치 않은 돈이 필요하게 될 수 있습니다. 그러니까 지금 일이 지루하고 스트레스를 주며 몸에 좋지 않다면, 그걸 바꾸거나 완전히 다른 일을 시작하는 게 좋지 않겠습니까?"

이런 상황에서는 홈 비즈니스 사업을 하는 것이 합리적이다. 왜냐하면;

- 일을 하지 않는 것은 당신에게 나쁜 영향을 준다. 당신은 매일의 일과와 살아 오던 방식, 사교적 접촉을 잃기 때문이다.
- 은퇴했을 때 가진 돈이 충분하지 않을 수 있다.
- 30년이나 되는 여가란 지루할 수 있다. 요즘의 긴 수명을 고려하면, 은퇴생활은 30년 간 지속될 수 있다.

엔셀 교수는 자신이 설교하던 것을 실행에 옮기고 있다. 그는 7년 전 전업으로 하던 가르치는 일을 그만둔 후 유례 없이 바빠졌다고 말한다. 그는 뉴사우스웨일즈의 사회정책연구소에서 연구원으로 일하고 있다. 그것은 급료를 받지 않는 일이다. 그의 수입은 자문을 해 주는 데서 나온다.

"소수의 은퇴자에게 있어서 은퇴는 여가를 뜻합니다." 그는 말한다. "그러나 이런 경우는 단지 소수에게만 그렇습니다. 갑자기 아무 준비도 없이 일을 그만두는 것은 권할 만한 것이 아닙니다. 은퇴 후 일찍 사망하는 현상은 분명히 있습니다. 불행히도 우리는 극적인 사건들만 듣게 됩니다. 퇴직 후 18개월만에 자살하려고 창문에서 뛰어내리는 사람들의 얘기 말입니다. 정확한 조사가 행해지지는 않았습니다만, 이런 현상은 분명히 일어나고 있습니다." 그는 말한다.

여기에 서서히 홈 비즈니스 사업으로 전환해 가야 할 또 다른 이유가 있다. 만약 홈 비즈니스 사업을 하려고 한다면 미리 그 일을 준비하라. 거기에 갑자기 뛰어들어서는 안 된다. 그것은 여러 가지 이유

—수입의 갑작스런 변화 같은— 로 현명한 일이 아닐 수 있다. 그리고 기억하라. 당신이 하고 있는 일을 즐기고 있다면 성공할 가능성은 훨씬 높다.

엔셀 교수가 연구 도중에 만난 인물 중 가장 많은 영감을 주었던 사람 중 하나는 멜버른의 은퇴자 마을에 살고 있는 71세의 여성이었다. "그녀는 전화와 팩스, 그리고 우편물 서비스를 통해서 잡지의 광고문안을 편집하는 일을 하고 있습니다. 그녀는 아무도 자신의 나이를 알 수 없도록 그렇게 떨어져 일하는 게 좋다고 농담을 합니다. 이분은 집에서 매우 효율적으로 일하고 있으며, 모든 가사는 은퇴자 마을측이 돌봐 줍니다. 그녀의 남편은 돌아가신 지 오래 되었고, 아이들은 멀리 떨어져 삽니다. 그러나 그녀는 자녀들을 자주 보지 못하는 것에 대해 괴로워하지 않습니다. 그녀는 스스로 만들어 낸 생활방식에 대해 행복해 하고 또 만족하고 있습니다."

〈검토할 것들〉

스트레스는 신체적이고 정서적인, 그리고 인지적인 영향을 준다. 스트레스를 줄이는 방법은 아래와 같다.

- 작업공간과 생활공간을 물리적으로 분리할 것.
- 한 주의 작업시간을 설정할 것.
- 매일의 일과를 정할 것—중요도에 따라 목록을 만들고 하나의 일이 끝날 때마다 표시해 나갈 것.
- 처음부터 한계선을 설정하여 방해를 막고, 작업시간 중에는 사교성 방문이나 전화를 사양할 것.
- 당분이 많은 음식보다는 미리 준비된 과일과 야채로 군것질을 할 것.

- 정기적인 휴식시간을 가지며 적절하고 잘 균형잡힌 식사를 할 것.
- 담배를 줄일 것.
- 커피를 차나 핫초콜릿 또는 물로 대신할 것.
- 텔레비전을 끌 것.
- 신체적이고 정서적인 휴식을 위해 자잘한 가사일을 일과 결합해서 할 것.
- 잘 짜여졌지만 융통성도 있는 근무계획을 아이들과 함께 보내는 시간을 피해서 설정할 것.
- 사업의 문제점을 해결하기 위해 시간을 따로 마련할 것.
- 일을 위임하거나 장부정리 같은 전문적 서비스를 돈을 주고 이용할 것.

병에 걸렸을 때와 건강할 때

일러스트레이터인 로드 허치슨은 미끄러져 넘어졌을 때 그림 그리는 오른손이 다치지 않은 것에 감사해 했다. 그러나 왼팔이 부러진 것을 알게 되자, 그렇게 기뻐할 수만은 없었다. 그는 말한다. "나는 4주 동안 전혀 일할 수 없었고, 그 다음 3주는 시간제로만 일할 수 있었습니다." 다행히 그는 얼마 전에 가입했던 수입손실보험에 적용받을 수 있었다. 그러나 이 보험은 처음 2주일 동안은 효력이 없었을 뿐만 아니라 가사 유지에 관한 비용만을 지급할 뿐 자동차 유지비도 지불하지 않았다. 그런 보험은 로드가 선택한 2주간의 기간보다 더 일찍 혹은 더 늦게 효력을 나타나게 할 수 있다. 주당 지불금액도 더 높을 수 있지만 그러기 위해서는 더 비싼 보험료를 지불해야 하고, 로드는 자신이 내는 매년 400달러의 돈이 충분히 비싸다고 판단했었다. "나는 그 고난을 넘길 약간의 돈이 있긴 했습니다만, 계속 유지해 나가기 위해 자본금을 꺼내 써야만 했습니다." 그것도 마찬가지로 문제였다. 왜냐하면, 보험회사는 그 사건이 일어난 날로부터 거의 석 달 후에나 수표를 보내 주었기 때문이다!

"나는 사고 당시 한 고객을 위해 부동산 스케치를 하고 있었습니다." 로드는 말한다. "나는 그 집 주인의 세대보험에 보상을 청구할 것입니다."

로드의 경험은 홈 비즈니스 사업 근로자한테는 수입에 대한 보호보험과 충분한 건강보험이 필요하다는 것을 말해 준다. 그는 이제 건강을 돌보고 유지하는 일이 매우 중요하다고 생각하고 있다.

"나는 지난 크리스마스에 심장마비를 일으켰고, 그것은 분명히 부분적으로는 일이 주는 부담 때문이었습니다. 전산화는 신문의 마감일을 더 짧게 만들었습니다. 한때는 토요일 신문에 내기 위해서 금요일 정오까지만 부동산 스케치를 가져다 주면 되었습니다만, 이제는 목요일까지는 전달해야 합니다. 어떤 광고 대리인들은 심지어 수요일에 갖다 줄 것을 요구하기도 합니다. 그러면 일은 힘들어지고 매우 긴장하게 되죠."

"내 일은 주로 앉아서 하는 일입니다. 나는 많은 시간을 책상에 앉아서 스케치를 마감하는 일로 보냅니다. 때로 큰 일감이 있을 때면, 아침 6시에서 저녁 10시까지 1주일에 70시간씩 일에 투자합니다. 대개 1주일에 50시간은 일하지요. 나는 많은 사람들이 한정된 고객을 놓고 치열하게 경쟁하는 업종에서 일하고 있습니다. 많은 사람들이 건물을 그릴 수 있고, 그들은 매우 싼 가격으로 일을 함으로써 시장을 잠식하고 있습니다. 나로서는 다행인 것이 그것들은 질이 좋지 않고 오래가지 못합니다. 경기침체도 상당수의 사람들을 시장에서 털어냈습니다. 당신은 신용과 명성, 그리고 시간을 지키는 것으로 고객을 늘려 나갑니다. 당신은 한 명의 부동산 중개인 때문에 주말 전체를 망칠 수도 있습니다. 당신이 그림을 완성시키지 못한다면, 그들이 선전 책자나 목록을 만들지 못할 것이기 때문입니다."

심장마비를 겪은 일은 로드로 하여금 자신의 건강과 작업방식을 다시 평가해 보도록 만들었다. "나는 이제 많이 걷고, 명상하는 법을 배우고 있습니다"라고 그는 말한다.

만성적인 건강문제가 있을 때 집에서 일하기로 하는 것은 편리한 선택이 될 수 있다. 전기기사인 밥 프라허티의 사업동료이자 아내인 슈는 자기 면역병으로 고생하고 있다. 그러나 밥은 슈의 기여를 매우 값어치 있는 것으로 생각한다. "그녀가 사업의 중심입니다." 그는 말한다. "슈는 전화로 고객을 상대하고 그들이 문제를 해결하는 것을 도우며, 은행 계좌를 관리하고, 컴퓨터로 장부를 기록하는 등 재무를 담당합니다. 때때로 그녀의 병 때문에 돕는 일이 제한되는 경우도 있습니다만, 우리는 그걸 피해서 일합니다."

"밥은 자신의 일을 사랑하고, 나는 거기서 기쁨을 느낍니다." 슈는 말한다. "내 건강상태로는 직장을 가질 수는 없었습니다. 나는 근육과 관절에 계속되는 통증을 느끼고 있고, 그것은 나를 매우 피곤하게 만듭니다. 때로 고객을 유쾌하게 대하는 일이 어려울 때도 있습니다. 전화는 아침 6시부터 오기 시작해서 때로 저녁 6시까지 멈추지 않습니다. 그리고 당신은 고객이 뭐라고 하든 그게 정말로 긴급상황인지를 알아내야만 합니다."

16년이 흘렀고, 슈는 이렇게 사는 데 익숙해졌다. "그것은 이제 내 일부가 돼 버린 것 같습니다. 당신은 대부분의 시간을 남을 위해 살게 됩니다." 그녀는 설명한다.

부담을 더하는 것은 밥과 슈의 25살 난 딸 제인이 똑같은 자기 면역병을 앓고 있다는 사실이다. "그 병은 유전되며, 대개 여성에게만 영향을 준다고 알려져 있습니다. 치료는 할 수 있지만 완치는 불가능합니다"라고 슈는 설명한다. 제인은 일을 그만두어야만 했다. 그녀는 지금 날마다 편두통으로 괴로워하고 있으며, 실질적으로 침대에서 한 발자국도 떠나지 못하고 있다. 이것은 슈가 집 밖에서 일할 수 없었던 또 다른 이유이다. "우리는 행복한 가족입니다. 우리는 시무룩한 얼굴로 돌아다니지는 않습니다." 그녀는 명랑하게 말했다. "27살 된 우리 아들 크리스토퍼도 집에서 우리와 함께 살고 있습니다. 그애는 떠나기를 원치 않았습니다. 그러니까 우리가 일을 제대로 하고 있는 것이 분명하겠죠!"

집에서 더 잘 지내고 있는 또 다른 사람들도 있다. "나는 사무실보다 집에서 병에 걸리는 횟수가 훨씬 적습니다." 이제는 출판물 생산을 전문으로 하고 있는 파울라 루젝(Paula Ruzek) 기자는 말한다. "〈비즈니스 리뷰 위클리〉지를 위해 일할 때는 연달아 5번이나 감기에 걸렸습니다. 그건 대중교통 수단과 에어콘이 문제가 되었기 때문입니다. 감기를 겨우 이겨냈다고 생각할 때면 다음 번 감기가 시작되곤 했습니다. 지금 나는 기껏해야 1년에 한 번 정도 감기에 걸립니다. 나는 아주 건강합니다. 언제나 그랬던 것처럼, 나는 산책을 하고 체육관에 갑니다. 그러나 지금은 그 시간대를 선택할 수 있고, 저녁보다는 주로 아침에 체육관에 갑니다."

몇 가지 경험담

"오늘은 내가 왜 집에서 일하는가에 대한 좋은 예가 되는 날입니다." 작가인 리비 그리슨(Libby Gleeson) 씨는 말한다. "세 딸 중 하나가 한 주 전에 팔을 다치고는 개학 첫날인 오늘까지 아프다고 말하지 않고 있었습니다. 그래서 우리는 병원 X-레이실에서 2시간을 보내게 되었습니다. 다행히 부러진 곳은 없었고, 팔목을 삔 것뿐이었습니다."

"나는 집에서 일하기 때문에 융통성을 가질 수 있고 독립적이 될 수 있습니다. 누군가가 아프다면 그 상황을 돌봐 줄 수 있고, 시드니 작가 축제 같은 모임이나 아이들의 학교에도 참석할 수 있습니다. 나는 이제 일이 훨씬 적은 스트레스만을 주는 걸 느낍니다. 그것이 좋아하는 일을 하고 있기 때문인지 집에서 일하기 때문인지는 모르겠습니다."

리비는 가르치는 일에 경험이 있고, 뉴사우스웨일즈 대학의 어학당에서 비영어권 사람들에게 영어를 가르치는 교사들을 교육하는 일을 해 왔다. 오늘날 그녀는 〈사랑해, 사랑하지 않아, 엄마 어딨어?〉나 〈하나 더하기 하나〉 같은, 아이들을 위한 책으로 알려져 있다. 그녀는 셋째 아이가 태어날 때까지 4년 간 가르치는 일과 집필을 병행할 수 있었다. "무언가를 포기해야만 했습니다." 그녀는 설명한다. "그리고 포기해야 할 것은 교직이었습니다."

그녀는 집에서 일할 때 몇 가지 결정을 내려야만 한다고 믿는다. "당신은 근로자가 되는 겁니다. 이것은 당신의 직업입니다. 당신은 그 직업이 시간제인지 종일제인지를 결정해야만 합니다."

작가이자 일반 기업의인 피터 골드워시의 경우는 시간제로 일한다. 그는 아침에는 시와 책, 그리고 영화 대본에 관한 일을 집에서 하고, 오후에는 아내 헬렌의 진료소에 간다.

"그게 좋습니다." 그는 말한다. "글을 쓰는 일은 점심때가 되면 김이 빠지고 지루해집니다. 소설의 두세 번째 개정판을 내는 따위의 일이 없는 한에는 말입니다. 그럴 때는 집을 떠나야만 하는 게 짜증이 나지요. 그러나 종종 그건 좋은 휴식이 되곤 했습니다."

피터는 졸업한 이후 계속 시간제로 의사로서 일을 해 왔다. "나는 헬렌이 공부를 마치는 동안 아이들을 돌보고 시간제로 일했습니다. 우리가 둘다 같이 공부하는 것은 불가능했습니다." 그는 17년 간 집필생활을 해 왔으며 그 과정에서 전국적인, 그리고 국제적인 문학상들을 수상했다.

그의 첫 소설 〈마에스트로〉는 에로 주에서 12학년을 위한 정식 교과서로 쓰이고 있으며, 지금은 시디롬으로도 나와 있다. 그의 시집과 단편집은 대단한 갈채를 받고 있으며, 어떤 책은 그의 소설 〈소망〉에서와 같이 고등동물이 인간과 같은 감정을 갖고 있는가 같은 흥미 있는 질문을 제기하고 있다.

그가 '작고 빈약한 수도원'이라고 스스로 묘사하는 작은 홈 비즈니스 사무실에서 일한다. "나는 다소의 불편함은 필요한 것이라고 믿습니다"라고 그는 설명한다. 그의 컴퓨터는 벽 쪽으로 붙어 있다. 프린터와 팩시밀리는 양쪽에 놓여 있고 창문 하나가 그의 오른편에 있다. "나는 전망이 너무 좋은 것은 원치 않습니다. 정신이 산만해지니까요. 나는 정신이 산만해지는 것을 피하기 위해서 사무실을 빌린 작가들을 알고 있습니다. 나는 그렇게 하는 것에 종종 동의합니다. 나는 1시간씩 일하고는 커피나 그 밖의 먹을 것들을 찾습니다. 영화 대본의 경우는 다르죠. 거기에는 마감일이 있고, 그건 무척 유용합니다."

〈당신의 타자 비서 서비스〉의 제니 처치는 마감일에 대처하는 데 익숙하다. 그녀에게 있어서는 그것이 살아가는 방식이다. 마감기한이 짧은 일감들 때문에, 그녀는 시간적 여유를 전혀 느낄 수 없다. "그러나 나는 해냅니다. 나는 항상 그렇게 살아 왔거든요. 나는 긴장을 풀기 위해 바이올린을 배우려 하고 있습니다." 그녀는 말한다. "그리고 그건 매우 재미가 있습니다."

제니는 1989년 당시 이미 법률사무소에서 수석비서 겸 사무실 관리자로 25년 이상을 일해 왔기 때문에 자신의 홈 비즈니스 비서 사업을 시작할 충분한 자격을 갖추고 있었다. 그럼에도 그녀는 '준비 없이 들어간' 것을 후회하고 있다. "비록 이 분야를 매우 잘 알고 있었지만, 나는 홍보기간을 고려해야만 했습니다. 나는 그 당시 사업계획이라는 게 없었습니다만, 지금은 그것을 진지하게 생각하고 있습니다. 선견지명이 있었다면 처음부터 그랬을 겁니다. 당신은 너무 바빠서 어디로 가고 있는지 뭘 하고 있는지 또 뭘 해야만 하는지를 생각해 볼 겨를이 없을 수도 있습니다." 그리고 어떤 분야에서는 돈을 낭비하거나 비용을 적절히 쓰지 못하기도 하고, 일을 다 해내려면 지나치게 빠른 속도로 일해야만 할 수도 있다.

"나는 전화번호부에 광고를 하고 있습니다만, 입으로 전해지는 광고가 최고의 광고라는 걸 깨달았습니다. 이 사업을 본 궤도에 올려 놓는 데는 18개월이 걸렸고, 내가 그 수입으로만 살아야 했다면 굶주리게 되었을 겁니다. 하지만 그 때까지는 내 남편이 일을 하고 있었습니다. 이제는 은퇴했지만 말이에요."

그녀는 계속 반복되는 거래를 만들고 유지하는 게 매우 중요하다고 믿는다. "나는 엄청나게 바가지를 씌우는 경우를 봐 왔습니다. 당신은 뭐든지 한 번은 팔 수 있으니까요. 중요한 것은 단골인 고객을 확보하는 것입니다."

관계 유지는 또 다른 중요 고려사항이다. "집에서 일하는 것은 남편과의 마찰을 만들어 낼 수 있습니다." 제니는 수긍한다. "남편은 '방을 두 개나 차지했구면. 나머지도 해 보지 그래!' 하고 말하곤 합니다. 그 사람은 내 일이 차지하는 공간을 싫어합니다." 제니의 사무실은 집의 앞쪽에 있다. 고객은 앞문으로 들어와서 대기실로 꾸며진 곳에 오게 된다. 작업시간 또한 문제를 일으킨다. "남편은 내가 주말 오후 3시에도 일을 그만둘 수 없을 때면 짜증을 내곤 합니다. 때때로 나는 저녁 6시까지는 이 곳에 묶여 있어야만 합니다."

"그 사람을 어떻게 달래느냐구요? 나는 명랑하게 내 방식대로 밀어붙입니다." 그녀는 웃으며 말한다. "그는 우편물을 가져오고 청구서를 지불하는 등 내가 꼭 해야만 하는 일들을 해 주면서 나를 돕습니다. 그는 커피를 만들어 주고 집안일을 맡아 주곤 합니다. 그는 나나 내 일을 방해하지 않습니다. 당신이 기본 원칙을 세워 주면 말입니다. 이건 정식으로 일하는 것이지 놀이로 하거나 용돈이나 벌자고 하는 것이 아닙니다. 집에서 일하는 게 바로 내가 생계를 위해 하는 일입니다."

파멜라와 게리 라펄슨 부부는 집에서 일한다라는 주제를 통해 집에서 돈을 벌어들이고 있다! 게리는 호주 최초의 홈 비즈니스 사업을 위한, 그리고 홈 비즈니스 사업에 관한 잡지 〈홈비즈〉지의 설립자 겸 편집자이고, 아내 파멜라는 그와 관련된 시장관리나 판촉일을 맡아 보고 있다. 〈홈비즈〉지는 1994년 2월, 500부의 발행부수를 가지고 8쪽짜리 소식지로 시작되었다. 오늘날 이 잡지는 통신사를 통해 전국적으로 판매되는 36쪽의 컬러 잡지가 되었으며, 발행부수는 500부에서 1만부로 늘어났다.

파멜라는 스스로가 매우 전형적인 홈 비즈니스 근로자라고 생각한다. "나는 20년 전 첫 아이가 생기자 집에서 일하기 시작했습니다. 나는 전번 고용주로부터 전동 타자기를 한 대 구입했고, TAFE 단과대학과 대학교들에 광고를 내걸고는 타자 사업을 시작했습니다. 나는 또한 지역의 건축가들도 만났는데, 그것은 건축 사무실에서 일한 적이 있었기 때문이었습니다. 이제 우리는 고성능 맥킨토시를 포함한 4대의 컴퓨터와 프린터, 팩스기, 복사기, 모뎀 등을 갖고 있습니다. 요즘도 여전히 나처럼 새 출발을 하는 사람들이 있기는 하지만, 이제는 상황이 훨씬 심각합니다. 더욱 심한 경쟁을 해야 하니까요."

파멜라는 처음 사업을 시작했을 때는 잘 해 나갔지만, 집에서 일하므로 가볍게 취급을 당할 것이라는 생각 때문에 곤란을 겪었다. "진짜 사업체가 된다는 것은 너무 쉬워 보였습니다. 그리고 나는 어리석게도 기존의 비서 서비스 회사를 사들이기로 하고 비싼 상가 건물을 빌렸습니다. 그러고는 개인 상담자를 고용했습니다." 그녀가 그 사업을 활성화시키기 위해서 소식지를 만들기 시작했을 때 그 반응이 너무나 좋았고, 그녀와 게리는 자신들이 새로운 시장을 개척했다는 것을 깨달았다. 그들 부부는 자신들의 출판사인 〈와이즈 그룹〉을 설립했고, 게리는 집에서 일하기 위해 〈뉴 아이디어〉에서 보조 편집인으로 일하던 것을 그만두었다. 그 잡지회사는 게리한테 돌아오라고 설득했고, 지금은 계약을 맺어 그의 자리를 보존해 두고 있다.

다른 사람들처럼 라펄슨 부부는 집에서 일하는 덕분에 융통성을 가질 수 있게 되었다. "평생 내가 한 일 중 가장 잘한 것은 그 비서 서비스 회사를 떠나서 집으로 돌아온 일입니다." 파멜라는 말한다.

"누군가 하루는 집에서 일할 때 정원에 가고 싶으면 어떻게 하느냐고 내게 물은 적이 있습니다. 나는 '그냥 가요!'라고 대답했습니다. 나는 3세가 된 아이 디키 때문에 사업을 집으로 옮겼습니다. 그애는 사무실에 들어와 나와 함께 있곤 했고, 매우 호기심이 많으며 정말로 움직이는 걸 좋아합니다. 내가 고객과의 전화에 매여 있는 동안, 그애는 앞문으로 나가서 순식간에 사라지곤 했습니다. 한번은 아이를 7층에서 찾았습니다. 거기까지 난간도 없이 콘크리트 판만으로 이루어진 계단을 통해 기어 올라갔던 겁니다. 나는 그게 너무 끔찍한 일이라고 생각했습니다."

"집에서 일하는 경우가 늘어나는 진짜 이유는 아이들과 함께 머물러 있어야 하는 엄마들 때문입니다. 집에서 일하는 사람은 그렇게 사는 방식이 좋기 때문에 그렇게 합니다. 우리는 허세를 원치 않습니다. 사무실의 광채와 번쩍임도 필요치 않습니다. 〈홈비즈〉지 역시 그렇습니다. 허세를 부리지 않고 융통성이 있습니다. 우리는 독자들과 매우 긴밀한 접촉을 하고, 잡지를 그들의 필요에 맞추려고 합니다. 큰 조직은 이렇게 할 수 없습니다. 그러나 우리는 즉각 반응해서 독자가 원하는 주제를 다루고 홍보하며 인터넷에 접속합니다. 우리는 독자가 하라는 것을 했고, 그렇게 하라는 조언을 받았습니다. 우리는 작게 시작해서 계획에 따라 점점 성장해 가고 있습니다."

제8장

마지막 손질

'DO IT NOW(지금 바로 하라)' 가 'DONUT NOW(지금은 도넛시간)' 로 바뀌는 것에 주의.

　　사업이 본격화되면 예기치 않았던 '문제'가 일어날 것이다. 그 '문제들'을 도전할 목표로 삼고, 거기에 정면으로 부딪혀 나감으로써 작업환경과 생활방식을 개선하고 풍요롭고 만족스러운 삶을 영위할 수 있을 것이다.

사회적 고립

　　나는 몇 년 간 생각하고 계획한 끝에 내 자신을 가장 바람직한 환경 아래에 둘 수 있었다. 그건 내가 가장 좋아하는 일, 즉 글쓰기로 돈을 버는 것이었다. 내게 글쓰기는 일이 아니었다. 매력적인 사람들을 인터뷰하거나 흥미로운 책을 읽고 난 후 그 저자들과 이야기하는 것으로 돈을 버는 것은 즐거움이자 기쁨이었다. 그러나 내 새로운 생활에는 예기치 않았던, 사회적 고립이라는 측면이 있었다.

물론 나는 많은 시간을 집 밖에서 보냈고, 인터뷰를 하면서 보냈다. 나는 결코 혼자가 아니었다. 그러나 내가 영국의 여배우 해일리 밀과 커피를 마셨다거나 존 피츠제럴드와 잡담을 나누며 다른 테니스 챔피언이 연습하는 걸 구경했다고 해도, 그것이 친구들이나 직장동료들과의 만남 같은 것은 아니었다. 나는 정말로 그런 식의 사교적 접촉이 그리웠다. 나는 내 옛 직장에 좋은 점이 많이 있었다는 것을 인정하게 되었다. 거기에는 자극을 주는 아이디어의 교환과 가벼운 농담과 웃음, 그리고 무엇보다도 동료가 있었다. 혼자서 일하게 된 나는 너무나 쉽게 늪에 빠진 듯이 꼼짝 못하게 된다. 나는 내가 모든 것을 너무 심각하게 받아들이고 일에 대해 강박관념을 가진다는 것을 깨달았다.

나는 사교적 만남을 가지자고 제안하는 일을 이전보다 훨씬 더 많이 해야 한다는 것을 발견했다. 나는 때로 친구들과 같이 점심을 먹고는 했고, 그보다 더 자주 그저 같이 커피를 마시곤 했다. 이것은 나의 고립을 완화시켜 주기 때문에 내 일에 도움이 되었다. 당연히 나는 항상 시간에 대해 신경을 써야 했는데, 점심이나 짧은 커피 휴식시간을 위해 1시간 이상은 쓰지 않았다. 그러나 내 친구들 역시 모두 일하는 사람들이었기 때문에 그들도 시간이 많지 않았다.

전직 교사인 시드니의 작가 리비 그리슨에게는 가까이에 직장동료가 없다는 것은 좋기도 하고 나쁘기도 한 일이었다. "당신은 사무실

정책에 신경쓸 필요가 없고, 9시에서 오후 5시까지 일하는 직장에서 서로 경쟁하다가 저녁 7시까지 일하게 되는 일도 없습니다." 그녀는 설명했다. "반면에 쉬기 위해 외출하고 싶을 때면, 당신은 자신의 교제범위가 확 줄었다는 것을 발견하게 됩니다. 당신은 이제 더 이상 날마다 사람들을 만나고 있는 게 아니기 때문입니다. 내가 아는 많은 작가는 시드니 밖에서 삽니다. 그래서 우리는 전화를 하고 이따금 방문하는 것으로 우정을 이어 나갑니다."

퀸즈랜드대학의 정신의학과 부교수인 데이빗 캐버나 교수는 주중의 일정 시간을 집에서 일해 왔다. "나는 전자우편을 사용하는 것이 대단히 값어치 있는 일이라는 걸 알게 되었습니다"라고 그는 말한다. 그는 인터넷을 사용해 지방과 영국에 있는 동료들과 연락을 취하고 있다. "나는 그들과 직접 이야기하는 것 같았습니다. 그것은 편지를 교환하는 일과 같지만 거의 순간적으로 일어납니다. 그것은 사회화하는 일일 뿐만 아니라 진짜 일에 관한 일이기도 했습니다."

고객과 직접적인 만남을 가지는 많은 홈 비즈니스 근로자들은 사회적 접촉에 대한 열망 때문에 다른 환경에서 그러는 것보다 더 많은 시간을 잡담에 쓴다는 사실을 발견하곤 한다.

사회적으로 고립되고 있다는 사실을 인식하고 친구들의 근황을 알려고 노력하라.

직업적인 고립

혼자서 일할 때, 당신은 같은 업종에서 일하는 사람들로부터 쉽사리 멀어질 수 있다. 최근에 어떤 새로운 발견이 있었는가? 시장에 새로 나온 상품은 어떤 게 있는가? 당신의 업종은 어떤 방향으로 변화해 가는가? 당신이 그 답을 모른다면 해결책은 단순하다 :

직업적 단체나 조직에 가담하라. 소식지와 잡지를 구독하고 동료들과의 정기적인 모임을 시작하라.

나는 호주기자연합 방송의 매체부와 오락예술연합, 그리고 호주저술가협회, 남호주작가센터, 호주 홈 비즈니스 사업회의 회원이다. 나는 〈홈비즈〉지를 구독하며 지루할 때는 다시 다른 일에 몰두할 수 있게 해 주는 치과의사 면허를 유지하고 있다.

"나는 상공회의소와 호주 마케팅 기구에 등록했고, 그래서 지금은 다른 사람들과 만날 수 있습니다." 줄리 매튜는 말한다. "집에서 일하면, 폐쇄공포증에 걸린 것 같을 때가 있습니다."

집에서 일하는 조직심리학자인 브루스 그로웨는 비공식적인 관계를 맺을 때 "당신들은 같은 사업에서 경쟁하고 있을지도 모른다"는 점을 경고한다. 서로 중립적인 관계가 되는 직업적인 조직이나 협회에서의 만남이 바람직하다고 그는 말한다.

사회적 지위와 자긍심의 손실

"〈앤드류 매튜 프로덕션〉에서 남편과 같이 일하는 것도 처음에는 어려운 일이었습니다." 줄리 매튜는 수긍한다. "나는 13명의 직원이 있는 내 회사—모델과 마무리 교육 학교—를 갖고 있습니다. 나는 다른 사람들을 부리는 데 익숙했죠. 전에는 다른 사람들이 나를 위해 커피를 타 주었고 우체국에 가 주곤 했습니다. 내가 사업을 운영하고 그들이 하나로 즐겁게 일할 수 있도록 해 주는 한편 월급으로 줄 돈을 구하는 동안, 그들은 보다 급이 낮은 일들을 했습니다."

줄리는 앤드류와 함께 일하고 기본적으로 그를 위해 일할 때 자신의 지위가 얼마간 낮아지는 것을 발견했다. "그것은 우리 둘 모두에게 많은 타협이 필요한 일이었습니다." 그녀는 말한다. "앤드류는 자기 회사를 팔았습니다. 그는 자신의 연구단체를 운영하고 있었거든요. 그리고 우리는 같이 일하기 시작했습니다. 내가 앤드류와 그의 연설, 세미나를 판매할 때, 나 자신은 뒤쪽으로 물러섭니다. 하지만 나 또한 연설하는 것과 내 지식을 나누는 것을 좋아합니다. 그래서 나 역시 사업 에티켓과 사내에서의 옷차림에 관해 가르치면서 어느 정도 그런 일들을 합니다. 그러나 지금 조명을 받고 있는 것은 앤드류입니다. 나 역시 그래 본 적이 있고 그걸 즐긴 적이 있습니다. 일단 앤드류가 안정되면 나도 다시 그렇게 할 겁니다."

로스 서덜랜드는 아내 잰과 〈다이알-에이-와이프〉에서 같이 일하기 위해 교직을 그만두었다. 그는 사회적 지위의 손상을 경험하지는 않았다. "재미있는 일입니다만, 나는 더러운 집에서 서너 시간을 일한 후 즉각 노력의 대가를 받는 것에 대해 담담한 만족감을 얻고 했습니다. 교직에서는 그런 일이 일어나지 않습니다. 당신은 열심히 일하지만, 그 결과가 있다고 해도 '저를 기억하세요? 저를 가르치셨죠? 그 점 대단히 감사하게 여기고 있습니다'라고 말하는 학생이 생기는 경우는 몇 년이 지나야만 합니다. 내가 집을 청소해 준 사람들과 이야기할 때면 그들은 놀랍니다. 그들은 '그 일이 좋으세요?'라고 묻습니다. 나는 이 일을 즐기고 있어요. 나는 청소를 하다가 훌륭한 사람들, 정말로 재미있는 사람들을 만나곤 합니다."

"나는 〈호주 홈 비즈니스 사업회〉에서 주관하는 모임과 아침식사 모임에도 나갑니다. 거기서 다양한 사람들과 이전에는 존재하는지도 몰랐던 사업들을 알게 되었습니다. 내 사교의 폭은 실제로 더 넓어졌습니다. 교사들은 사람들과 어울릴 때 그 폭이 좁은 경향이 있습니다. 대개 다른 교사들과 관계를 유지할 뿐이니까요."

사업에서 조언자를 두는 것은 사업적 지식을 늘리는 것뿐만 아니라 자긍심을 향상시키는 데도 도움이 될 수 있다. 제도사인 피터 로버트슨은 신기업 격려제도로 만나게 된 자신의 조언자와 여전히 연락을 하고 있다. 피터는 말한다. "처음에 그는 내게 영감을 주고 가르쳤습니다. 내가 그 과정을 마치고 홈 비즈니스 사업을 시작한 후, 우리는 집에서 정기적으로 만났습니다. 내가 전화를 걸면, 그는 여전히 기뻐하죠. 그건 내게 큰 격려가 됩니다."

시간 관리

집에서 일할 때면 아침 늦게 일이 시작되고, 점심식사 시간이 길어지거나 또는 별로 급하지 않은 일에 시간을 허비하기가 너무 쉽다. '시간은 삶의 밑천'이라는 말을 들어 본 적이 있는가? 미국의 시인 칼 샌드버그는 한 걸음 더 나아가서 말한다. "시간은 당신이 가진 유일한 밑천이다. 그리고 오직 당신만이 그것을 어떻게 쓸 것인가 결정할 수 있다." 미국의 과학자이자 정치가인 벤자민 프랭클린은 조언한다; '시간을 낭비하지 말라. 왜냐하면, 그것이야말로 삶을 구성하는 재료이기 때문이다.'

우리 모두는 하루에 똑같은 양의 시간을 향유한다. 그런데 어떤 사람은 왜 그렇게 많은 일을 성취하고, 또 어떤 사람은 왜 그렇게 적은 양의 일만 이루어 내는가? 잠을 덜 자는 것, 그게 비결일까?

물론 몇몇 일 중독자들은 밤이고 낮이고 일한다. 그러나 그 답은 더 열심히가 아니라 더 현명하게 일한다는 것이다. 저술가이자 광고 전문가인 브리스 코트니(Bryce Courtenay)는 4시간을 자는가 14시간을 자는가는 중요한 것이 아니라고 믿는다. 중요한 것은 당신이 일하는 그 시간 동안에 무엇을 하는가이다. 그는 우리들 대부분은 매일 약 4시간의 시간을 낭비한다고 말한다. 가장 많은 것을 성취하는 사람은 예외없이 시간을 잘 운영한다. 그들은 매시간을 최대한으로 활용한다.

일과 정하기

당신의 시간을 조정하는 첫 번째 단계는 일과를 정하는 것, 아니면 최소한의 핵심적인 근무시간을 정하는 것이다. 하루 중 언제, 그리고 몇 시간을 일할 것인지를 결정하라. 아마도 오전 9시에서 오후 5시까지가 당신에게 적당할 것이다. 또는 다른 용무 때문에 그렇게 하는 것이 여의치 않을 수도 있다. 당신은 이른 오후까지만 일하고 아이들을 학교에서 데려온 후, 일단 아이들이 자리를 잡거나 잠이 들었을 때 다시 일을 계속할 수도 있다.

당신은 종달새인가, 올빼미인가? 즉 아침형 사람인가, 저녁형 사람인가? 이제 당신은 자신이 가장 생산적인 때 일할 수 있다. 새벽에 시작하든 오후 늦게 시작하든 말이다. 후자의 경우는 외국에 있는 회사들과 사업을 시작하기에 이상적인 시간이 될 것이다. 왜냐하면, 저녁과 밤 시간 동안은 당신이 그들의 시간대와 시간을 맞추게 되기 때문이다. 홈 비즈니스 근로자에게 불면증은 커다란 이득을 가져올 수도 있는 것이다!

어떤 사람들은 자신들의 시간활용에 융통성 없으면 일을 잘 하지 못한다. 그들이 정해 놓고 일하는 시간은 다소 핵심적인 근무시간과 같은 것이다. "내가 시간을 정해 놓고 일하기를 원했다면, 지난번 직장에 그냥 남았을 겁니다." 컴퓨터 상담가인 웨슬리 브라운은 말한다. "나는 매일 같은 시간에 일을 시작하고 끝내도록 통제받기를 원치 않습니다. 내게 있어 그것은 집에서 일하는 전체적인 의미를 퇴색시켜 버리는 일입니다. 나는 융통성 있는 근무시간을 가지는 것이 즐겁습니다!"

그러나 시간표가 엄격한 것이든 융통성이 있는 것이든, 일단 당신이 하나의 일과표에 정착했다면 그걸 고수하라! 홈 비즈니스 근로자에게 이 일은 많은 자기 통제력을 요구한다. 식생활 관리자이자 영양사인 로즈마리 샌톤이 말하듯이, 당신은 계속해서 일에서 빠져나와 부엌을 청소해서는 안 되는 것이다! 그러나 자기 통제력을 타고나지 못했다고 해도 두려워할 필요는 없다. 심리학자들은 뭔가 새로운 습관을 가지려면 3주의 시간이 필요하다고 말한다. 이른 아침의 산보가 제2의 천성이 되고 심지어 즐거움이 되기까지는 21일 간을 아침 6시 30분에 일어나야 한다는 말이다. 한 일과의 흐름에 익숙해져서 그걸 자동적으로 하기까지 대개 최소한 21일이 필요하다. 인내하라. 그러면 당신의 근무시간은 하나의 습관이 될 것이다.

목표와 우선순위 정하기

일단 하루 일과가 정착되면, 한 주일의 계획을 세우고 자세한 매일의 시간표를 짜도록 하라. 이번 주일에는 무엇을 성취하고자 하는가? 어떻게 그 일을 매일매일 나눠서 할 것인가? 집에서 일할 때,

계획을 세우는 일은 매우 중요하다.

앤드류와 앤 커즌는 〈암웨이〉사와 연계하여 집에서 배급회사를 운영한다. 그들은 그 날의 우선순위를 적은 일과표를 작성한다. "당신은 매일 그 날의 목표를 확실히 정할 필요가 있습니다." 앤드류는 조언한다. "그렇지 않으면 계속 차나 마시고 있기가 쉽죠."

앤드류 매튜 역시 매일매일 하고자 하는 일들의 목록을 만들고, 그것들을 우선순위대로 나열한다. 우선순위를 정하는 일은 대단한 도움이 될 수 있다. 당신은 자신의 일을 여러 가지로 구분할 수 있다. 예를 들면 a)꼭 해야 하는 일, b)해야 하는 일, c)하고 싶은 일이라든지, 아니면 a)당장 해야 할 일, b)다음에 할 일, c)기다릴 수 있는 일이 있다. 때때로 우선순위를 정하는 것이 어려울지도 모른다. 이런 경우에는 또는 일들이 똑같은 우선순위를 가진 경우에는 가장 어렵게 보이는 일을 목록의 첫머리에 두라. 이렇게 하는 것이 앞뒤가 뒤바뀐 것처럼 보일는지 모른다. 전혀 그렇지 않다. 어려운 일을 먼저 끝내는 것이 당신을 격려하고 박차를 가한다. 그러고 나면 지치기 시작했을 무렵에 오직 쉽고 빨리 처리할 수 있는 일만이 남게 되는 것이다. 기억하라. 성공적인 사람들도 어떤 일은 하기 싫어한다. 그러나 그들이 성공하는 이유는 바로 그것을 하기 때문이다. 성공한다는 것은 재능 때문만이 아니며, 어쩌면 재능과 전혀 상관이 없을지도 모르고, 그것은 오로지 헌신과 인내 때문이다. 성공하는 사람들은 다른 사람들이 포기해도 계속 노력한다.

해야 할 일을 기억에 의존하지 않고 적어 두는 것은 중요한 일이다. 그걸 다시 읽는 것이 당신으로 하여금 그것에 따라 행동하도록 자극하고, 일을 해 나감에 따라 목록을 지워감으로써 성취감을 얻게된다.

매일의 목표는 가능한 한 구체적으로 세워라. 어느 정도 물량의 주문을 목표로 하는가? 어떻게 그것들을 받을 수가 있을 것인가? 언제 주문을 받아야만 하는가?

또 하나, 현실을 잊지 말라. 처음에 나는 너무 많은 일들을 일과표에 적어 넣었다. 나는 현실적으로 내가 해낼 수 있는 일의 양을 과대평가했을 뿐 아니라, 주변의 방해나 그 계획에 대한 예기치 않은 변화를 전혀 고려하지 않았다. 하루는 버려진 개에 대한 잡지기사를 마무리하고 수주 후에 발표할 전기 쓰기에 대한 학회 발표 준비를 시작하기로 했다. 내가 그 기사에 관한 일을 시작하자마자 전화가 걸려왔다. 배우인 잭 톰슨이 인터뷰를 할 수 있다는 것이었다. 10시는 괜찮습니까? 이 인터뷰는 몇 주 동안이나 노려 왔던 것이었고, 나는 그걸 연기할 수도 없었으며 그러고 싶지도 않았다. 그래서 그 일이 예기치 않게 가장 우선순위가 높은 일이 돼 버렸다. 그 당시 톰슨은 뉴질랜드에서 영화를 찍고 있었고, 그래서 그 인터뷰는 전화를 통해 이루어지게 되었다. 그리고 우리의 대화가 아직 기억에 생생한 때인 인터뷰 직후, 나는 그 기사를 썼다. 비록 그 일을 하기 위해서 모든 약속을 재조정해야 했지만 말이다.

그런 변화는 모든 사람에게 일어난다. 그러므로 그것에 대한 대비를 하라. 그리고 매일의 목표를 결정할 때 현실적으로 해낼 수 있는 일의 양을 과대평가해서는 안 된다. 실패는 당신을 환상에서 깨어나게 하고 낙담시킬 것이다. 몇 개의 일을 적어 놓고 그것을 모두 달성하는 편이 많이 적어 놓은 다음 거의 아무것도 해내지 못하는 것보다 훨씬 낫다. 사실 나는 내가 할 수 있을 만큼보다 더 적은 일을 적어 놓는 것이 내가 더 많은 것을 성취할 수 있도록 동기를 부여해 준다는 것을 발견했다! *목표는 항상 현실적이고 달성할 수 있는 것이어*

야 한다는 것을 기억하라.

그 날의 목표들을 나열할 때면 더 큰 목적에서 눈을 떼서는 안 된다. 사업이나 일의 한 가지 면에만 매달려서 다른 모든 것을 망치게 되는 일은 너무 쉽게 일어난다. 분명히 당신이 정한 우선순위는 관련된 일의 양과 더불어 마감일과 지불 액수에 영향을 받게 될 것이다. 당신이 무엇을, 그리고 왜 하는가를 살펴라. 마감일이 없을 때는 스스로 마감일을 정해 주는 것도 큰 도움이 될 수 있다.

데이빗 캐버나 박사는 단기간의 마감시간을 정하는 것이 한 가지 큰 계획을 지속적으로 추진할 수 있게 해 준다고 믿는다. "집에서 일할 때면 나 자신에게 오전 11시까지 보고서 두 페이지를 쓰고 가게에서 카프치노를 한 잔 먹겠다고 말합니다. 당신은 이걸 기억함으로써 스트레스 없이 집중해서 일할 수 있습니다. 거기에는 이중의 보너스가 있습니다. 이 기술은 당신이 일을 계속할 수 있도록 도와 주고, 한 가지 일을 계속 하는 데 대한 보너스를 얻게 됩니다. 당신은 일을 했고, 그에 대한 구체적인 보상을 얻습니다. 나는 항상 그런 식으로 일을 하는 건 아니지만, 그렇게 할 때마다 효과를 봅니다."

단기적, 그리고 장기적인 목표

당신은 코끼리를 먹어치우기로 결심한 쥐에 관해 들어 본 적이 있는가? 굳게 결심한 그 설치류 동물은 크고 무거운 그 후피동물을 잘게 나누어서 코끼리가 완전히 사라질 때까지 그 조각들을 먹어치웠다. 당신도 역시 장단기 목표를 세운다면, 작고 다룰 수 있을 만한 조각으로 나눔으로써 큰 일거리를 해낼 수 있다.

예를 들어, 만약 당신이 장기적으로 100만달러의 매상을 올리는 사업을 만들어 내고 싶다면 어떻게 조금씩 이 목표를 향해 나아갈 수 있을 것인가? 당신은 처음 12개월 동안에는 2만 5,000달러의 매상을 올리는 사업을 만들어 내기로 목표를 세운 후, 그 다음 해부터 이 매출을 올려 나갈 수 있다. 그러므로 당신은 2년째에는 5만달러를, 세 번째 해에는 10만달러를 목표로 삼는 셈이며, 6년째 되는 해의 일 사분기에 그 장기목표는 달성될 것이다. 그렇다면 당신은 무엇을 기다리는가?

당신의 장단기 목표들이 서로 모순이 되지 않도록 주의하라. 단기적으로는 대부분의 시간을 가족과 보내겠다는 목표를 세우고, 장기적으로는 5년만에 재정적 독립을 이루겠다고 하는 일은 적절치 않다. 당신이 내가 틀렸다는 것을 증명해 보일 수 있지도 모르지만 말이다.

꾸물거림 타파하기

하나의 일을 위해 무한정의 시간을 허락한다면, 당신은 결코 그 일을 마치지 못할 것이다. "무언가 부탁해야 할 일이 있다면 바쁜 사람에게 하라"는 격언을 들어 본 적이 있는가? 바쁘지 않은 사람에게 부탁한다면, 그 사람은 "어떻게 하는 것이 최선의 방법이겠습니까? 언제 시작해야 하죠? 얼마나 시간이 걸릴까요? 다른 방법은 없나요? 내가 잘 할 수 있을까요? 그게 충분히 좋지 않다면 어찌시겠습니까?" 따위의 질문만 하면서 꾸물거릴 것이다. 바쁜 사람에게 부탁한다면, 아마 그는 생각에 빠져드는 일 없이 당장 그 일을 시작할 것이다.

꾸물거리는 현상은 대부분의 사람들에게 친숙한 것이다. 사전은 그 것을 '지체하거나 연기하는 행위'라고 악의 없이 정의하고 있지만,

꾸물거림에 고통받아 본 사람은 그것이 환영받지 못하고 무기력하게 만드는 병이 될 수도 있다는 것을 알고 있다. 중국 속담이 말하듯이 '한 걸음에 너무 신중한 사람은 평생 그 한쪽발을 내려놓지 못하는' 것이다.

꾸물거림에 대한 책과 글은 수없이 많다. 당신은 지겨워질 때까지 자신의 꾸물거림에 대한 이유들을 분석할 수도 있을 것이다. 물론 당신이 왜 일을 시작하지 못하는가에 대해 걱정하고, 그 이유가 무엇일까를 스스로에게 물어 보는 시간이면, 당신은 그 일을 마치고 자신을 고통 속에서 구해 낼 수도 있지만 말이다!

"일단 책상을 치우고 커피를 만들고 나서 일하기 시작하자"라고 자기 자신에게 말한 적이 있는가? 커피를 만드는 동안 부엌바닥이 더러운 것을 보고 '빨리 이걸 닦아 낼까?' 하고 생각하지는 않는가? 창 밖을 보고는 '이 잡초들이 어디서 솟아났지?' 하고 생각해 보지 않았는가? 그리고 당신이 깨닫지 못하는 사이에 당신의 책상은 깨끗해졌고, 부엌바닥은 번쩍이게 되었으며, 정원은 원상태를 회복하게 된 것—비록 커피는 차가워졌지만—을 발견하게 되지는 않는가? 비록 일은 전혀 진전이 없었지만 말이다!

우물쭈물하는 것을 그만두고 당장 일을 시작하라!

실내장식가인 캐서린 부고스는 큰 표시판을 사무실에 놓아 두었다. 그건 이렇다. "지금 당장 하라!" 이것은 훌륭한 철학이다. 성공하는 사람들은 일거리에 달려드는 일을 아주 쉽게 해낸다. 그들은 떨고 있는 대신에 그걸 그냥 시작하고 계속 밀고 나아간다.

오직 좋아하는 것만을 하려고 하기보다 하고 있는 것을 즐기려고 하는 편이 도움이 된다. 홈 비즈니스 사업의 경우에는 특히 그렇다. 왜냐하면, 사업에 관련된 모든 일에는 당신의 개인적인 의무 내지는 책임이 따르기 때문이다.

여기 꾸물거림을 피하는 몇 가지 비결이 있다.

- 현실적인 기대치를 가져라. 너무 많은 일을 하겠다고 계획하면, 하루 일에 대한 전망은 지나치게 무거운 것이 되고, 당신으로 하여금 일을 시작하지 못하게 만든다. 기억하라. 보다 적은 것이 보다 나은 것이다.
- 표를 만들라. 성취하려는 것을 적어라.
- 마감시간을 정하라. 스스로에게 시간의 한계를 정해 주라. 그것들을 오늘 마치고자 하는가, 아니면 이번 주인가 이 달인가? 당신의 마감시간은 현실적이고 달성 가능한 것이어야만 한다.
- 너무 완벽해지려고 하지 말라. 예를 들어, 달팽이 양식에 대한 정보를 모두 모으려고 한다면, 그 정보의 양에 꼼짝도 못하게 될 것이다.
- 시작하라. 로마의 시인 호라티우스는 말했다. "일을 시작한 사람은 그 일을 절반은 한 것이다."
- 당신의 사무실은 오직 일만을 위해서 사용하라. 이것은 그 곳에 있을 때는 일을 해야 한다는 사고방식을 강화해 준다.
- 자신에게 보상을 해주라. 자신에게 일을 완수한 것에 대한 작은 보상을 하라.

우리 모두는 일을 미루는 경향이 있고, 오래 그렇게 할수록 일을 시작하기는 더 어렵다. 때로 우리의 작업결과가 그냥 괜찮은 것 이상이어야만 한다—그건 완벽해야만 한다—고 느끼기 때문에 꾸물거리거나 몸을 떨거나 머뭇거리게 된다. 긴장을 풀어야만 한다. 그러면 일이 보다 쉽게 흘러가는 것을 느낄 것이다. 정말 일이 꽉 막힐 때면 "이왕 할 거라면 잘 해내는 것이 가치 있는 일이다"라는 말 따위는 잊어버려라. 나는 한 연사가 세미나에서 그 점을 이렇게 다르게 말하는 것을 들었다. "지금은 대충했다가 나중에 고치는 것도 가치 있는 일이다." 이 말이 당신의 상황에 적합한 것이라면, 명심하고 일을 계속하도록 하라. 만약 당신이 어떤 특정한 일거리에서 다른 것과 구분되는 하나의 블록을 갖고 있다면, 그걸 대충 배치하고는 다시 그 틈새들을 메꾸도록 하라. 전혀 시작도 못하고 있기보다는 대충 일을 해내고 그걸 고쳐 나가라.

이상한 일이지만, 성공에 대한 두려움이 그러하듯이 때로 실패에 대한 두려움도 우리를 움츠러들게 한다. 다시 한 번 말하지만, 이 문제를 해결하는 한 가지 방법은 그저 뛰어드는 것이다.

언젠가 한 번은 박물관에 관한 기사를 청탁받았다. 나는 그것을 지겨운 주제라고 생각하면서 꾸물거렸다. 사소하고 덜 급한 일들을 먼저 하면서 그저 그 일에 관해 이리저리 생각만 했던 것이다! 마감일이 다가오자, 나는 그 일을 작고 다루기 쉬운 조각들로 나누어 매일매일 잠깐씩 하기로 결정했다. 지루해지지 않도록 말이다. 실제로는 일단 일을 시작하자, 나는 박물관이 매우 매력적인 주제라는 것을 발견했고, 그 일은 이제껏 해 온 일 중 가장 즐겁게 했던 것들 중의 하나가 되었다.

작가 리비 그리슨은 '지금 당장 일하기'에 전적으로 동의한다. "그래야만 합니다." 그녀는 주장한다. "나는 그저 앉아서 영감이 떠오르기만을 기다리는 일 따위는 바람직하다고 생각지 않습니다. 나도 꾸물거릴 때가 있습니다. 그럴 때가 분명히 있기는 하죠. 그러나 내 비결은 자리에서 일어나 일에 매달리는 겁니다! 만약 당신이 작가라면 문을 닫고 사무실 책상에 앉으세요. 빈 종이를 꺼내고 펜이나 연필을 쥐십시오. 당신은 생각이 떠오르는 걸 발견하게 될 것입니다. 나는 내가 연필을 쥐고 있을 때 그렇지 않을 때보다 더 훌륭한 생각을 해 낸다는 것을 발견하곤 합니다."

나는 컴퓨터를 가진 사람들에게 키보드에 손을 올리고 빈 화면 앞에 앉아 보라고 제안한다. 그러나 먼저 컴퓨터를 켜는 걸 잊어서는 안 된다!

자기를 평가하기

자신의 작업결과를 평가하라. 매주, 그리고 매달 당신은 예정표대로 움직이고 있는가? 그 평가결과가 충분히 좋지 못하다면, 우선순위를 매기는 일로 한 단계 물러서도록 하라.

일단 사업이 본 궤도에 오르면, 당신은 자신이 별 소득도 없이 장시간 일하고 있는 것을 발견하게 될지도 모른다. 그런 식으로 계속하는 대신 혹은 더 열심히 일하도록 스스로를 채찍질하는 대신, 자신이 무엇을 하고 있는가를 잘 살펴라. 당신은 사업에서 별로 돈이 되지 않는 측면에 너무나 긴 시간을 허비하고 있다는 것을 깨닫게 될지도 모른다. 예를 들어, 당신이 기자라면, 1,000달러짜리—비록 매우 복잡한 것이긴 하겠지만—기사를 한 주 동안에 쓸 수 있으면서도 100달러짜리 기사를 5개 쓰는 데 그 시간을 써 버렸을 수도 있다.

당신은 돈이 더 많이 되는 일을 하거나 돈을 많이 벌지는 못하더라도 시간이 덜 걸리는 일을 할 수는 없는가? 80대 20의 법칙을 생각해 보라. 당신의 시간 중 80%는 수입의 20%만을 만들어 내는 일에 소비되고 있을지 모른다. 그러니 수입의 80%를 만들어 내는 그 20%

의 시간에 집중해야 하지 않겠는가? 만약 20%의 고객들이 80%의 수입을 주는 일감을 당신에게 주고 있다면, 그 큰 일감에 집중하라. 당신은 일하는 시간을 줄이고도 더 많은 것을 얻을 수가 있다.

사업을 몇 달 간 해 본 후에 생각해 보라. 내가 전보다 능률적이 되었는가? 자신의 '시간과 행동'에 대한 연구를 하라. 당신의 하루, 그리고 당신의 한 주를 분석하라. 당신은 얼마나 긴 시간을 관리, 즉 직접 수입을 올리는 일이 아닌 일들에 쓰고 있는가? 내 경우 이런 일들은 독서와 답장쓰기, 일감찾기, 청구서보내기, 그리고 독촉하기와 장부정리 따위를 말한다. 무시무시한 일이지만, 당신은 이 관리업무가 하루 일과 중 상당 부분을 차지한다는 것을 발견하게 될 것이다.

유명한 격언인 '시간은 돈이다'라는 말은 완전히 정확한 말이 아니다. 보다 정확히 말하자면, 당신이 그 시간으로 무엇을 했는가 하는 것이다. '일이 돈이다'라는 말이 보다 적합하고 바람직하다. 비록 내가 말하는 일이 수입을 만들어 내는 일을 의미하는 것이지 쓸데없이 서류나 뒤적이는 것을 말하지는 않지만 말이다.

매일매일을, 그리고 매일 저녁을 어떻게 쓰고 있는가를 살피고, 앤드류 매튜처럼 자신에게 물어 보라. "나는 오늘 무엇을 이루었는가?" 그리고 "어느 정도의 수입을 올린 것 같은가?" 당신이 추구하는 것은 생산성이지 활동성이 아니라는 것을 기억하라. 움직이는 것과 성취하고 있는 것을 혼동하지 말라. 노력한 양보다는 그 결과에 집중하라. "때로 당신은 한 주 동안 100시간이나 일하고도 해낸 게 없을 수도 있습니다. 때로는 몇 시간만 투자했는데도 결과가 매우 좋을 때도 있습니다"라고 부동산 조언가 잰 소머즈는 말한다.

"앤과 나는 한 주에 최대 30시간을 일합니다." 앤드류 커즌은 아내의 다단계판매에 대한 참여 정도를 이렇게 말한다. 그 시간은 길에서 보내는 시간을 포함시키지 않은 것이다. 그는 이렇게 덧붙인다. "시내 사무실까지 오가는 시간을 근무시간에 포함시킬 수는 없죠."

조직화

이것은 사업의 성공을 위한 또 다른 핵심적 요소이다. 그러나 당신이 아무리 난삽하고 체계가 없다고 하더라도 용기를 내라. 조직하는 기술은 자기를 통제하는 일처럼 배울 수 있다. 여기에 두 가지 핵심적인 법칙이 있다;

사무실 내에 있는 모든 물건에 대해 자리를 마련하고, 그 물건은 정해진 자리에 두라; 그리고 각각의 서류는 단 한 번만 다루도록 하라.

그 두 가지 비결은 당신이 낭비하는 시간을 절약해 준다. 고객 청구서의 복사본이 서류함 꼭대기 서랍에 있다는 걸 알고 있다면, 사무실에 흩어져 있는 서류들을 끝없이 뒤지는 일 없이 쉽고 빠르게 그것을 찾을 수 있을 것이다. 서류를 한 번만 다뤄야 한다는 것에 대해서 말하자면, 청구서에 관한 일을 마친 후에는 그걸 바로 제자리에 갖다 두어야 한다는 것이다. 그러면 번거로움을 줄일 수 있을 것이다. 그것을 나중에 정리하겠다고 책상 위에 던져 두면, 일은 늘어나고 효율성은 떨어지게 된다.

효과적이고 적절한 서류정리 체계를 정립하라. 그것은 말보다는 어려울 테지만, 일단 자리가 잡히고 잘 준수하면 생활은 한결 편해질 것이다. 작가인 리비 그리슨은 자기만의 서류정리 체계를 만들어 냈다. 거기에는 단지 하나의 문제점이 있을 뿐이었다. "책상에서 서류함으로 서류를 옮기는 과정에서 제가 만든 정리 체계는 잘 돌아가지 않습니다." 그녀는 슬픈 듯이 말했다. "나는 금요일 오전을 비워 두고 이 문제를 해결하려고 했지만, 곧 토요일 아침의 발표를 준비해야 한다는 것을 알게 되었습니다." 리비는 이미 해결책을 마음 속에 갖고 있다. "거기에는 어느 정도의 의지력이 요구될 겁니다." 그녀는 말한다. "나는 아이들에게 정리하는 법을 가르치고, 그 일에 대해 돈을 지불할 생각이에요!"

"나는 보워버드(bowerbird, 조가비 따위를 모아 정자 비슷한 것을 만들어 암컷을 끄는 새)와 비슷합니다. 나는 아무것도 버리고 싶어하지 않습니다. 내 사무실의 게시판은 종이로 덮여 있고, 미결 서류함은 넘쳐 나지요. 나는 정리해야 할 서류더미들이 잔뜩 있습니다. 내가 왜 그걸 모두 갖고 있죠? 후세를 위해? 아니면 장래에 참조하기 위해? 모르겠어요." 리비는 웃으며 말했다.

흐트러진 물건더미를 다루는 일은 용기와 스태미나가 필요하다. 그러나 그 일은 당신의 삶을 말끔히 하는 데 도움이 될 수 있다! 당신이 결국 그 큰 물건더미를 정리하기로 했다면 그것은 분명 큰일이 될 것이다. 당신은 다음을 준수함으로써 어려움을 피할 수 있다.

- 매주 혹은 격주마다 흐트러진 물건들을 처리하는 시간을 내라. 그 시간을 꼭 지켜라!
- 항상 개개의 물건이나 서류들을 그 최종적인 위치에 놓으라. 서류들을 여러 번 다루지 말라.
- 흩어진 물건들이 일정한—적당한—양에 도달했을 때 그것을

해결할 방법을 정해 두라. 다시 말하자면, 필요하다면 정해진 날짜가 되기 전에 그것들을 치워라.

- 반 년이나 1년마다 하루 정도의 시간을 내서 사무실 전체와 서류정리 체계를 정비하라.
- 당신이 광적으로 물건들을 보관하는 사람이라면 이 습관을 버리도록 하라. 전체 잡지가 아니라 당신이 원하는 기사만을 뜯어서 보관하라. '언젠가 필요할 것 같아서' 신문이나 다른 버릴 만한 물건들을 보관하는 대신에 그것들을 치워 버리고, 예를 들어, 도서관 같은 곳에서 어디에 가면 그 정보를 찾을 수 있겠는가에 관한 메모를 해두라.

런던에 사는 내 사촌 조지는 매우 단정하고 청결한 한 노부인의 이야기를 들은 적이 있다. 그녀가 죽었을 때 집을 청소하던 사람들은 그 노파가 아무것도 버리지 못하는, 꼼꼼하고 충동적인 수집가라는 사실을 알게 되었다. 그들은 '너무 짧아서 쓸 수 없는 실들'이라고 써 있는, 그리고 실제로 그런 게 들어 있는 상자를 발견하였다.

주의하라. 당장, 그리고 효과적으로 자제하지 않는다면, 쓰레기더미가 당신의 삶을 덮어 버릴 것이다!

혼자서 일하기

오늘 아침 내 노트북 컴퓨터가 코앞에서 죽어 버렸다. 웬일인지 켜지지가 않았다. 나는 그걸 차 버리고 싶었다! 내가 번화한 사무실에 있었다면, 기술자를 부르고 컴퓨터가 고쳐지는 동안 다른 컴퓨터에서 일했을 것이다. 그러나 나는 혼자였고, 아무런 도움도 받고 있지 않았다. 글쎄, 전혀 없다고는 할 수 없을지도 모르지만 말이다.

나는 그 지역 컴퓨터 가게에 전화를 걸었지만, 전화로는 문제를 해결할 수가 없었기 때문에 주인인 애쉴리 비칭(Ashley Beeching)으로부터 내 파워북 컴퓨터를 가지고 오라는 말을 들었다. 건전지는 완전히 충전되어 있었고, 메인 플러그는 문제가 없었다. 그는 어쩔 줄 몰랐다. 그는 배터리를 바꾸고 스위치를 눌렀다. 컴퓨터는 부팅이 되었고 완벽히 작동하기 시작했다!

나는 그 때 그게 약간 웃긴다고 느낄 수도 있었다. 그러나 나는 놀라움보다는 안도감에 빠져 있었다. 나는 그 가게에 자주 들렀던 덕분에 그 직원을 알고 있었고, 그는 내가 집에서 일한다는 것을 알고 있었다. 그들은 다른 일들을 제쳐 놓고 내 일을 먼저 해 주곤 했는데, 내가 컴퓨터 없이는 일할 수 없다는 걸 알기 때문이었다. 나는 그 대가로 그들의 전문적이고 친절하며 믿을 만한 서비스를 다른 사람들에게 추천해 주었다. 그러므로 도와 줄 사람이 옆방에 있는 것은 아니지만, 전화 한 통화로 그런 사람을 구할 수 있는 것이다. 내 문제는 여러 번 그런 식으로 해결되곤 했다.

그 날 아침, 나는 안도감에 취해 웃으며 그 가게를 나오면서 이름을 밝히고 싶어하지 않는 한 친구의 경험을 기억해 냈다. 하루는 그녀 역시 노트북 컴퓨터가 작동하지 않는 것을 발견했다. 그녀가 그걸 켰을 때 귀에 익은 '켜지는' 소리는 흘러나왔지만, 화면은 그대로 검게 남아 있었던 것이다. 그녀가 컴퓨터를 가게에 가져갔을 때, 그걸 고치는 데는 정확히 2초가 걸렸다. 그 컴퓨터 전문가는 단지 밝기조절 스위치를 올렸을 뿐이었던 것이다!

만약 장비와 친숙해지기 위해 설명서와 책을 읽고 그에 관한 강좌를 듣는 수고를 무릅쓸 수만 있다면, 당신은 간단히 풀 수 있는 긴급 사태에 처했을 때 스스로 문제를 해결할 수가 있다. 작가이자 전자출판업자인 파울라 루젝은 첫 번째 컴퓨터와 프린터를 샀을 때, 시간을 내서 그 시스템과 기능에 대해 완전히 배웠다. "그렇게 나는 컴퓨터와 사랑에 빠지게 되었습니다. 이제 내 모든 사업은 컴퓨터 기술에 근거하고 있지요." 그녀는 열정적으로 말했다.

그냥 지내다가 어쩔 수 없는 상황에서만 설명서를 읽는 사람이 되지 말라. 최근 펴낸 책인 〈또 다른 빛〉에 관한 일을 하고 있을 무렵, 나는 오후 내내 일하고서 그 만족감에 숨을 내쉬면서 컴퓨터를 껐다. 서둘렀기 때문에 나는 부주의하게도 화면에 떠 있는 '바뀐 내용을 저장할까요?'라는 질문에 '예'가 아니라 '아니오'라고 답하고 말았다.

텐시 아유카이(Tenshi Ayukai) 박사의 대보초 연구에 관한 몇 페이지가 즉각 지워져 버렸다! 내가 흥분해서 작업한 것을 되살리려고 하던 중 '실행 취소를 할 수 없음'이란 말이 화면에 떠올랐다. 첫 번째 내 반응은 비명이었다. 그리고 나는 노트북 컴퓨터를 던져 버리고 싶어졌다. 나는 하나의 타협안에 만족하기로 했고, 아직 기억이 생생할 때 최대한 정확하게 그 내용을 다시 타자했다. 심지어 나는 두 번째 내용이 더 좋다고 스스로 믿게끔 만드는 데도 성공했다! 이렇게 해서 나는 패디의 법칙을 깰 수 있었다. 머피는 "잘못될 수 있는 것은 반드시 잘못된다"라고 주장했는데, 패디는 그를 두고 "머피는 낙천적인 사람이었다"고 말했던 사람이다.

어쨌든 잃어버린 원고에 대한 경험은 한 가지 귀중한 교훈을 주었다. 내가 일하면서 매 페이지마다 내용을 저장시켰더라면, 기껏해야 마지막 몇 줄만을 잃어버렸을 것이라는 것이다. 하루 동안 일한 것을 인쇄해 두었더라면, 그것을 다시 베낄 수 있었을 것이다. 내가 컴퓨터 디스켓에 저장만 해 두었더라면, 비명을 지르는 것이 아니라 웃고 있었을 것이다. 요즘 나는 그것들을 약간 지나치게 하고 있고, 그 세 가지를 모두 하고 있다. 나는 안전을 원하기 때문이다. 그리고 나는 몇 개의 컴퓨터 강좌를 들었다. 나는 그 잃어버린 원고가 여전히 발견되기를 기다리면서, 그 기계 속의 어딘가에서 맴돌고 있을 거라고 믿고 있다.

배우자와 함께 지내는 생활

집에서 배우자와 함께 일한다는 것은 지뢰밭을 지나는 것과 같을 수 있다. 화가 나고 험한 말들이 오갈지도 모른다. 심지어 함께 일한 것이 어느 정도 영향을 줘서 이혼에 이른 경우를 들은 적도 있다.

어떤 사람들은 배우자와 함께 일하는 것을 고려의 여지도 없는 일이라고 여기고, 어떤 사람들은 그것과 다른 생활방식은 생각조차 할 수가 없다.

함께 일하기로 결정했다면, 당신이 맡을 일이 무엇인지를 매우 명확하게 하는 것이 필요하다고 〈다이알 – 에이 – 와이프〉 청소용역회사의 잰 서덜랜드는 조언한다. *두 사람은 각각 명확하고 잘 분리된 책임영역과 전문분야를 가져야만 한다.* 이것은 논쟁과 부조화를 막아 줄 뿐만 아니라 자긍심을 살리고 효율성을 높여 준다. "일단 당신의 일이 무엇인지를 명확히 하고 나면 더 좋은 결과를 얻을 수 있습니다"라고 잰은 말한다.

그녀는 사업을 하기 위한 초기 시장조사를 했고 가격을 정했다. 이제 그녀는 대인업무와 직원의 교육을 맡고 있고, 남편 로스는 서류를 다루는 일과 고용인들에게 경영기술을 가르치는 일을 하고 있다. 그녀는 스스로를 '대인업무를 위한 사람 혹은 위험을 부담하는 사람'으로 생각하고, 로스를 '뼈대이자 균형을 잡아 주는 방향타'로 여긴다. 그들은 각자의 역할을 서로 돕는 것으로 여기면서 함께 일을 잘하고 있다.

그러나 처음부터 그렇게 자리매김하는 일이 쉽지는 않았다. 함께 일하고자 할 때, 잰은 몇 가지를 질문하는 것이 중요하다고 믿는다. 당신들은 같은 목표를 마음에 두고 있는가? 사업을 성공으로 이끄는 것이나 재정적인 미래를 더 좋게 하는 것, 그리고 양질의 서비스를 제공하는 것 등이 그 목표에 포함되는가? 당신의 배우자는 일할 때 당신의 부족한 면을 보충해 주는가?

로스는 말한다. "누군가와 하루 24시간을 함께 보내는 일에는 어려운 점이 있습니다. 그리고 우리는 때때로 논쟁을 하곤 합니다. 당신에게는 *사업으로부터, 또 각자로부터 떠나 있는 시간이 필요합니다.* 그것이 긴 시간일 필요는 없습니다. 단지 2시간 정도면 됩니다. 나는 정기적으로 체육관에 가고 골프를 칩니다."

잰은 당신들의 관계에 대해서 경고한다. "당신들은 매우 조심해서 서로를 배우자가 아닌 회사의 고용인으로 취급해야 할 필요가 있습니다. 당신들은 살 맛을 잃어버린 상태가 될 수도 있고 흐뭇하게 느낄 수도 있습니다. 친숙하다는 것은 상대를 무시하는 경향을 만들어 내기 쉽죠. 당신은 그렇게 되지 않도록 주의해야만 합니다." 당신은 잘 모르는 고용인에게 말할 때도 배우자에게 하는 그런 어조와 예절로 말하는가? *서로를 존중하라.*

집에서 배급회사를 운영하는 앤드류와 애니 커즌 부부는 같이 지내는 것이 큰 이득이 된다는 것을 발견했다. "내가 선생님으로 일할 때는 1주일에 5번까지 축구를 가르치러 가곤 했습니다. 애니와 나는 단지 주말에만 좋은 시간을 가질 수 있었죠." 앤드류는 설명한다. "나는 함께 일한다는 것이 멋진 생각이라고 생각합니다. 그러나 오랫동안 같이 있는 것이나 사업의 동반자로서 서로를 보는 것에 익숙하지 않다면, 몇 가지 문제를 겪게 될 것입니다." 그들 역시 다른 역할을 하고 있다. 앤드류는 사람들에게 다단계판매의 개념을 설명하고, 만약 고객이 그들의 사업에 동참하게 되면 애니는 도움을, 특히 상품의 주문과 판매에 관한 도움을 제공한다.

앤드류 또한 배우자를 회사의 다른 고용인으로 보는 것에 찬성한다. "다른 사람을 당신 자신이 대우받기 원하는 방식대로 대접해야만 합니다." 그는 말한다. "당신들은 그런 방식을 통해 서로가 최선을 다 하도록 할 수 있습니다."

"우리의 자세는 모든 것을 100 : 100으로 한다는 것입니다. 그렇게 했을 때, 내가 어떤 일을 하지 않으면 애니가 그것을 하게 됩니다. 그래서 그 일은 처리됩니다." 앤드류는 말한다. "50 : 50으로 일한다면, 그리고 누군가가 자기 몫을 하지 않았다면, 사업 전체가 마비되겠지요."

그는 배우자와 같이 일한다는 것이 상처를 주기는커녕 자신들의 관계를 강화시켜 주었다고 믿는다. "당신은 누군가 다른 사람이 아니라 배우자와 일하고 있는 겁니다." 그는 설명한다.

창문 청소부인 조쉬 재뽀느는 같이 일하는 것이 자신과 아내 엠마를 더욱 가깝게 만들었다고 확신한다. "전에 아내와 나는 밤에만 서로의 얼굴을 보곤 했습니다. 그러나 지금 우리는 함께 있는 시간을 즐기고 있습니다. 우리는 15분의 휴식 대신 1시간의 점심시간을 가집니다. 그리고 그게 그 날의 주요 행사가 되었지요. 점심식사로서는 더할 수 없이 좋은 행사가 말입니다! 우리는 샌드위치를 만들거나 사 가지고 공원에 갑니다."

조쉬와 엠마의 경우, 그들은 아직 초기에 속해 있다. 그들은 단지 몇 달을 같이 일했을 뿐인 것이다. 줄리와 앤드류 매튜 부부는 〈앤드류 매튜 프로덕션〉의 공동사장으로 4년 간 일해 왔다. "시작하기 전에 규칙을 정하세요." 줄리는 말한다. "아침 8시나 9시 이후에만 사업에 관해 말해야만 합니다. 그렇게 하지 않으면 침대에 같이 누워서 일어나기 전부터 사업에 관해 이야기하게 됩니다. 또 저녁 6시나 7시 또는 언제이든 당신들이 정한 시간에는 일을 멈출 수 있어야만 합니다. 그게 안 된다면 사업은 당신의 생활 전부를 차지해 버릴 겁니다. 대화가 항상 사업에 관한 것뿐이라면 여러 가지가 삐그덕거리게 됩니다."

줄리와 앤드류는 서로 다른 취미를 갖고 있다. 그는 종종 아침식사 전에 테니스를 치고, 그녀는 해변가를 산책하기 위해 시간을 낸다. "전에도 항상 이렇지는 않았습니다." 줄리는 인정한다. "그러나 우리는 경험을 통해 배웠어요. 요즘은 한 해가 시작되기 전에 휴일에 대한 계획을 세우곤 합니다. 휴일을 꼭 갖기 위해서 말입니다. 우리는 일지에 그 시간을 표시해 둡니다. 계속 일거리가 들어올 때면, 곧잘 휴가는 내년에 가야겠다는 말을 하곤 하죠. 그러나 그렇게 한 적은 한 번도 없었습니다. 그리고 규칙적인 휴식을 취하지 않는다면, 당신은 하찮은 일에 시간을 낭비하기 시작하게 됩니다." *휴식을 취하고 일을 잊어버릴 수 있는 둘만의 시간을 가져야만 한다.*

약간 다른—집에서 같이 일하지만 서로 다른 사업을 하는—상황은 어떤가? "나는 피터에게 그와 결혼한 데는 여러 가지 이유가 있지만 점심 때문은 아니라고 말했습니다." 식단관리 전문가이자 영양사인 로즈마리 샌톤은 말한다. "내가 매일 그의 점심식사를 준비하지는 않을 거라는 사실을 명백히 해 둘 필요가 있었습니다."

로즈마리는 28년 동안 집에서 일해 왔다. 피터는 단지 몇 년 전에 그녀와 합류했을 뿐이다. 처음에 그녀는 이 일로 다소 걱정하곤 했다. "나는 스스로 매우 짜증을 내게 되지 않을까 생각했어요. 하지만 그렇게 되지는 않았습니다. 그리고 그이는 함께 일하는 게 아주 좋다고 말합니다. 처음에는 함께 있기로 한 것을 후회했습니다. 나는 오랜 시간을 일한 다음, 점심때는 휴식을 취하면서 신문 읽는 일을 좋아했기 때문이죠. 나는 이제 더 이상 그럴 수가 없을 거라고 생각했습니다. 그러나 사실 그 문제는 매우 잘 풀렸습니다. 내가 자리가 없을 때면 그이가 전화를 받고 메모를 합니다. 나도 그를 위해 똑같은 일을 하지요." 로즈마리는 말한다. "우리는 분리된 사무실을 쓰고 있습니다. 서로가 통화하는 걸 들을 수 없도록, 그래서 누구와 전화하는지를 설명할 필요가 없도록 두 사무실이 멀리 떨어져 있게 하는 것은 중요한 일입니다. 어느 정도 자신의 영역을 유지할 필요가 있습니다. 분리된 전화와 팩스선을 가지는 일은 꼭 필요합니다."

로즈마리는 23권의 책과 거의 3,000개의 신문 및 잡지기사를 읽고 나서야 일에서 떠나는 것이 문제라는 것을 자인하게 되었다. "그러나 좋아지고 있습니다." 그녀는 말한다. "나는 일할 능력이 얼마든지 있고 단순히 왔다갔다 하기가 쉽기 때문에 저녁식사 후에도 일하러 가곤 했습니다. 그러나 요즘 나는 정원가꾸기를 하고 있습니다. 그 일이 정말 좋아졌습니다."

발레리 브리튼 윌슨(Valerie Britton Wilson)은 그 개념이 호주에서는 새로운 것이었던 70년대에 정성적(定性的) 조사원(qualitative researcher)의 일을 집에서 시작했다. "나는 런던에서 얼마간 그런 식으로 일한 적이 있었고, 멋진 일이라고 생각했습니다. 일단 멜버른으로 돌아오자, 나는 이전 고용주와 협약을 맺었습니다." 그녀는 그 때부터 아이들을 키우거나 공부를 하기 위해 공백을 가지기도 하면서 계속 그런 식으로 일해 왔다. 지금은 남편 존이 그녀와 합류했다. 그녀는 남편을 '지금은 발명가이자 소설가가 된, 길 잃은 법률가'로 묘사한다.

"집은 내 가사영역일 뿐만이 아니라 근로영역이기도 했기 때문에, 처음에는 그와 함께 일하는 것이 쉽지 않았습니다. 그러나 일단 우리가 문제들을 해결하고 나자, 전보다 상황이 더 좋아졌습니다." 그녀는 말한다. "우리는 둘다 아침에 가장 일을 잘 합니다. 우리는 겸손하게 거기에 익숙해지기로 했습니다. 우리는 가장 생산적인 시간인 근무시간 중 처음 1시간 동안에는 서로를 방해하지 않습니다. 우리는 10시에 만나서 커피를 마시고, 상황이 허락하면 1주일에 한 번 점심을 같이 합니다. 오늘은 매우 전형적인 하루였습니다. 집에는 아픈 아이가 있었고, 나는 빨래를 5번 했으며, 점심시간에는 슈퍼에 다녀왔습니다."

컴퓨터 상담가인 웨슬리 브라운은 집에서 일하는 것이 문제를 만들어 낸다는 것을 처음부터 알게 되었다. "아내 티나가 차를 써야 한다고 하는데, 고객의 전화가 걸려오면 그 일이 우선이 됩니다. 아내는 갑자기 차를 쓸 수 없게 되는 거죠. 처음엔 말싸움을 했고, 그게 마찰을 일으키곤 했습니다." 그는 말한다. "그러나 그게 돈이 나오는 곳입니다. 고객 말입니다."

그러나 티나는 웨슬리가 집에 있는 것이 나쁜 점보다는 좋은 점이 많다고 생각한다. "아이들도 역시 그걸 좋아합니다. 그러나 한 주에

한 번 우리는 애 봐 줄 사람을 구해서는 단 둘이서 외식을 하러 나가
곤 한답니다."

아이들이 있는 집

웨슬리 브라운은 운이 좋은 편이다. 그는 자신의 일에 전적으로 집
중할 수 있다. 티나는 말한다. "그는 관심의 스위치를 꺼 버린 것처
럼 아이들한테서 떨어져서는 그 애들이 있는지 없는지도 모르고 컴퓨
터 앞에서 일합니다." 아이들을 돌봐 줄 사람이 따로 있다면, 그건
아무 문제가 없고 좋은 일이다. 그러나 당신이 아이들을 책임져야만
하거나 당신과 배우자가 모두 집에서 일한다면 상황은 약간 더 어려
울 것이다.

가능한 한 일찍 당신의 근무상황과 지침을 아이들에게 설명하는 것
은 중요한 일이다. 그리고 그것은 아이들이 이해할 수 있는 말로 해
줘야 한다. 제도사인 피터 로버트슨은 9세인 딸 리아에게 자신이 항
상 집에 있기는 하지만 모든 시간을 함께 할 수는 없다고 설명했다.
"학교에서 돌아오면 그 애는 묻습니다. '이거 해 줄래요?' 그리고
나는 '안 돼, 아빠는 지금 일하고 있다'고 말합니다. 그 애는 이제
이해해 줍니다. 그리고 내 일이 끝날 때까지 혼자 놉니다."

리비 그리슨은 걸음마 하는 아이의 경우에 모든 문제를 한꺼번에
해결했다. "하루에 2시간만 일하는 게 아니라면, 어린애를 옆에 두고
집에서 일할 수 있다고 하는 것은 터무니없는 이야기입니다. 만약 일
하러 나가야만 한다면 당신은 무엇을 하겠습니까? 당신은 집 밖의
보육원을 찾거나 누군가를 집으로 오게 할 겁니다." 리비는 전자의

경우를 선택했다. 시간제로 일할 때, 그녀는 가장 어린 아이를 1주일에 두세 번 보육원으로 데려간다. "집에 세 아이가 모두 있을 때는 거의 아무 일도 하지 못합니다." 그녀는 말한다. "마감일에 쫓길 때가 아니라면 말입니다."

정성적 조사원인 발레리 브리튼 윌슨은 자기 세 아이들에게 엄격해야 한다는 것을 깨달았다. "당신이 집에 있다는 걸 알게 되면, 아이들은 원하는 게 많아집니다." 그녀는 수긍한다. "아이들은 집에 전화를 걸어서는 두고 온 하키 스틱을 가져다 달라고 하기 일쑤입니다. 내가 사무실에 있다면 그러지 않을 테지요. 내가 사무실이 아닌 다른 곳에서 일할 때 그런 경향이 생긴다는 것은 짜증이 나는 일입니다. 그리고 아이가 아프면 하루 일을 망치게 됩니다. 어쩌면 그게 훨씬 나을 수도 있습니다. 애들이 아프면, 최소한 조금은 일할 수 있으니까요."

몇 년 전 발레리는 학교 연설회에 가서 자신들과 상황이 비슷한 가족과 함께 서로의 관계에 대해 이야기했다. "양쪽 부모는 모두 집에서 일했고, 아이들은 셋이었습니다. 아이들은 부모님이 집에서 계셔서 좋은 점을 말했지만, 그게 전적으로 좋지만은 않다고 말했습니다. 아이들은 부모가 일하는 시간과 자신들과 놀아주는 시간 사이에 명확한 분리선이 없다는 사실에 곤란을 겪고 있었습니다. 그들은 때로 자기가 부모를 방해한다는 사실과 부모들의 관심이 나뉘어져 있다는 사실에 기분나빠했습니다. 그것들 때문에 아이들은 부모와 함께하는, 충분히 잘 짜여진 여가시간을 가지지 못하고 있다고 말했습니다." 발레리 역시 리비처럼 아이들이 집에 있고 깨어 있을 때면 일에 엄두를 내지 못한다. "오후 3시와 8시 사이에 나는 모든 걸 그만둡니다. 그리고 때때로 저녁식사 후에 다시 일을 시작하지요."

동기부여

〈다이알 - 에이 - 와이프〉의 잰 서덜랜드는 울면서 아침을 보낸 적이 몇 번이나 있었다. 지치고 일하기 싫고 휴일이나 수당도 없으며, 그럼에도 계속 일해야 한다는 사실 때문이었다. 그녀는 어떻게 계속해서 일할 의욕을 찾을 수 있었을까?

우리 모두—심지어 가장 성공적인 사람들의 경우라도—는 일하기 싫은 날이 있기 마련이다. 모든 게 어렵게만 보인다. 최근 사업은 잘되지 않는다. 왜 계속해야만 하는가? 당신은 의욕을 잃게 되고, 투자해야만 할 당신의 노력은 참기 어려운 것이 된다. 게다가 바깥 날씨도 아름답다면 하루쯤 휴가를 내고 쉬는 것이 좋지 않겠는가? 이럴 때 잰은 자신에게 묻는다. "나는 왜 이 일을 하고 있지?" 그녀의 대답은 이렇다 : "나는 다른 사람에게 명령을 듣는 것보다는 혼자서 일하는 게 좋다. 또한 내 자신의 사업에서 스스로를 표현할 자유를 갖고 있다. 나는 기업을 운영하는 기술을 발견하려 하고 있다. 그리고 무엇보다 나 말고 누가 우리 가족을 부양할 것인가?"

그런 결론에 이르면, 잰은 침대에서 나와 샤워를 하고 옷을 입은 다음 하루를 시작한다.

몇몇 운이 좋은 사람들은 일할 의욕을 가지는 데 어려움을 겪지 않는다. 의상 디자이너인 마가렛 무어는 말한다. "나는 의욕이 넘치는 사람입니다. 6시에 일어나서 9시까지 반나절 분량의 일을 합니다. 나는 항상 인생은 너무 짧다는 원칙 아래 일합니다. 그래서 나는 1분도 낭비하고 싶지 않습니다."

마가렛의 동기는 그녀의 결연한 자세 이외에도 경쟁에서 나온다. "영국에서 의상 디자이너로 처음 출발했을 때, 나는 곧 내 옷들이 단지 평균 정도만으로는 충분치 않다는 것을 발견했습니다. 옷들은 평균보다 훨씬 좋아야만 했고, 그렇지 않으면 팔리지 않았습니다. 그리고 옷이 팔리지 않으면 나는 직장을 잃게 될 것이었습니다." 이런 현실은 마가렛에게 박차를 가했을 뿐만 아니라 그녀에게 지속적인 개선에 대한 의욕을 야기시켰다.

다른 홈 비즈니스 사업주와 이야기하는 것도 자신에게 동기를 부여하는 유용한 방법이 될 수 있다. 같은 분야에 있는 사람들과 당신의 문제를 상의하는 것으로 해결책을 얻을 수 있을지도 모른다. 아마도 그들 역시 같은 문제를 겪었을 것이다. 기억하라. 아무리 어려워도, 가장 어두운 시절에도 당신은 혼자가 아니다. 그게 다른 동료이든 아니면 당신처럼 홈 비즈니스 사업을 하는 사람이든 간에 그들로부터 항상 도움과 격려를 받을 수 있다.

당신 자신의 직업적인 연결망을 만들어 냄으로써 생각을 교환하고 고객을 주고받을 수 있다. 그러한 정기적인 사교적 접촉은 최신 사업 동향을 알게 해 줄 뿐만 아니라 사기를 진작시켜 줄 수 있다.

잰 서덜랜드는 말한다. "혼자서 일할 때 사업을 유지하는 일은 정말로 어려울 수가 있습니다. 모임은 서로를 알고 당신의 사업에 적용할 수 있는 새로운 생각을 배우는 훌륭한 자리입니다. 나는 무언가에 관해 불만일 수가 있고, 다른 회원 누군가는 그 문제에 대한 훌륭한 대처법을 알고 있을 수도 있으니까요."

방송국의 한 디자이너는 자신이 세트를 만들어야 하는 대본을 집에서 읽노라면 예외없이 잠에 빠져들고 만다는 사실을 깨달았다. 흥미롭게도 그는 시끄럽고 자극적인 동네 선술집에서 맥주 한 잔을 시켜 놓고 앉아 있을 때 정신집중이 훨씬 잘 됐다.

때때로 외출하는 것은 중요하다. 그렇게 하지 않으면 당신의 근무환경은 숨막히는 것이 될 것이다. "나는 위원회에 참가하고 있습니다." 작가 리비 그리슨은 말한다. "나는 시드니 작가의 축제나 매력빌의 지역 예술모임에 갑니다. 또한 아이들의 학교에도 참여하고 있습니다." 줄리 매튜는 오후 또는 하루 정도의 시간을 내서 집과 배우자로부터 멀어지는 시간을 갖는 게 중요하다고 생각한다. "그렇지 않으면, 당신은 대화에 올릴 새로운 주제가 하나도 없게 될 겁니다."

자기 스스로를 돌보기

보 안

당신이 대부분의 시간을 집에서 보낸다는 사실은 집과 재산에 대한 보안성을 늘려 준다. 그러나 외출할 때를 위해 집에 적당한 보안장치가 갖추어져 있는가를 꼭 확인하도록 하라. 거기에는 보안창이나 자물쇠, 도난경보기와 경비견 따위가 포함될 것이다. 당신의 보험증권이 유효하며 모든 사무기기에 적용되는가를 확인하라.

당신의 자동응답기에 메시지를 녹음할 때는 주의를 요한다. '나는 지금 외출 중'이라는 말은 도둑을 불러들이는 초대장이 될 수 있다. '나(또는 우리)는 지금 전화를 받을 수 없다'는 말이 훨씬 합리적이다. 전화를 거는 사람에게 당신이 혼자 산다는 것을 알리고 싶지 않다면 '우리'라는 말이 더 적당하다. 어두워지기 전에 만난다든지, 고객이 전화할 때 당신 외의 누군가가 항상 집에 있게 한다든지 하는 방식으로 고객과의 접촉시간을 제한하는 것이 좋다. 그 밖에도 당신이 그들을 방문하는 방법이 있다.

식사와 운동

당신에게 요리는 지겨운 일이고 난장판을 만드는 일이며, 너무 많은 시간을 소비하는 일일지도 모른다. 또 계속해서 외식을 하거나 음식점에서 포장해 온 음식을 먹는 것은 위장과 지갑 모두를 황폐하게 만들 것이다. 항상 영양가 있고 맛있는 음식을 가까이에 두고 먹거나 만들기 쉬운 요리법을 익히도록 하라. 요리는 긴장을 풀어 주고 따라서 당신의 정신적인 건강에 기여한다. 1주일에 30분씩 세 번만 운동을 하거나 좋아하는 활동을 한다면, 당신의 몸은 건강하고 좋은 상태로 유지될 수 있을 것이다. 나는 테니스를 한 번 하고 나면 일에 훨씬 더 집중할 수 있으며, 수영이 마음을 깨끗이 하는 데 도움이 된다는 것을 알게 되었다.

과로, 질병, 그리고 휴일들

누가 과로를 걱정하는 처지가 될 거라는 생각을 했겠는가? 그러나 혼자서 일할 때는 과로하기 쉽다. 탈진해 버리는 것에 대해 신경을 쓰면서 정기적인 휴식을 취하고 짧은 휴가를 가짐으로써 그걸 피하도록 하라. "휴일이라고요? 휴일이 뭐죠?" 〈당신의 타자 비서 서비스〉의 제니 처치는 되묻는다. "나는 일이 없는 크리스마스 주간을 만드는 데 그럭저럭 성공했습니다만, 그렇게 오래 내 사업을 버려 둘 수는 없었습니다. 나는 감기에 걸릴 때면 임시직원을 고용합니다. 다행히 나는 그렇게 자주 아프지는 않습니다."

소규모 사업주들이 휴일을 갖는 것은 어려운 일이 될 수 있다. 그러나 휴식을 위한 시간을 만들어 내는 것은 중요하다. 휴가를 계속 미루기만 하다가 완전히 탈진하거나 병이 나기 전에 이 점을 명심하라.

다음 질문에 대해 대답해 보라. 당신의 보험증서는 질병이나 사고에 대해 모두 적용되는가? 당신이 아프거나 자리에 없을 때, 당신을 대신해 주도록 다른 사업체와 제휴할 수는 없는가?

낙천주의

'위대한 일을 성취하기 위해서는 행동할 뿐만 아니라 꿈꾸어야 한다. 계획할 뿐만 아니라 믿어야 한다.' 나는 언젠가 한 포스터에서 이런 글을 본 적이 있다. 낙천주의는 기본이 되는 것이다. 저술가인 브리스 커트니(Bayce Courtenay)는 성공에 관해 이렇게 말한다. "나는 그것이 시간이나 특별한 능력의 문제라고는 생각하지 않습니다. 그것은 이해와 할 수 있다는 자신감의 문제라고 생각합니다." 그리고 당신은 그걸 할 수 있다. 당신은 자신이 할 수 있다는 것을 알고 있다! 결국 성공의 문에 쓰여인 말은 '누르시오'이다.

〈검토할 것들〉

시간 관리
- 계획하고 우선순위를 정하고 평가하라.
- 매주의 계획과 하루 시간표를 작성하라.

조직화

- 적절하고 효율적인 서류정리 체계를 만들고 그것을 준수하라.
- 각각의 서류는 한 번만 다룰 것.
- 사무실의 모든 물품은 제자리를 정해두고, 각 물품들은 그 자리에 두도록 하자.

꾸물거림 피하기

- 현실적인 기대치를 가져야 한다.
- 일할 목록을 만들라. 그러나 목표들은 실현 가능한 것이어야만 한다—기억하라. 양이 적을수록 더 좋은 것이다.
- 마감일을 정하고 그걸 지켜라.
- 사무실은 일하는 데만 써라.
- 일을 마친 것에 대해 스스로를 보상하라.
- 너무 완벽해지려고 하지 말라.

가족생활로부터 직업생활 분리하기

- 가능하면 분리된 작업공간을 마련하라. 그것은 프라이버시나 생산성, 그리고 마음의 평화를 가져다 줄 것이다.
- 핵심적인 작업시간을 정하고 휴식시간을 마련하라.
- 당신의 배우자와 가족을 존중하라.

보 안

- 적절한 보안장치—창문의 자물쇠나 보안창, 도난경보기와 보안견—를 마련하라.
- 당신의 보험증서가 유효하고 모든 사무기구에 적용되는지를 확인하라.
- 자동응답기에 적절한 메시지—'우리는 지금 전화를 받을 수 없습니다'—를 녹음하도록 하라.
- 고객과의 접촉시간을 제한하거나 집에서 만나는 것을 피하라.

아이들 문제

- 아이들 나이에 맞는 말로 당신이 이제 집에서 일한다는 사실을 설명하라.
- 아이들을 위한 지침을 마련하라.

- 아이들에게 화급한 일이 아니면 방해하지 말아야 하는 시간을 알려 줘라.
- 참을성과 융통성을 가져라. 아이들의 요구사항이 늘어날 것이라는 사실을 인식하고 이에 대처하라.
- 아이를 옆에 두고 홈 비즈니스 사업을 운영하려고 하지 말라. 보육원을 구하라.
- 아이들과 노는 시간을 정해 두라.

친구들과 이웃들 문제
- 그들에게 당신이 집에서 일한다는 사실을 명백히 하라.
- 전화를 받을 때 회사이름을 말하며 받아라.
- 친구들과 이웃들에게 근무시간 이후에 만나겠다고 이야기하라.
- 방해받고 싶지 않을 때는 자동응답기를 켜두라.

다른 방해들에 대처하기
- 자기 통제력을 길러라.
- 아니라고 말하는 법을 익혀라.
- 근무시간 동안 집안일을 돌보지 마라.
- 배우자와 잡일을 나눠서 하라.
- 청소부를 고용하라.
- 일하는 날에는 오직 집 밖에서 일하면 할 수 있을 거라고 생각되는 일만을 하라.

사회적 고립
- 이렇게 사회적 고립을 피하라;
- 교우관계를 유지하라.
- 이따금 친구들과 커피나 점심을 함께하는 시간을 가지라.
- 계속 연락을 주고받기 위해 전화나 전자우편, 그리고 편지들을 이용하라.

직업적인 고립에 이렇게 대처하라;
- 직업적인 단체나 조직에 참여하라.
- 소식지와 잡지를 구독하라.
- 동종업종의 동료들과 정기적인 만남을 가지기 시작하라.

사회적 지위와 자긍심의 저하를 이렇게 극복하라;

• 홈 비즈니스 사업 조직에 참여하라.

• 사업에 대한 조언자를 구하라.

동기부여

의욕 부족을 이렇게 해소하라;

• 집에서 일하기로 결정한 이유들을 다시 상기하라.

• 집에서 일하는 이점을 기억하라.

• 행동을 취하라.

• 스스로의 전술을 짜라.

• 목표를 정하고 가장 어려워 보이는 것을 먼저하라.

• 상호 연락을 할 수 있게 하라.

• 정기적으로 외출하라.

이렇게 계속 의욕을 유지하라;

• 균형 잡히고 영양가 있는 식생활을 하라.

• 정기적인 운동—1주일에 세 번 30분씩—을 하라.

과로, 질병, 그리고 휴일

• 일할 때는 정기적인 휴식을 취함으로써 과로와 병에 걸리는 것을 피하라.

• 뜻밖의 질병에 대한 대책을 세우라. 당신의 일을 맡아 줄 다른 동료와 수입을 벌충할 보험을 마련하라.

• 휴일을 가져라. 짧고 정기적인 휴가가 한 번의 긴 휴가보다 효과적이다. 1년 중 일이 한가한 적당한 시간을 골라라.

• 기억하라. 당신 자신이 사업에서 가장 소중한 자산이다. 그 중요한 자산을 잘 관리하라.

집에서 집으로

로즈마리 스탠튼이 집에서 일하는 것에 깊이 빠져 있음은 그녀가 하나가 아닌 두 개의 사무실을 갖고 있다는 사실에서 충분히 알 수 있다. 이 뛰어난 영양학자는 평화롭고 고요한 뉴사우스웨일즈의 전원지대에 집을 두고 책과 기사를 쓰고 있다. 그녀의 시드니 사무실은 고객을 만나는 데 쓰인다.

로즈마리는 영양사로서 28년 간 집에서 일해 왔다. "처음에 내가 일하던 연구실은 별도의 문이 있었습니다만, 사람들은 여전히 앞문을 두드리고는 했습니다! 그래서 나는 완전히 분리된 건물을 짓기로 했습니다. 나는 어린아이가 넷이나 있기 때문에 집에서 떨어져 있어야 할 필요를 느꼈습니다. 나는 그 곳에서 분리된 사무실을 운영했습니다. 아이들이 학교에서 돌아올 때면 내부전화로 내게 연락할 수 있었고, 나는 그리로 건너가서 오후의 차 마시는 시간을 가질 수 있었습니다. 별도의 건물을 가지기 전에 나는 10년 간 집에서 일했습니다."

로즈마리와 남편 피터는 이제 농촌지역에 산다. 지난 5년 동안 피터 역시 컴퓨터 프로그램을 짜면서 집에서 일해 왔다.

"나는 개인환자를 봐야 할 필요가 있었습니다. 그래서 시드니에 계단식 연결주택을 한 채 샀습니다." 로즈마리는 말한다. "상담실은 1층에 있고 나는 윗층에서 생활할 수 있습니다. 나는 한 주에 2, 3일은 시내에 나가 있고, 딸들 중의 하나는 그 곳에서 계속 삽니다. 나는 홈 비즈니스 사무실 개념에 너무나 빠진 나머지 사무실을 빌리지 않았습니다. 대신에 이 곳이 울라라에서의 직업적인 활동에 적합한 곳이라는 것을 발견했습니다. 나는 공식적으로 거기서 일할 수 있습니다. 나는 아파트나 다세대주택을 피하면서 한동안 집들을 살폈습니다. 나는 대기실과 상담실이 앞쪽에 있고, 분리된 복도가 있는 집을 찾고 있었죠. 이 영역은 집의 다른 부분과 분리될 수 있어야 했습니다. 그렇지 않으면 한평생 집만 치우게 될 수도 있기 때문입니다. 부엌의자 뒤쪽에 걸린 빨래감은 전문가다운 인상을 주지 못할 겁니다. 그와 같은 분리가 없다면, 당신은 항상 집을 전시해 놓은 것처럼 느끼게 됩니다."

한 주 중 남은 시간 동안 로즈마리는 전원생활을 즐긴다. 그녀와 피터는 집의 반대쪽 끝에 사무실을 갖고 있으며, 그 두 사무실은 내부전화로 연결되어 있다.

그들은 보통 아침의 차를 마시는 시간이나 점심시간이면 자리를 함께 한다. "그는 영국에 있는 고용주를 위해 일하기 때문에 도시의 사무실이 필요하지 않습니다." 로즈마리는 설명한다.

로즈마리는 다른 일들 말고도 정기적으로 라디오, 신문, 잡지, 텔레비전의 인터뷰를 하고 있다. 그녀는 한 텔레비전 프로그램의 정규 출연자이다.

"도시형 부엌과 농촌형 부엌을 다 가지는 것에는 유리한 점이 있습니다." 그녀는 말한다. "촬영을 할 때는 두 곳의 다른 장소가 있는 것이 유리합니다. 아이들이 어렸을 때는 집에서 일하는 것이 아이들에 대해 융통성을 가질 수 있게 해주었습니다. 나는 부활절 행진에 참여했다가 밤늦게까지 일할 수 있었습니다. 나는 창밖에 식물을 키우는 걸 좋아하고 무엇을 언제할 것인가 결정하는 것을 좋아합니다. 내가 집에서 일하는 다른 이유는, 좀 이상할지 모릅니다만, 에어콘이 있는 사무실에 있는 게 참을 수 없기 때문입니다. 나는 답답한 사무실이 아니라 창이 열려 있는 곳이 좋습니다. 나는 에어콘을 갖고 있지만, 최소한 지금은 그걸 켜고 끌 수 있는 자유가 있습니다. 나는 장시간 일하는 경향이 있습니다. 더욱 강한 경향은 그걸 집에서 한다는 겁니다. 그렇지 않으면 집까지 운전해 와야 하니까요. 그러나 나는 그걸 절제하는 기술이 늘고 있습니다. 나는 정원가꾸기를 즐기려 하고 있습니다."

국제적인 삶들

몽고메리 오모데이(Montgomery Omodei)는 47세인 자신을 아무도 고용하지 않을 것이라고 생각했다. 그래서 그는 혼자서 사업을 시작하기로 했다.

"나는 큰 회사의 책임이사였고, 이 나이에는 쉽게 취직할 수 없었습니다. 회사는 40명 이상의 경영직 사람들을 털어 냈습니다. 나는 사회보장에 의지하여 살고 싶지는 않았습니다. 나는 경험과 인맥, 그리고 능력을 갖추고 있었고, 그래서 내 자신의 사업을 집에서 시작하기로 결정했습니다." 그는 말한다.

지난 5년 간 몽고메리는 골드코스트에 있는 자신의 근거지에서 국제사업상담가와 로비스트로 일해 왔다. 그는 광산업과 석유분야의 외국회사를 대표하며 기초금속의 거래 대표인으로 일하고 있다. 그의 모든 고객은 바다 너머에 있다. 그는 고객들을 호주의 시장에 소개하고, 그들이 목표를 성취하는 것을 돕는다. 그의 고객이 되는 회사들은 수십 억 달러의 자산을 갖고 있다―그의 경우 홈 비즈니스 사업은 결코 시시한 것이 아님이 분명하다!

사업과 가정생활을 합치는 행위는 몽고메리로 하여금 원하기만 하면 24시간 하루도 쉬지 않고 돌아갈 수 있는 사업을 하는 것을 가능하게 해 주었다. "나는 어떤 달에는 25일을 일하고 어떤 달에는 5일을 일합니다." 그는 설명한다. "아내 자넷의 후원은 내 사업의 성공에 핵심적인 것이었습니다. 그녀는 노고를 아끼지 않고 이해심을 가지면서 사업과 사적인 삶 사이의 균형을 잡는 데 헌신적으로 노력해 왔습니다. 무엇을 하건 당신들은 좋은 친구가 되어야만 합니다."

그에게 있어 집에서 일하는 것의 주된 장점 중의 하나는 그 융통성이다. 전화나 전자우편, 인터넷, 팩스 등으로 연락을 주고받기 때문에 초저녁에는 유럽과 연락을 취하고, 한밤중부터는 미국에 있는 사람들을 위해 시간을 쓰면서 모든 시간대의 사람들에게 서비스를 제공할 수 있다. "외국과의 거래는 서로 다른 시간대에서 행해집니다. 그러나 당신은 거기에 대처해 나갈 수 있습니다." 몽고메리는 말한다. "나는 내 자신을 독립해서 그럭저럭 살 수 있게 된 사람 정도로 인식합니다. 나는 어려운 때 사업을 시작했습니다. 그리고 작은 사업을 6년 이상 운영하기 위해서는 좋은 아이디어들이 있어야만 합니다."

다른 세 지방에 위치한 세 명의 회사 경영자들? 믿을 수 없는 이야기 같지만, 그것은 아주 잘 돌아가고 있는 시스템이다. 로저 폰테인, 스티브 류튼(Steve Reutens), 그리고 래이 그린(Ray Green)은 각각 바이런베이, 브리스베인, 그리고 길롱에 있는 각자의 집에서 〈시덱스〉 유한회사를 이끈다. 그들은 유지 종자 시장을 전문으로 일을 시작했다.

"우리는 큰 회사가 할 수 없는 일을 했습니다." 스티브는 설명한다. "큰 회사들이 큰 일감에만 신경쓰는 동안, 우리는 작지만 수익성이 좋은 틈새시장을 공략했습니다." 〈시덱스〉사는 유지 종자를 으깨고 판매하는 일을 모두 한다. "우리는 유기물 시장에서 성공하고 있습니다. 그것은 유럽이나 미국에서는 유행을 타고 있고, 일본에서는 이제 시작하는 단계입니다." 그들은 1990년에 〈시덱스〉사를 설립했고, 이 유한책임회사는 이제 세계적으로 가장 큰 유기 야채 기름의 공급자가 되었다.

"우리는 기술과 전문적인 지식을 잘 활용한 덕분에 성공할 수 있었습니다."
로저는 말한다. 그는 외국으로 자주 여행하면서 판매를 맡고 있고, 반면 스티브
는 재무를 담당하고 있으며, 로이는 종자 재배농과 접촉하면서 현장에서 일한
다. 핸드폰이 세 사람 사이의 연락을 쉽게 만들어 주었고, 그들은 정기적으로 삼
자 전화회의를 하곤 한다.

로저는 자신이 생필품을 판매하던 시드니로부터 바이런베이로 이사했다. "나
는 교통체증과 공해, 그리고 파라마카로 오가는 일에 매일 2시간 이상을 소모하
는 데 질려 있었습니다." 그는 말한다. "나는 그 도시를 더 이상 참을 수가 없었
죠." 8년 간 그와 아내 낸시, 그리고 두 아이들은 47에이커나 되는, 과수원이 달
린 붉은 삼나무 집에서 살아 왔다. "우리는 바이런베이에서 깨끗하고 건강한 삶
을 살고 있습니다. 여기에는 멋진 날씨와 푸른 초원이 있고, 시끄러운 이웃 따위
도 없습니다. 나는 시간을 쓰는 데 융통성을 발휘할 수 있고, 형광등 불빛 아래
서 하루 종일 사무실에 앉아 있어야 할 필요가 없습니다. 늦은 오후에 할 일이
없을 때면 자동응답기를 켜 두고 파도타기를 하러 나갈 수도 있지요."

로저는 컴퓨터와 모뎀의 도움을 받아 매일 전 세계의 시장을 점검하고 있으
며, 프랑스에서 카놀라 종자의 값이 변동되었다거나 아르헨티나의 해바라기 농사
가 실패했다는 소식에 즉각 대응할 수 있다. "우리는 다른 호주 회사들보다 훨씬
더 생산적입니다." 로저는 말한다. "우리는 다른 회사의 영업이 끝났을 때도 몇
분 안에 국제 종자 상인들에게 팩스로 대답을 줄 수 있습니다. 그리고 나는 핸드
폰 덕분에 세상 어디에서건 똑같이 연락을 받을 수 있습니다."

그가 길 위에 있을 때면 로저의 사무실은 그의 서류가방 속에 들어간다. 이 가
방 속에 그의 휴대용 컴퓨터와 모뎀이 들어 있는 것이다.

1997년 회사가 시드니 서부에 전용 분쇄공장을 개장하자, 스티브는 뉴사우스
웨일즈로 이사를 갔다. 그 곳은 예전에 살던 곳과 마찬가지로 전원적인 환경을
가진 곳이었다. "그 공장은 1,000에이커의 땅에 세워져 있습니다. 그리고 나는
내 사무실 밖으로 성과 말, 양들을 바라보곤 합니다."

"나는 홈 비즈니스 사무실을 갖고 있고, 모든 전화나 팩스는 그 쪽으로 돌릴
수 있습니다." 호주의 가장 오래 된 사택인 윈저의 클레몬트 커티지에 살고 있는
스티브는 말한다.

스티브는 자신의 홈 비즈니스 사무실을 완전히 포기하는 것을 고려하고 있다. "처음엔 좋았죠. 그러나 지금은 그게 가족의 생활을 침해하고 있다는 걸 알게 되었습니다. 전화벨이 울리거나 팩스가 들어올 때마다 그걸 처리해야만 하겠다고 느끼게 되니까요. 그걸 처리하지 않는 것은 스스로를 우울하게 만드는 일입니다. 아내는 주말에 집에 있기를 바라지만, 나는 시내에 나갔으면 하는 일도 있습니다. 나는 계속 집에 있었기 때문입니다. 건전한 가족생활을 위해서는 집 아닌 다른 곳에서 일해야만 한다고 생각합니다."

집에서 일하건 그렇지 않건 이 세 사람은 훌륭한 팀을 이루고 있으며, 그들의 나이와 경험에도 불구하고라기보다는 그 나이와 경험 덕분에 매우 성공적인 삶을 살고 있다.

제9장

미 래

홈 비즈니스 사업이란, 어떤 산업이나 시장이 아니라 하나의 문화라고 〈홈비즈〉지의 파멜라 라펄슨는 말한다.

"그건 살아가는 한 방식이고, 이를 따르는 사람의 수는 늘고 있습니다." 그녀는 말한다. "사람들은 종종 어떤 업종이 홈 비즈니스 사업에서 가장 흔한 것이냐고 물어 옵니다. 그건 20개, 아니 30개 분야라고도 말할 수가 없습니다. 그것은 모든 산업에서 전면적으로 일어나고 있습니다. 나를 놀라게 하는 것은 지금 상당히 많은 전문가들과 제조업체들이 집에서 사업을 할 수 있는 방법을 찾고 있다는 점입니다. 사람들은 언제, 어떻게 일할지를 선택할 수 있기를 원합니다.

그들은 그 보너스로 사장이 될 수도 있고, 노력한 만큼의 대가를 받을 수도 있으며, 제한 없이 수입을 올릴 수가 있다는 사실을 발견합니다!"

홈 비즈니스 사업은 빠르게 확산되고 있는 흐름이며, 그 형태가 약간 바뀔지는 몰라도 앞으로도 계속될 것이라고 모나쉬 대학, 모나쉬 마운트 엘리자 경영대학원의 MBA 과정 책임자인 잭우드 교수는 말한다. 그는 홈 비즈니스 사무실의 수가 평준화되고, 이에 대응하는 신기술을 가진 위성 사무실이 증가하게 될 것이라고 예측한다. 왜냐하면 '기술의 발전은 너무 복잡하고 빠르며 효과적이기 때문에 홈 비즈니스 사무실에서 이를 쫓아가는 것은 너무 돈이 많이 드는 일이 될 것이기 때문'이다.

"사람들은 가장 가까운 위성 사무실에 출근하게 될 것입니다." 그는 말한다. "이것은 로스엔젤레스에서는 이미 일어나고 있는 일이며, 도쿄에서는 이제 시작된 일입니다." 일과 여가 사이에서 균형을 잡는 휴양소 사무실 역시 개발되었다. "후지산 주변에는 휴양소 사무실이 있습니다. 거기에는 화상회의 기구 같은 최신 장비들이 있습니다." 우드 교수는 말한다. "그곳은 보다 덜 근로지향적인 환경을 제공합니다. 그 곳에서 일본 근로자들은 낮시간 동안 겨울에는 스키, 여름에는 골프를 하고, 저녁에는 일을 합니다. 그 목적은 과로로 쓰러지는 일을 막는 것입니다."

밥 안세트(Bob Ansett)는 5년이 늦기는 하지만, 호주가 미국의 경험을 따르고 있다고 믿는다. "최근 미국에 갔을 때 총 3,300만명의 인구가 집에서 일하고 있다는 사실에 깊은 인상을 받았습니다." 그는 말한다. "그건 전체 노동인구의 15%입니다." 이 합계 중 2,500만명은 혼자서 일하고 800만명은 다른 곳에 있는 회사를 위해 일하고 있다. "그곳에는 동부와 서부 연안의 인구밀집지구로부터 공기와 물이 깨끗하고 인구밀도가 낮은 록키 산맥이 있는 곳으로 이동하려는 경향이 있습니다."

"집에서의 근로는 삶의 질이라는 요소와 관련되어 호주에서 점점 중요해질 것입니다." 집에서 일한다고 추정되는 40만 호주인(노동인구의 4~5%) 중의 하나인 안세트는 말한다. 그는 15개월 전에 순전히 생활방식만을 위해 자신의 마케팅 사업을 퀸즈랜드의 누사로 옮겼다. "나는 여기서 멜버른이나 시드니에서만큼 손쉽게 일할 수 있습니다. 누사의 이웃들은 여기에서 살면서 미국의 일을 하기로 결정한 미국인들입니다. 한 남자는 미국 주식매매에 컴퓨터로 접속하는 증권거래인입니다. 그리고 정기적으로 일을 위해 미국으로 돌아가는 법정 변호사도 있습니다. 이것은 경계가 없는 직장의 극단적인 예입니다. 세상은 작아지고 있습니다."

그 동안 우리의 집들은 더욱 커지고 있는지도 모른다. 호주 최대의 부동산업체인 〈퍼스트 내셔널 리얼 에스테이트〉의 책임이사였던 빌 하밀(Bill Hamill)은 호주가 홈 비즈니스 사업 혁명을 겪고 있다고 생각한다.

〈퍼스트 내셔널〉의 조사에 따르면 전체 인구의 12%인 70만 가구가 홈 비즈니스 사업에 참여할 역량을 갖고 있다. 시드니에서 집을 구입하는 사람들 중 15%는 홈 비즈니스 사무실이 있는 집을 구매한다. "남부 멜버른 같은 교외지역에 차를 타고 가 보면, 연립주택들 사이로 인쇄나 상담 서비스를 선전하는 수많은 간판을 볼 수가 있습니다."

"지금 홈 비즈니스 사무실이 집의 가치를 올려 주지는 않겠지만, 후일 집을 팔 때 매매 가능성을 높여 줄 것입니다." 하밀은 말한다.

"홈 비즈니스 사무실을 갖고 있다는 것은, 그 집을 더 많은 사람들에게 필요한 것이 되게 할 겁니다. 집에서 일하고자 하는 사람들은 분명히 이것을 더 바람직한 투자로 생각하게 될 것이기 때문입니다."

홈 비즈니스 사업의 유행으로 인해 새로운 산업들이 발전하고 있다. "이제는 홈 비즈니스 사무실을 위한 가구들이 만들어지고 있습니다." 하밀은 말한다. 그는 스위치를 누르고 손잡이를 당기면 골동품 스타일의 책상이 되는 컴퓨터 책상에 대해 말해 주었다. "저녁때가 되면 포도주 선반과 받침대로 변하는 서류장도 있습니다. 가구들은 낮 동안에는 사무실 물건으로 사용될 수 있고, 밤에는 가정적인 모양새로 바뀔 수 있도록 발전해 왔습니다."

"장래에 사람들은 집에서 일하는 것을 현실적인 선택으로 여기게 될 겁니다." 〈호주 홈 비즈니스 사업회〉의 이사인 마가렛 시드먼은 거기에 동의한다. "사람들은 더 이상 지겨운 직장에 남아 있으려고 하지 않을 겁니다. 그들에게 다른 길들이 있고, 싫어하는 일 대신에 좋아하는 일을 할 수 있을 것이라고 생각하게 될 것입니다."

"오늘날에는 부모가 한쪽밖에 없는 가정이 많고, 그들 중 다수는 집에서 일하는 것을 선택합니다." 그녀는 말한다. "나는 격주로 자기 아이들을 돌보는 한 남자를 알고 있습니다. 그는 그것 때문에 집에서 일하기로 결심했습니다. 그는 큰 집을 사서 아이들이 학교에서 집에 돌아왔을 때 자기를 볼 수 있게 했습니다. 그에게 있어 집에서 일한다는 것은 자신의 시간 대부분을 아이들과 함께한다는 것을 의미합니다. 다른 사람들에게는 출퇴근 시간이 필요없어진다는 것이 중요한 사항입니다. 출퇴근 시간을 없애는 것은 개인적으로 스트레스의 감소를 가져오고, 지역사회를 위해서는 소음과 공해의 감소를 가져옵니다."

홈 비즈니스 근로자에게는 항상 새로운 기회들이 생겨나고 있다. 그것들의 대부분은 정보통신 기술이 발달한 직접적인 결과이다. 집에서 여행상담원이나 접수계원으로 회사를 위해 일하고 싶은가? 다른 일들도 더 해야겠지만, 당신은 오랜 시간이 소요되는 출퇴근을 피하면서 몇 시간 정도씩만 교대로 일할 수 있다. 시디롬을 매력 있게 만들기 위한 '내용 편집인'이 되는 것은 어떤가?

폴 홀랜드(Paul Holland)는 회사와 정부, 그리고 일반 시장을 위해 일련의 온라인 서비스를 개발해 주는 일 이외에 전 세계로 판매되는 멀티미디어 타이틀을 후원하고 개발하며 출판하는 〈ICET 멀티미디어〉의 일반 관리를 맡고 있다. 퀸즈랜드와 빅토리아의 사무실에 17명의 전일제 직원을 둔 이 회사는 30명 이상의 사람을 며칠이나 몇 주, 그리고 심지어 몇 달 간 계약제로 고용해서 쓰고 있다.

"집에서 일하는 계약직 직원들은 그래픽 디자이너들, 애니메이터, 컴퓨터 프로그래머, 그리고 작가들이 있습니다." 폴은 설명한다. "후자의 경우는 기술 계통의 사람들이 쓴 원본 원고를 받아서 시각매체에 맞도록 다시 쓰는 일을 하는 대본작가 또는 내용 편집인들입니다."

"조직 밖의 사람들을 쓰는 장점은 우리가 진부해지지 않는다는 겁니다." 폴은 말한다. "항상 사내 직원만 쓴다면, 당신은 쉽게 그 회사의 스타일에 빠져들게 됩니다. 우리는 이것을 피하기 위해 새로운 피를, 새로운 입력을 받아들이고 있습니다. 나 같은 사람이 해내야 할 일은 그런 직원들을 관리하고, 그 결과물의 질을 확보하는 것입니다. 융통성 있게 외부 근로자를 사용한다는 것은 우리가 엄청난 기반시설을 필요로 하지 않는다는 것을 의미합니다. 당신이 누군가를 고용했다면, 그들에게 기술과 운영 기반시설을 제공해야 할 필요가 있습니다." 폴 청은 말한다. "하지만 고정된 직원의 경우에는 수많은 숨겨진 비용이 듭니다. 하청, 즉 외부직원을 사용하는 경우, 당신은 기업적인 의미에서 규모를 키울 필요는 없습니다."

몇몇 산업들은 홈 비즈니스 근로자에 의존한다. 〈퍼스트 내셔널 리얼 에스테이트〉는 집에서 일하는 지역 관리인들을 두고 있다. "그 현장 인력들은 오랜 기간 그렇게 해 왔습니다." 빌 하밀은 말한다. "더 이상 교외에서 사무실로 차를 타고 갈 필요는 전혀 없습니다. 직원들은 신기술을 쓰면 집에서 사무실과 접속할 수 있습니다."

〈테크놀로지 솔루션〉의 앤 모펫(Ann Moffat)은 홈 비즈니스 근로자를 고용하는 방향으로 두드러지게 이동하고 있는 것은 제3분야, 그러니까 정부, 은행, 보험회사 등이라고 말한다. "호주에서 75%의 일자리는 그 분야에 속하는 것들입니다. 나는 그 일자리 중 80%는 집에서 할 수 있는 것들이라고 생각합니다. 그러나 그런 직장에 있는 사람들 중 단지 절반 정도만이 집에서 일하는 것을 원하게 될 것입니다."

핫 데스킹

'집에서 일한다'고 하는 또 다른 선택은 새로운 사무실 근무방식을 만들어 내었다. 누군가에게 당신이 오늘 핫 데스킹(Hot desking)을 할 작정이라고 말해 보라. 현실은 그들이 상상한 것만큼 흥미롭지는 못할 것이다. 그것은 단순히 사무실 공간을 몇 명의 다른 사람들과 공유한다는 것을 의미할 뿐이다. 직원들이 사무실을 전적으로 사용할 필요가 없는 회사 — 왜냐하면, 자신들의 집이나 차에서 일하기 때문에 — 는 직원들보다 적은 수의 책상만을 사용하려고 할 것이다.

경영자문 회사인 〈앤더슨 컨설팅〉은 12개의 사무실을 공유하는 80명의 관리인들과 30대의 워크스테이션을 같이 쓰는 200명 이상의 상담원들을 두고 있다. 이것은 큰 비용절감을 가져온다. "우리는 여분의 사무실을 위한 장비에 드는 비용에서 150만달러를 절약할 수 있었습니다." 멜버른에 있는 〈앤더슨 컨설팅〉의 관리사원인 더럭 영 (Derek Young)은 말한다. "또 여분의 사무실 공간을 위해 들어갈 수십만 달러도 절약되었습니다."

이 회사에 있어서는 비용절감이 주요 고려사항이었다. 그러나 핫 데스킹이 실시되기 이전에 직원들의 반응들이 평가되었다. 이제 직원들은 사무실이 필요한 한 주간의 하루나 이틀의 시간을 위해 '정해진 시간에만 쓰는 사무실'을 미리 예약해야 한다. 그들은 그 나머지의 시간을 중앙 사무실 밖에서 보내게 된다.

핫 데스킹을 위해서는 효율적인 중앙창고 시스템, 그리고 개인물품과 근무서류를 위한 사물함이 필요하다. 걸려 오는 전화를 그에 적합한 사무실로 돌려 주는 세밀한 전화 시스템 역시 필요하다. 〈앤더슨 컨설팅〉의 시드니 사무실은 '호텔화'를 도입하여 이 개념에서 한 걸음 더 나아갔다. 관리자는 사무실과 다른 설비—예를 들면 회의실—를 그들의 노트북을 써서 전자적으로 미리 예약할 수 있다.

앤 모펫은 시드니에 위치한 가상회사인 〈테크놀로지 솔루션〉의 경영이사이다. "나는 200명의 컴퓨터 전문가를 관리하고 있습니다. 그들은 그럴 수 있으면 집에서 일하고 필요하면 여럿이 같이 참여하기도 하며, 일을 했을 때만 보수를 받습니다."

영국에 있는 400명의 직원들과 비슷한 장비를 갖춘 앤은 핫 데스킹이란 사무환경을 조직하는 또 하나의 방법이라고 생각한다. "책상이 항상 있어야 할 필요는 없습니다. 미국의 IBM은 핫 데스킹을 사용하고 있습니다. 아침에 출근하면 당신은 책상 하나에 지정되게 됩니다. 말하자면 23번 통로의 3번 책상에 말입니다. 미국의 큰 자문회사에서는 전화를 걸어서 책상을 예약할 수 있고, 그러면 관리인이 그걸 준비하게 됩니다. 어떤 관리인은 당신이 지난 번 떠날 때와 똑같이 책상을 준비해 두기 위해 책상 배치를 폴라로이드 사진으로 찍어 두기까지 합니다."

앤은 전자통신이 큰 회사들에 의해 널리 사용된다고 말한다. "예를 들어, AMP 판매사원은 모두 집에서 일하고 있으며, 그 동안에도 쭉 그래 왔습니다. 그들은 지역판매 사무실에 매주 한 번씩 가고 정기적으로 본사 사무실을 방문합니다."

전신 용어

오늘날 '소호(SOHO)'는 더 이상 런던의 한 구역이 아니고 '텔레게릴라'는 꼭 공격적인 것만은 아니며, 집에서 일할 경우에는 가상사무실을 가질 수도 있다.

호주에서 가장 빠르게 성장하고 있는 직장은 소호(SOHO ; Small Office Home Office)이다. 이 직장은 새로운 종류의 근로자들 — 부정기적으로 집에서 일하고 고용주와 정식계약을 맺지 않는 텔레 게릴라들 — 로 채워진다.

그리고 당신은 가상사무실을 갖고 있는가? "글쎄…, 그렇습니다." 당신은 이렇게 말할지 모른다. "그것은 거의 정식 사무실에 가깝습니다. 일단 애들 장난감을 치우고, 책장을 들여놓는다면…." 아니, 아니, 그게 아니다. 가상사무실이란, 당신이 그 곳을 나오면 사

라쳐 버리는 사무실을 말한다. "당신이 가고 나면……" 잭 우드 교수
는 말한다. "누군가 다른 사람이 그 곳을 사용—또는 핫 데스크—
합니다. 이것은 '호텔링' 또는 '모텔링'이라고 부를 수도 있습니다."

가상사무실의 또 다른 변형은 서류가방에 들어 있는 노트북 컴퓨터
와 모뎀, 그리고 핸드폰으로 이루어진 이동 사무실이다.

절 감

1980년대가 무절제의 시기로 불리는 반면, 1990년대는 비용과 공
간 모든 면에서 절감의 시기이다. "오늘날의 대의는 융통성을 가지고
돈을 소중히 여기는 것입니다." 〈게이어 디자인〉의 피터 게이어
(Peter Gayer)는 말한다. "우리는 군더더기를 없애려고 합니다."

멜버른에 있는 〈앤더슨 월드와이드〉와 시드니 달링 공원의 〈존 패
어팩스〉의 사무실들, 그리고 멜버른의 〈BHF〉 본사에서 설비를 맡았
던 피터는 허세를 부리지 않는, 다소 빈약하고 보잘것없어 보이는 외
관을 지향하게 되었다.

"그 회사들은 직원들이 대부분의 시간을 사무실 밖에서 보낸다는
사실에 주목하고 그에 따라 계획을 세우고 있습니다." 그는 설명한
다. "자기 건물의 재설비를 원하던 한 회사 관리자는 어느 평일에 모
든 사무실들을 돌아다니며 아침 10시부터 오후 3시까지의 활동들을
비디오에 담았습니다." 게이어는 말한다. "그가 동업자들에게 그 비
디오를 보여 주었을 때, 그들은 그게 근무시간 중에 찍은 것이란 것
을 믿지 못했습니다. 사무실이 너무나 한적했기 때문에, 그들은 토요
일에 찍은 것이라고 믿었습니다." 그 회사의 관리자는 사무공간의 활

용을 최적화하면 얼마나 많은 절감이 있을 수 있겠는가를 설명하는데 별로 힘들일 필요가 없었다.

"당신은 분명 많은 돈을 절감할 수 있습니다. 그러나 공동의 작업 공간을 더 많이 설계하는 것은 상호 협력을 장려하기도 합니다." 게이어는 말한다. "한 주 내내 밖에 나가 있었던 상담원들에게는 사무실에 돌아와 서로 만난다는 것이 좋은 일입니다. 요즘 우리는 전보다 훨씬 더 많이 사람들의 모임에 집중을 하고 있습니다. 개인공간은 전보다 더 적어졌습니다."

그리고 사무실 운영방식은 보다 덜 계급적인 형태로 바뀌고 있다. 〈게이어 디자인〉이 시드니에 있는 〈뱅커스 트러스트〉의 사무실들을 재설비하려고 했을 때, 그 회사는 1,100명의 사람을 위해 139개의 사무실들을 두고 있었다. 그 재설비 후, 그 회사에는 1,800명의 사람들을 수용할 수 있는 30개의 사무실이 남게 되었다.

"이 회사는 이미 이런 일이 일어날 수 있는 풍토를 갖고 있었다는 것이 중요했습니다." 게이어는 말한다. "다른 회사들도 같은 환경을 원하지만, 그들은 고전하고 있습니다. 그들은 이제 자리잡기 시작했습니다. 그 회사들은 지나치게 계급적이고, 사무실이 지위의 상징으로 받아들여지고 있습니다. 지위에 대한 보상은 다른 방식으로 주어져야만 합니다. 구석의 큰 사무실이 아니라 금전적인 보너스의 형태로 말입니다."

앞서 나가기

그 숫자에 있어서는 별로 그렇지 않지만, 여러 다른 측면들에 있어서 호주는 홈 비즈니스 근로자들을 위한 길을 앞서 나가고 있을지 모른다. "내가 아는 한도 내에서 호주는 공공부문 근로자에게 홈 비즈니스 근로판정을 해주는 첫 번째 국가입니다"라고 〈지역사회와 공공부문조합〉의 국민산업관리인 제럴딘 맥나마라(Gerardine McNamara)는 말한다. 임시 판정은 1994년 2월 14일부터 시행되기 시작했으며, 그 이후로 재검토되고 있지만 수정 없이 계속되고 있다.

"우리는 기술이 계속 발전함에 따라 미래에 무슨 일이 생길 것인지를 알 수가 있습니다." 맥나마라는 말한다. "그리고 우리는 일어나려고 하는 것에 반응하여 움직이기보다는 한 걸음 앞서 나가기를 원했습니다." 기술적으로 집에서 일하는 것이 가능한 10만명의 공무원 중 1995년 9월까지 단지 150명만이 집 근무를 지원했다. 그들 중 85명은 승인되었고, 65명은 거부되었다.

"크게 출발한 건 아닙니다." 맥나마라는 인정했다. "가야 할 길은 여전히 멀지요."

그녀는 집에서 시간제로 일할 수 있도록 승인된 사람들은 주로 하위나 상위 계층이 아닌 중간계층이라고 말했다. "그들은 엄밀한 감독을 받거나 협력하여 일하는 것 따위에 간섭받는 일 없이 독자적으로 일할 수 있는 위치에 있게 됩니다."

상원의 경제자문위원회는 미래의 전자통신을 자세히 살펴 왔다. 그들의 1995년 11월 출판물인 〈지금 당신을 연결하고 있습니다─2000년을 향한 전자통신의 발전〉(호주 영연방 의회, 상원 출판부, 의회, 켄베라)는 정부가 자료들을 입력시키는 일을 외주 주는 것에 대해 대대적인 타당성 조사를 해야 한다는 것, 통신소에 충분한 돈을 지원해야 한다는 것, 영연방의 고용, 교육, 그리고 훈련부서가 직업소개소의 원격지 근무를 심의할 것, 그리고 정부가 원격지 근무와 통신을 통한 출퇴근에 대해 열린 자세를 가질 것 등을 권고하고 있다.

설비 문제

집에서 일할 때 해결해야 할 문제들 중의 하나는 적절한 장비를 마련하는 일이다. 몇몇 업종의 경우, 여기에는 상당한 돈이 든다.

〈아이스 티 멀티미디어〉의 폴 흘랜드는 말한다. "우리 회사의 그래픽 디자이너와 컴퓨터 프로그래머들은 집에 상당한 설비를 해야 할 필요가 있습니다. 그 하드웨어와 소프트웨어에는 최소한 1만달러에서 2만달러 정도의 비용이 듭니다. 소액의 자본으로도 한동안은 버틸 수 있습니다만, 결국 장비의 부족은 장애요인이 되게 됩니다."

그러나 컴퓨터 장비를 사용하는 데는 다른 방법도 있다. 노던 테리토리 지역을 제외한 호주에는 농촌과 오지에 118개의 통신소가 설치되어 있고, 1만명에 이르는 사람들이 그것들을 사용하고 있다.

통신소 혹은 통신센터는 기업발전과 교육 그리고 훈련에 관한 서비스를 제공받기 위해 지역주민이 드나드는 장소이다. 그런 센터는 컴퓨터와 모뎀, 스캐너, 팩시밀리, 복사기, 그리고 컬러 프린터 같은 일반적인 장비들을 갖고 있다. 거기에는 또 인터넷 장비들도 갖추어져 있다.

그 사용자들은 화려한 메뉴를 인쇄하려는 레스토랑 주인서부터 숙제를 하려는 학생과 지방이나 해외로 팩스를 보내려는 홈 비즈니스 사업자까지 다양하다. 그 비용은 적당한 수준이고, 장비들을 사는 것보다는 확실히 싸게 사용할 수 있다.

전문가의 조언

"사람들은 집에서 일할 때는 훈련이 필요하다고들 말합니다."〈홈비즈〉지의 파멜라 라펄슨은 말한다. "나는 질서 정연하다는 말을 들을 만큼 훈련이 필요한 것은 아니라고 말하곤 합니다. 당신은 정해진 시간까지 일을 마칠 수 있으면 되는 겁니다." 파멜라는 아니라고도 말할 수 있어야 한다고 믿는다. "이건 집 밖의 사무실에 있을 때보다 훨씬 더 중요한 일입니다. 친구들과 가족들, 그리고 이웃들은 당신에게 종종 여러 가지를 부탁합니다. 그들은 당신이 집에 있을 때는 일하지 않고 있다고 생각합니다. 그건 모두 통제의 문제입니다. 당신이 무엇을, 언제, 어떻게 하는가를 완전히 통제할 수 있는가 하는 문제 말입니다."

파멜라가 말하는 세 번째 요점은 당신의 사업수익에 대해 진지해져야 한다는 것이다. "이것은 많은 사람들이 실패하거나 막히는 부분입니다. 수익부분은 종종 너무 가볍게 다루어지기 쉽습니다. 그러나 당신은 계속 광고를 하고, 물건을 팔고, 또 계속 사업을 키워나가야만 하는 것입니다."

일을 방해하는 것

〈테크놀로지 솔루션〉의 앤 모팻은 훌륭한 홈 비즈니스 근로자의 표시는 책상이 깨끗하다든가 시간관리를 잘 한다는 게 아니라 일급의 대화기술과 협상기술을 갖고 있는 것이라고 믿는다. "항상 자신의 의사를 명확히, 그리고 효과적으로 표현하도록 하십시오." 그녀는 조언한다. "당신은 명확히 말하고 있다고 생각할지 모르지만, 다른 사람의 반응이 없다면 별로 소용이 없습니다."

"타협할 수 있는 능력도 있어야만 합니다. 사람들은 내게 말합니다. '남편이 집에서 일할 때는 나를 위해 시간을 낼 수 있으리라 생각했어요. 하지만 그는 매일 저녁마다 일을 한답니다.' 또는 '비가 올 때 빨래를 들여 놓지 않으면 아내는 화를 냅니다. 나는 일을 하고 있는 겁니다. 나는 비가 오는지도 몰랐습니다. 게다가 우리가 둘다 출근했다면 빨래는 어차피 젖었을 겁니다. 그 때와 지금의 상황에 무슨 차이가 있습니까?'라고 말입니다. 그 부부들은 타협하는 기술이 필요합니다. 그들은 스스로 그 문제들을 해결해야 합니다."

모펫은 당신의 외관에 관해 재미있는 견해를 제시한다. "나는 집에서 일한다는 것은 마음자세와 생활습관에 관한 것이라고 생각합니다. 모든 사람이 똑같이 살 수 있는 것은 아닙니다. 일하는 방법은 수없이 많으니까요. 나는 당신의 머리색깔이 청색이건 녹색이건 제멋대로이건 상관치 않고, 목욕 가운을 입고 일한다고 해도 상관없습니다. 나는 당신의 책상이 돼지우리 같은가가 아니라 당신이 무엇을 만들어 내는가에 관심이 있습니다. 고객이 보는 것은 일의 질이나 가격, 그리고 시간을 엄수하는가입니다. 중요한 것은 어떻게 만들어 내는가가 아니고 무엇을 만들어 내는가 하는 것입니다." 그녀는 말한다. "홈 비즈니스 근로자를 이용하려는 움직임을 가장 활발하게 보이고 있는 것은 정부나 은행, 보험회사들 같은 제3분야입니다. 호주의 근로자 중 75%가 거기에 속해 있고, 나는 그들 중 80%가 집에서 일할 수 있다고 생각합니다. 그러나 그들 중 약 절반의 사람들만이 집에서 일하려고 할 것입니다."

"훌륭한 전자통신 근로자는 높은 긍지와 충분한 돈을 갖고 있습니다. 그들은 수입이 부정기적이라는 데 당황하지 않고 집에서 일하는 것을 마음 편하게 느낍니다. 물질적인 요구는 충족되어 있는데다가 잘 협조해 주는 가족과 친구들도 있습니다. 그들은 이제 자기만족을 원하고 있습니다. 그들은 자기 일에 긍지를 느끼고 있으며, 게다가 다른 사람들이 뭐라고 생각하는가는 상관하지도 않습니다. 그들은 자기 자신에 대한 확신이 있습니다."

이웃들은 그녀가 상당한 시간을 집에서 일하고 있다는 것을 이미 알고 있었지만 별로 대수롭게 여기지 않았다. 그러나 한 회사가 텔레비전 프로그램을 위해 그녀를 촬영하러 오자, 그들은 태도를 바꾸었고 그것은 즐거운 일이었다.

다른 사람의 인식이나 태도는 홈 비즈니스 근로자에게 커다란 영향을 줄 수 있다. "켄베라에 사는 어떤 사람은 집에서 일한 지 2년이 되었는데, 도시 사무실로 돌아가고 싶어 죽겠다고 제게 말했습니다. '신문 파는 사람은 내가 낮시간에 안에 있으니까 실업자인 줄 알더라고요. 이웃들은 내게 참 안 됐다고 하고…. 나는 이 모든 것에 질려 버렸습니다.' 그는 끙끙대고 있었습니다. 그러나 미국에서처럼 여기서도 인식은 바뀌고 있습니다. 홈 비즈니스 근로자는 전문가이며, 그들의 고용비용을 고려했을 때 일을 잘 한다고 여겨지고 있습니다." 사실 그녀가 일했던 한 영국회사는 지금 1억달러에 달하는 분기 매출액을 올리고 있으며, 집을 근거지로 하는 사업에 있어서 모범으로 간주되고 있다.

그러나 이 긍정적인 인식이 널리 퍼질 때까지 상황에 따라 그걸 숨기기도 하라고 모펫은 조언한다. "고객이 변덕을 부리고 일을 얻게 되지 못할 것 같으면 홈 비즈니스 근로자라고 이야기하지 마세요. 나는 고객들을 집에 부르지는 않습니다. 대신 우리는 사치스러운 회의실이 있는 북부 시드니의 사무실을 사용합니다. 호주 사람들은 누군가가 오전 9시에서 오후 5시까지 사무실에 머무르는가가 아니라 그 사람의 생산성 또는 결과물이 어떤가에 보다 신경을 써야만 합니다. 이런 일은 점차로 일어나고 있습니다. 큰 회사들은 옛날 방식으로 정책과 지침을 결정하고 있습니다. 그러나 사람들은 보다 융통성 있는 생활을 찾고 있고, 회사들은 보다 높은 생산성을 추구하고 있기 때문에 집에서 일하는 경우가 증가하게 될 겁니다."

"사무실에서 벗어나 일할 때는 자신의 일이 보다 확실히 정해져 있어야만 합니다. 사무실에 있을 때, 사장이 원하는 걸 이해하지 못하겠다면 당신은 다른 사람들과 이야기해 볼 수 있습니다. 집에서는 물어 볼 사람이 없지요. 당신은 반드시 그걸 알고 있어야만 하는 겁니다."

"집에서 일하는 사람들은 특권을 누리고 있다고 느낍니다. 그래서 그 특권을 지키고자 더욱 열심히 일하는 경향이 있습니다. 게다가 조사에 따르면 사무실에서 보내는 시간의 50％는 사교와 게임, 그리고 정치적인 활동에 쓰여진다고 합니다." 그런 요소들을 제거하고 나면 집에서 일하는 것이 훨씬 생산적이 된다는 것은 별로 놀라운 일이 아니다.

맺음말

〈호주 홈 비즈니스 사업회〉의 이사인 마가렛 시드먼은 홈 비즈니

사업에는 사람들의 꿈을 실현시켜 줄 잠재력이 있다고 말한다. "그 일은 생활과 직업을 전에 생각지 못했던 형태로 결합해 줍니다. 그리고 사람들은 자신들이 좋아하는 일을 하기 때문에 보다 행복해질 수 있습니다."

"집에서 일한다는 것은 궁극적인 책임을 진다는 것을 말합니다. 다른 사람에게 의존하거나 다른 사람을 비난하는 대신, 그리고 사회에 짐이 되는 대신 자기 몫의 세금을 내야 할 책임이 있는 것이지요." 그녀는 말한다.

그럼, 무엇을 기다리고 있는가? 사무실에서 나와라. 그리고 집에 돌아오는 것이다!

옮긴이

이화여자대학교 독어독문학과를 나왔다.
(주)계몽사에서 전집, 단행본, 사외보를 맡아 일했으며,
월간 〈NEIGHBOR〉의 창간에 참여했다.
〈우리교육〉의 기자를 거쳐 지금은 자유기고가로 있다.

•

집에서 신나게 돈벌자
― 홈 비즈니스 가이드 ―

•

지은이 / 헬렌 크라이시즈
옮긴이 / 김희정
펴낸이 / 박용정
펴낸곳 / 한국경제신문사
등록 / 제2-315(1967. 5. 15)
제1판 1쇄 인쇄 / 1998년 4월 30일
제1판 1쇄 발행 / 1998년 5월 10일
주소 / 서울특별시 중구 중림동 441
출판팀 / 3604-553~8
출판판매팀 / 3604-595~6
FAX / 360-4599

•

✽ 파본이나 잘못된 책은 바꿔 드립니다.
ISBN 89-475-2241-4

•

값 8,000원

한국경제신문사의 책들
― 시대를 앞서가는 이들의 선택 ―

권력이동

앨빈 토플러 著
李揆行 監譯
〈양장 / 666면 / 12,000원〉

21세기를 향해 변화하는 폭력·富·지식 등 사회 각부문의 권력격변은 어떤 형태를 취하고 있는가? 이러한 격변은 어디에서 기인하는가? 앞으로 다가올 변화를 누가 어떻게 통제할 것인가? 이 책은 세계 곳곳에서 일어나고 있는 권력의 대지진과 격변을 놀라운 통찰력으로 예견한 力著.「미래쇼크」,「제3물결」에 이은 3部作의 완결편.

미래 쇼크

앨빈 토플러 著
李揆行 監譯
〈양장 / 510면 / 10,000원〉

인간에게 격심한 변화가 닥쳤을 때 인간은 도대체 어떠한 상태에 이르게 될 것인가? 그리고 어떻게 하면 미래의 변화에 적응할 수 있을 것인가? 오늘의 현대인에게 미래의 충격적 상황을 예시하고 이를 극복할 방향을 제시하고 있는 警世의 敎訓書.

제3물결

앨빈 토플러 著
李揆行 監譯
〈양장 / 586면 / 11,000원〉

기존질서의 붕괴와 전자문명의 개막이 가져다 준 생활패턴의 변화라는 격량에 현대인은 표류당하고 있다. 어떻게 이러한 새로운 時代의 질서와 생활패턴에 적응하고 나아가 이에 능동적으로 대처해 나갈 것인가를 예리한 문명비판적 시각에서 제시해 주고 있다.

전쟁과 反戰爭

앨빈 토플러 著
李揆行 監譯
〈양장 / 404면 / 9,500원〉

새로운 세기로 접어들고 있는 오늘의 지구촌에서 새 문명의 등장으로 촉발된 대규모 평화위협의 실상을 파악하고「신세계질서」의 이상형을 예측하고 있다. 전쟁과 反戰爭에 관한 토플러의 방법론적 탁견은 전쟁을 예방하기 위한 평화적 해결책을 제시하고 기묘하고 신비한 미래사의 문을 활짝 열어줄 것이다.

경영혁명

톰 피터스 著
盧富鎬 譯
〈양장 / 820면 / 13,000원〉

정보화사회는 불확실성이 심화된 사회로 기업경영의 경기규칙과 새로운 경영스타일 등 생존을 위한 변화는 가히 혁명적이라 할 수 있다. 이 책은 전통적 사고에 도전하고 조직이 사람을 위해 존재할 수 있도록 변화를 유도하는 45가지 경영 실천전략을 제시한 기업경영자의「비즈니스 핸드북」

해방경영

톰 피터스 著
盧富鎬 外 共譯
〈양장 / 1,300면 / 19,000원〉

2000년대의 경영思潮는 무엇이며, 이를 주도할 기업의 생존철학은 무엇인가? 이 책은 장장 1,300여 페이지에 걸쳐 좋은 기업을 만들기 위한 조직의 창조적 파괴와 일반통념으로부터의 해방을 핵심테마로 다루고 있다. 자유분방한 필치와 수많은 은유, 패러독스가 곳곳에 번득여 방대한 분량임에도 불구하고 읽는 동안 재미와 해방감·지적 충족감을 더한다.

경영파괴

톰 피터스 著
安重鎬 譯
〈양장 / 374면 / 8,500원〉

이제 리스트럭처링·리엔지니어링으로는 급변하는 시대를 이길 수 없다. 기업의 조직은 상상을 초월하는 혁신적인 네트워크형이 되어야 한다. 이 책은 세계적 경영컨설틴트인 저자가 새롭고 번뜩이는 아이디어로, 기업을 운영하는 사람들이 재창조와 혁명을 향해 전진할 수 있도록 9개의「넘어서」를 중심으로 구체적인 혁신방안을 제시한다. 변하지 않는 기업이나 조직은 망한다는 것이 저자의 한결같은 주장이다.

강대국의 흥망

폴 케네디 著
李日洙·全南錫·黃建 共譯
〈양장 / 628면 / 13,000원〉

역사학자이자 미국 예일대 교수인 저자는 이 책에서 지난 5세기 동안에 전개되었던 강대국들의 흥망성쇠는 그들의 경제력과 군사력의 변화 추이에 의해서 좌우되어 왔다고 진단하면서 앞으로 다가오는 21세기에는 미국·소련·서유럽 등의 쇠퇴와 중국·일본 등 아시아 강대국들의 부상을 예언하고 있다. 〈뉴욕타임스 선정 최우수 도서〉

21세기 준비

폴 케네디 著
邊道殷·李日洙 譯
〈양장 / 500면 / 11,000원〉

우리에게 충격을 던졌던「강대국의 흥망」저자 폴 케네디 교수가 다가올 21세기 문명세계의 각종 위기를 명쾌히 분석·정리한 力著. 이 책은 향후 30년 사이 우리에게 닥칠 도전들과 그 대응방법 그리고 인구폭발, 환경오염, 생물공학, 로봇, 통신수단, 가공할 파워의 양태 등을 특유의 통찰력으로 분석·예견하고 있다.

메가트렌드 2000

존 나이스비트 외 共著
金弘基 譯
〈양장 / 444면 / 9,800원〉

90년대는 정치개혁과 경이적인 기술혁신 등으로 인류에게 지금까지와 전혀 다른 변화양상을 안겨줄 것이다. 이 책은 90년대의 변화로 경제호전, 예술의 번영, 시장사회주의의 출현, 복지국가의 쇠퇴 등, 과거 어둡고 비관적인 세기말적 변화보다는 밝고 새로운 흐름을 부각시키고 있다.

메가트렌드 아시아

존 나이스비트 著
홍수원 譯
〈양장 / 402면 / 9,500원〉

미래예측가로 세계적 명성을 떨치고 있는 나이스비트는 21세기에는 아시아가 미국주도의 상품과 소비시장에 가장 중요한 경쟁자로 떠오를 것으로 내다보고 현재 역동적으로 변화하는 아시아의 모습을 8가지 트렌드로 분석했다. 특히 아시아와 세계라는 맥락 속에서 한국에 나타나고 있는 폭넓은 변화들을 살펴보고 한국이 아시아에 기여할 수 있는 방안도 짚고 있다.

20세기를 움직인 思想家들

기 소르망 著
姜偉錫 譯
〈신국판 / 426면 / 8,000원〉

20세기 사상계에 결정적인 영향을 끼친 사람들은 과연 누구인가? 프랑스의 저명한 경제학자이자 사회학자인 기 소르망이 29명의 생존해 있는 현대 최고의 사상가들과 직접 인터뷰를 통해 그들 자신이 선택한 분야에 전생애를 바친 사상과 사색의 놀라운 통찰을 기록·정리한「살아있는 도서관」.

資本主義 종말과 새 世紀

기 소르망 著
金廷銀 譯
〈양장 / 628면 / 13,000원〉

세계적인 석학인 저자는 자본주의 체제를 위협하는 것은「도덕적 불만」과「자본주의에 대한 몰이해」라고 주장하고 러시아·중국·독일·인도 등 20여개국의 자본주의의 현재 모습을 생생히 그리고 있다. 또한 현재의 자본주의의 위기를 극복하기 위한 구체적인 실천방안에 대해서도 통찰하고 있다. 방대한 분량인데도 르포형식이어서 전혀 지루하지 않다.

미래기업

피터 드러커 著
高柄國 譯
〈양장 / 416면 / 9,500원〉

우리 시대의 가장 뛰어난 사회·경영학자이자 미래학자인 드러커의「변혁시대 기업생존전략 연구서!」이 책은 세계경제가 빠르게 바뀌어 감에 따라 기업의 새로운 생존 경영전략 모델, 즉 기업이 살아남기 위한 5가지 변화조건을 예리하게 분석·고찰했다. 특히 사회·경제학 시각에서 세계경제 흐름을 통찰한 力著.

자본주의 이후의 사회

피터 드러커 著
李在奎 譯
〈양장 / 328면 / 7,000원〉

사회주의권의 급격한 몰락 이후 탈냉전 분위기가 고조되고 있는 시점에서 향후 세계 변화가 주요 관심사로 떠오르고 있다. 저자는 이 책에서 향후 세계는 자본주의적 시장구조와 기구는 그대로 존속되겠지만 주권국가의 통제력은 약화되고 전문지식을 갖춘 지식경영자 중심의 글로벌화 사회가 될 것으로 예측하고 있다.

미래의 결단

피터 드러커 著
이재규 譯
〈양장 / 408면 / 9,000원〉

현대 경영학의 대부, 피터 드러커는 이 책에서 「스스로를 다시 생각함으로써 회생할 수 있다」고 전제하고 기업의 5가지 치명적 실수, 가족기업을 경영하는 규칙, 대통령을 위한 6가지 규칙, 새로운 국제시장의 개발, 3가지 종류의 팀조직, 오늘날 경영자들이 필요로 하는 정보 등 바람직한 미래를 실현하기 위한 방안을 제시했다. 21세기를 위한 새롭고 시의적절한 경영지침서.

비영리단체의 경영

피터 드러커 著
현영하 譯
〈신국판 / 406면 / 8,000원〉

선진국에서는 학교, 자선단체 등 비영리단체의 경영혁신이 선풍을 일으키고 있다. 이 책은 필자가 교수생활을 하면서 비영리단체에서 봉사했던 경험을 바탕으로 조직관리, 예산 등 경영전반에 대한 문제점을 심도있게 분석하고 개선방안을 제시했다. 전문가들과의 대담을 통해 경영의 효율성을 높이기 위한 여러가지 방안이 눈길을 끈다.

트러스트

프랜시스 후쿠야마 著
구승회 譯
〈양장 / 500면 / 12,000원〉

한 나라의 경제는 규모만으로는 설명될 수 없고 문화적 요인이 중요하다. 이 문화적 요인이 사회적 자본이며 가장 중요한 덕목이 바로 신뢰다. 저자는 이 책에서 개인주의, 가족주의에 기반을 둔 저신뢰 사회의,특성을 혹독하게 비판하면서 건강한 사회가 되려면 공동체적 연대와 결속의 기술을 터득해야 하며 신뢰는 경제와 사회, 문화를 아우르는 놀라운 가치라고 강조한다.

코피티션

배리 J. 네일버프·아담 M. 브란덴버거 著
김광전 譯
〈양장 / 384면 / 9,000원〉

비즈니스 게임은 끊임없이 변하므로 전략도 당연히 변해야 한다. 경쟁(competition)과 협력(cooperation)에 관한 과거의 법칙들을 넘어서서 양자의 장점을 결합한 코피티션 전략은 기존의 비즈니스 게임을 혁신할 혁명적인 신사고다. 저자들은 게임 자체를 변화시켜서 이득을 최대화하는 방법을 보여주는 5가지 요소(전략의 PARTS)의 비즈니스 전략을 체계적으로 제시했다.

지구의 변경지대

로버트 케이플런 著
황건 譯
〈양장 / 582면 / 12,000원〉

베일에 가려져 있던 서아프리카에서 중동을 거쳐 러시아의 외곽지대인 중앙아시아, 중국, 인도를 거쳐 캄보디아, 태국, 베트남에 이르는 대장정을 끝내고 저자가 내린 결론은 한마디로 암울하다는 것이다. 이 책은 저자가 새로운 분쟁지역으로 떠오르고 있는 지구 곳곳을 다니면서 문제점을 지적하고 혼란에 빠진 이들에게도 따뜻한 시선을 보내자고 제안하고 있다.

회사인간의 흥망

앤소니 샘슨 著
이재규 譯
〈양장 / 490면 / 9,800원〉

이 책은 17세기 동인도회사에서 현재의 마이크로소프트사에 이르기까지 기업의 변화과정과 직장인들의 문화변천사를 통해 회사인간이란 무엇인가를 규명했다. 생생한 인물묘사와 인터뷰, 사례를 곁들이면서 전혀 도전받을 일이 없을 듯이 보였던 「기업관료들」이 어떻게 레이더스, 모험기업가, 일본의 경쟁자들, 컴퓨터, 여자 회사인간들에 의해 차례차례 공격당했는가를 밝히고 있다.

금융시장 예측

김성우 著
〈양장 / 452면 / 12,000원〉

주식, 금리, 상품 등의 현물시장은 물론 선물 및 옵션 등의 파생상품시장에서도 생존할 수 있는 방법을 다양하게 제시하고 있다. 20여년간 외환시장 등 다양한 시장에서 딜러, 투자가, 분석가로 활동하며 풍부한 현장경험을 가지고 있는 저자가 시장상황에 따른 기술적 지표의 요령과 심리적 동요의 극복방안을 현장사례 중심으로 상세히 설명하고 있다.

21세기 중국

박정동 編著
〈양장 / 362면 / 9,000원〉

덩샤오핑이 사망함에 따라 곳곳에서 그 기반이 흔들리는 조짐이 나타나고 있다. 그의 체제를 이어받은 장쩌민 체제는 안정과 성장을 지속시켜 나갈 수 있을까. 과연 중국은 어떻게 변할 것인가. 아시아의 안정과 발전을 저해하는 군사대국으로 비화할 가능성이 큰 중국의 현재와 미래를 철저히 진단한 중국탐구서.

팝 인터내셔널리즘

폴 크루그먼 著
김광전 譯
〈신국판 / 276면 / 7,000원〉

산업위축과 실업증가, 실질소득 향상의 둔화를 비롯해 소득격차의 확대, 산업시설의 유출 등 선진 경제가 지닌 문제점을 상세히 분석하고 그 원인이 개발도상국과의 교역에 있는 것이 아니라 선진국의 산업구조 변화와 기술발전에 있다고 밝히고 있다. 레스터 서로에 필적하는 20세기 최고의 40대 경제학자인 저자가 지적하는 개도국 성장 비결은 우리에게 시사하는 바가 크다.

2020년

해미시 맥레이 著
金光田 譯
〈양장 / 408면 / 9,000원〉

다양한 인종만큼이나 상이한 정치·경제체제와 독특한 문화양식을 지니고 있는 세계 각국은 저마다의 주무기를 앞세워 미래를 설계하고 있다. 경제평론가인 저자는 앞으로 국가경쟁력을 결정짓는 요인은 기술이 아니라 문화라고 강조한다. 현재 세계 각국이 처해 있는 상황을 바탕으로 치밀하게 전망한 2020년경의 세계 각국의 모습에서 우리의 진로는 어떻게 모색해야 할 것인가?

제4 물결

허먼 메이너드 2세
수전 E. 머턴스 共著
韓榮煥 譯
〈양장 · 4×6판 / 240면 / 5,000원〉

21세기의 범세계적 기업을 위한 낙관적 비전을 제시하고 있는 이 책은 한마디로 앨빈 토플러의 《제3물결》을 넘어 장기적 미래의 비전에 집중하고 있다. 지금 우리가 공업화를 상징하는 「제2물결」에서 탈공업화적인 「제3물결」로 전이하고 있지만, 머지 않은 곳에서 새로운 차원의 「제4물결」이 밀려오고 있다고 진단하고 있다.

株式市場 흐름 읽는 법

浦上邦雄 著
朴承源 譯
〈신국판 / 200면 / 4,000원〉

언뜻 보기에 무질서하고 예측이 불가능해 보이는 주식시장도 장기적으로 보면 특정한 네 개의 국면을 반복하고 있다는 것을 알 수 있다. 이 책은 이 네 개의 국면이 어떤 요인에 의해 순환되고 각각의 국면에서 어떤 종목이 활약하는가를 숙지할 수 있는 안목을 제시해주고 주식투자시 리스크를 피하는 방법에 대해서도 설명하고 있다.

유머人生 1～6

韓國經濟新聞社 出版部 編
〈4×6판 / 244면 / 4,500원〉

많은 독자들이 1980년 12월부터 본지에 연재되고 있는 「海外유머」를 책으로 출판했으면 어떨지, 그런 계획은 없는지 물어왔다. 이 책은 독자들의 그러한 성원에 보답하자는 취지로 출판되었으며 우스갯소리 가운데서 인생의 묘미도 느끼고 영어공부도 할 수 있게끔 어려운 단어나 語句에는 주석을 달아 독자들의 이해를 돕고자 노력했다.

성공적인 점포경영 33選

류광선 著
〈신국판 / 368면 / 8,000원〉

5,000만원 정도의 소자본으로, 심지어 무자본으로도 사업을 시작할 수 있는 아이디어를 담았다. 저자가 현장을 발로 뛰면서 바로 개업하기에 유망한 33개 업종을 선별, 입지선정부터 개업절차·경영 비법까지 최신 노하우를 총집결시켰다. 경영지침이나 사업의 성패진단법은 물론 직접 점포를 운영하는 사람들의 현장 목소리를 담아 차별화를 꾀했다.

부동산 경매를 잡아라

전 철 著
〈신국판 / 248면 / 6,500원〉

법원경매든 성업공사 공매든 경매는 이제 누구나 쉽게 배우고 참여할 수 있게 되었다. 경매물건에 대한 마음가짐을 얼마나 유연하고 객관적인 자세로 평가할 수 있느냐가 성공의 지름길이다. 이 책은 부동산 경매에 대한 전반적인 원리를 누구나 쉽게 배울 수 있도록 설명했다. 특히 실전사례중심으로 실패없는 부동산 경매 방법을 체계적으로 정리한 실전 가이드다.

임대주택을 잡아라

최문섭 著
〈신국판 / 230면 / 6,500원〉

최근 다양한 부동산개발 유형이 쏟아져 나오고 있지만 자신이 소유하고 있는 땅에 가장 어울리면서 수익을 많이 올릴 수 있는 방법을 찾는 것은 쉬운 일이 아니다. 이 책은 자신이 소유하고 있는 땅의 위치, 교통 여건, 주변 생활환경 등을 따져 본 후 높은 수익을 올리고 미래 발전 가능성이 있는 최적방안을 여러 사례별로 제시, 임대주택으로 투자에 성공하는 방법을 담고 있다.

일본 쪼개보기

황인영 著
〈신국판 / 336면 / 7,500원〉

일본이 거론하고 있는 독도문제나 잇따른 우익 망언에 대해 논리적이고 설득력 있게 대응해야 한다. 이 책은 일본의 본질을 이해하기 위해 한일관계의 역사적 배경을 추적하면서 그들의 독특한 문화와 사고방식, 행동양식을 105가지의 짧은 얘기로 분석하고 있다. 특히 역사적으로 형성된 일본 특유의 무사도 정신과 장인정신, 직업 세습풍토의 배경과 그 실체를 벗기고 있다.

돈 굴러들어오는 장사성공의 비결

가라쓰 하지메 著
양병준 外 譯
〈신국판 / 288면 / 7,000원〉

이 책은 소매점에서 개인 손님을 응대하는 요령에서부터 각 기업체의 세일즈맨들이 회사를 상대로 할 때의 영업요령에 이르기까지 장사성공의 비결을 소개한 실용서다. 저자는 이 책을 통해 불황 속에서도 살아 남는 법, 팔리는 물건 만들기, 장사거리 및 판로찾기와 더불어 앞으로 일본이 맞이하게 될 국제화, 고령화, 환경문제에 대처하는 자세 등을 제시하고 있다.

사장님을 위한 5분 경제

손정식 著
〈신국판 / 388면 / 8,500원〉

경영일선에 있는 경영자가 매일매일 직면하는 경제·경영현상에 대해 기본적인 원리를 설명한 이 책은 경제현상을 올바로 이해하여 기업경영의 이론적 토대를 튼튼히 하는데 보탬이 되는 경제상식들만 모았다. 가격관리와 비용관리에서부터 기업전략, 경쟁과 윤리, 기업과 금융, 국제무역과 국제금융에 이르기까지 꼭 알고 있어야 할 경제원리들을 강의하듯 풀어서 설명했다.

대기업을 이기는 벤처비즈니스

마키노 노보루·강동우 著
유세준 譯
〈신국판 / 212면 / 5,500원〉

첨단 기술력과 재빠른 정보수집력을 갖춘 모험심 강한 중소기업이 대기업보다 훨씬 더 유연하게 시장상황에 대처하고 있으며 성공해 가고 있다. 마이크로소프트, 인텔 등이 그 예다. 이 책은 재편되고 있는 경제구조 속에서 앞서 나가고 있는 일본 벤처기업들의 사례와 실리콘밸리의 성공전략을 살펴보고 틈새시장을 공략하는 요령과 아이디어, 국제적 제휴전략 등을 다루고 있다.

시간이동

스테판 레트샤픈 著
형선호 譯
〈신국판 / 380면 / 9,000원〉

사람들에게 있어서 시간은 객관적인 것이 아니라 주관적인 것이다. 이 책에서 저자는 시간에 대한 사고방식을 바꿈으로써 자신의 인생에 대한 통제를 되찾을 수 있다고 강조한다. 그 과정을 통해 우리는 인생을 최대한 즐길 수 있으며 많은 시간을 우리 자신과 가족과 함께 더 한층 고양된 삶의 의미를 느낄 수 있다. 이 책은 명상서로서 자신의 삶을 컨트롤하는 방법을 제시한다.

소명으로서의 기업

마이클 노박 著
김진현 監譯
〈신국판 / 280면 / 7,000원〉

실업과 빈곤의 해결책은 무엇일까. 마이클 노박은 종교적 윤리 기반위에 선 민간기업만이 그 해결책이 될 것이라고 명쾌하게 주장한다. 민주자본주의 하에서 신학적·윤리적 기초를 갖는 기업이야말로 이윤창출기관인 동시에 민주주의와 인권을 증진시키는 기관이며 사회공동체를 만드는 기관이다. 기업의 위치, 정신의 설정과 사회관계 정립에 등불이 될 내용들이 가득하다.

마음을 치유하는 79가지 지혜

레이첼 나오미 레멘 著
채선영 譯
〈신국판 / 390면 / 7,500원〉

정신분석학자로서 영혼의 연금술사로 평가받는 저자는 보다 큰 평화를 가져다주는 것은 우리가 서 있는 바로 이곳, 또 이곳에서 만나는 사람들을 있는 그대로 받아들일 수 있게 해줄 치료제, 즉 영혼을 위한 약이 필요하다는데 초점을 맞추고 있다. 저자의 따뜻한 식탁의자에 영혼이 충만한 의사와 환자, 그리고 동료들이 둘러앉아 나누는 그들의 삶은 무한한 가능성의 목소리로 들린다.

복잡계란 무엇인가

요시나가 요시마사 著
주명갑 譯
〈양장·4×6판 / 284면 / 7,000원〉

세계는 복잡계(Complex System)열풍에 휩싸여 있다. 「무수한 구성요소로 이루어진 한덩어리의 집단으로 각 부분의 움직임이 총화이상으로 무엇인가 독자적인 행동을 보이는 것」으로 정의되는 복잡계, 복잡계 과학은 「잃어버린 세계로의 여행」이 될 것이다. 복잡계의 과학은 그 꿈을 현실화시킬지도 모른다. 21세기를 주도하게 될 최첨단 키워드, 복잡계의 모든 것을 담았다.

複雜界 경영

다사카 히로시 著
주 명 갑 譯
〈양장 / 224면 / 6,500원〉

복잡계 이론이 예언하는 21세기적 경영의 모든 것이 여기 있다. 복잡계는 세기말의 혼돈 속에 지식의 최첨단 이론으로 등장, 구미지역에서 폭발적인 관심을 끌고 있다. 이 이론은 세계를 몇 개의 단순한 요소로 환원할 수 없는 '부분 이상의 총화' 자기조직화의 동적 프로세스로 이해한다. 또 세계관의 근본적인 변화를 통해 탈근대시대의 새로운 경영, 경영자를 위한 경영학의 혁명을 꿈꾼다.

밀레니엄 -지난 1000년의 인류역사와 문명의 흥망-

펠리프 페르난데스-아메스토 著
허 종 열 譯
〈전 2권 / 양장 / 560면 내외 / 각권 12,000원〉

지난 1000년을 마감하고 다음 1000년을 준비하기 위해 한 시대를 평가하기 보다는 새로운 시대를 창조하려는 의도로 문명의 운명에 대해 쓴 이 책은 유럽 중심적인 위장된 세계사가 아닌 진정한 세계사 정립을 위해 역사 이면을 자리매김하려고 노력했다. 인류역사의 주도권, 즉 민족의 힘은 태평양 주변국가에서 대서양으로 다시 태평양으로 옮아가고 있다고 주장하고 있다.

21세기를 여는 7가지 키워드

오마에 겐이치 著
임 승 혁 譯
〈양장 · 4X6판 / 254면 / 6,500원〉

다가오는 21세기에는 서구 선진국의 뒤만을 쫓을 수는 없다. 그들을 앞서나가기 위해서는 지금까지와는 다른 창의적인 발상, 새로운 전략, 확실한 준비가 필요하다. 21세기를 능동적으로 맞이하려는 사람들에게 띄우는 오마에 겐이치의 독특한 키워드. 1. 시간축 발상 2. 신커뮤니케이션론 3. 자유재량시간 4. 글로벌경쟁시대 5. 정보발신시스템 6. 이미지전략 7. 네트워크의 힘

김삼오 박사의 알짜배기 유학 가이드

김 삼 오 著
〈신국판 / 264면 / 7,000원〉

이 책은 단순하고 개략적인 유학안내서가 아니다. 유학을 궁리하거나 이미 가기로 결정한 학생, 그들의 부모가 함께 읽는다면 참신한 아이디어를 얻을 수 있다. 유학행정을 맡은 공무원, 대학 실무자, 교수들이 읽는다면 실질적인 도움을 얻을 수 있다. 왜 유학을 가야 하는가, 무엇을 배우려 하는가, 공부는 어떻게 해야 하는가, 외국과 국내 교육의 차이에 대해 알기 쉽게 설명하고 있다.

알기 쉬운 M&A와 주식투자

제 해 진 著
〈양장 / 336면 / 10,000원〉

M&A관련 주식투자는 위험이 높은 반면에 정확한 투자를 할 경우에는 수익도 막대해진다. 따라서 과학적 분석이 필수적이다. M&A에 조금이라도 관심있는 사람을 대상으로 기본적인 M&A이론과 유의사항을 설명하면서 국내외 사례를 통해 M&A전략과 주식시장에서의 M&A 관련 주식투자 방안을 알기 쉽게 소개하고 있다.

제조물책임(PL)법과 기업의 대응방안

하종선 · 최병록 著
〈신국판 / 284면 / 7,500원〉

제조물의 결함으로 인해 소비자가 생명, 신체, 또는 재산상의 손해를 입었을 때 제조물 생산자 및 유통업자가 배상을 하는 최상의 소비자 보호제도인 제조물책임(PL)법이 곧 입법될 예정이다. 이 책은 제조물책임법의 성립과 배경을 알아보고 선진국의 주요 소송사례와 입법동향을 설명했다. 특히 우리나라 법의 제정방향과 기능 그리고 기업의 대응방안에 대해서 상세히 알려주고 있다.

X파일 비망록 I, II

N. E. 가인즈 著
한 경 훈 譯
〈크라운판 / 380면 / 7,500원〉

X파일 TV드라마는 오락성과 더불어 정보를 제공하는 극으로서의 역할을 충분히 하고 있듯이 이 책은 그러한 정보에 깊이를 더해주는 역할을 한다. TV극에서 못다한 X파일에 등장하는 배우들의 신상을 상세히 소개하고 멀더와 스컬리 두 요원이 펼쳤던 이론을 해부하며 퀴즈게임으로 X파일에 대한 소양을 체크한다. X파일 매니아를 위한 신세대 책이다.

드래곤 스트라이크

험프리 헉슬리 · 사이먼 홀버튼 著
박 병 우 譯
〈신국판 / 540면 / 8,500원〉

2001년 2월, 중국은 〈드래곤 스트라이크〉라는 암호명 아래 베트남 공습을 시작으로 세계 패권전쟁에 돌입한다. 치밀한 자료수집과 정밀한 분석을 기초로 집필한 이 책은 재미와 미래예측서로서의 장점을 겸비한 소설아닌 소설이다. 각국의 군비태세, 외교전, 세계 외환석유시장에서의 책략이 손에 잡힐 듯 생생하게 그려졌다. 정교하고 사실에 기초를 둔 예측을 했다는 평가를 받고 있다.

안자(상·중·하)

미야기타니 마사미쓰 著
신봉승·김하중 譯
〈양장·4×6판 / 384면 내외 / 각권 6,500원〉

열국의 제후들이 대륙의 패권을 놓고 싸우는 춘추 시대를 배경으로 격동의 역사를 헤쳐나가는 명재상 안자의 일대기를 그리고 있다. 난세 속에서도 안자는 충(忠)과 의(義)를 지키며 정도(正道)만을 걷는다. 국가 경영의 참다운 모습, 인간관계의 원형을 보여주는 그의 독특한 철학을 통해 당시의 시대정신과 사회상을 조명한다.

창궁의 묘성(上·中·下)

아사다 지로 장편소설
이주영 譯
〈신국판 / 380면 내외 / 각권 6,500원〉

하늘보다 더 깊고 푸른 창궁(蒼穹), 그 한가운데 빛나는 숙명의 별 묘성(昴星)에 소망을 얹고 그 운명을 개척하는 청조말 풍운의 인물들의 권력과 야망을 그린 대하장편소설. 묘성을 수호성으로 태어난 가난한 말똥주이 소년 춘아는 천하의 보배를 손에 넣는다는 점쟁이의 거짓예언을 믿고 스스로 환관이 되어 천하의 여걸 서태후 자희의 측근이 되어 권력의 정점에 오른다.

인터넷 너쯤이야

김장호 著
〈국배판 변형 / 388면 / 15,000원(CD-ROM, 별책부록 포함)〉

인터넷에 접속하는 방법을 쉽고 간결하게 정리한 이 책은 어렵게 접속하고도 그 방대한 정보 때문에 엄두를 내지 못하고 제대로 사용하지 못하는 초보자들을 위해 쓰여졌다. 접속 후 하루에 한가지씩 1주일만에 접속에서부터 정보사냥, 인터넷으로 국제전화 거는 법, 자료 가져오는 법, 인터넷 채팅으로 이상형 만나는 법 등 인터넷을 배우는 방법을 소개했다.

PC통신과 인터넷에서 정보검색·정보관리

김성수 著
〈4×6배판 / 392면 / 12,000원(CD-ROM 포함)〉

그동안 안내서만 범람하던 컴퓨터 통신 출판시장에 PC통신과 인터넷에서 정확하고 빠르게 정보를 찾고 관리하는 방법을 자세히 소개하고 있다. 이 책은 이론적인 지식보다는 활용하는 방법을 중심으로 실생활에서 제대로 사용하는 요령을 다루고 있다. 부록 CD-ROM에는 마이크로소프트 인터넷 익스플로러 등 PC통신과 인터넷에서 정보를 찾기 위한 도구들이 실려 있다.

20대에 사장이 되자

다나카 신스케 著
신동설 譯
〈신국판 / 280면 / 7,500원〉

지금 젊음과 패기로 무장한 20대 사장들의 창업 신드롬이 일고 있다. 현대는 정보화사회로 뉴비즈니스, 벤처비즈니스가 각광을 받는 시대다. 이 시대는 유연한 발상, 변뜩이는 아이디어, 강한 실천력을 가진 젊은 세대가 이끌고 있다. 이 책은 20대에 사장이 되는 구체적인 성공전략이 담겨 있다. 특히 20대에 회사를 세운 40명의 다양한 성공사례를 들어 독립의 꿈을 실현하는 데 실제적인 도움이 되도록 했다.

21세기 오디세이

마이클 더투조스 著
이재규 譯
〈양장 / 496면 / 12,000원〉

20년 동안 기술 전도사, 기업가, 경영 컨설턴트로서 정보혁명을 이끌어 온 마이클 더투조스는 농업혁명과 산업혁명을 밀어낼 제3의 정보혁명에 대해 보다 폭넓은 관점을 제시한다. 저자는 21세기 글로벌 정보시장의 생생한 모습을 보여 주는 한편, 그 기술적인 문제점들을 폭로하고 한편으로 해결책을 제시하여, 영감에 가득찬 미래의 청사진을 제공한다. 보디넷, 전자 코, 촉각 인터페이스의 미래……

여성 인재파견 시스템 100% 활용하기

정용섭 著
〈신국판 / 225면 / 6,000원〉

기업은 여성인재를 찾고, 여성인재들은 일자리를 찾아 헤매는 것이 현실이다. 취업난과 고용난을 동시에 해결하는 통쾌한 해법이 바로 여기 있다. 인재파견 시스템이 바로 그것이다. 하고 싶은 일을 원하는 시간에 원하는 회사에서 마음껏 할 수 있는 파견스태프가 되는 방법이 잘 나와 있다. 이제 기업도 능숙한 외국어에 막강한 사무능력을 갖춘 여성인재를 적절히 활용할 수 있을 것이다.

BQ창업시대 — 중소기업 창업가이드

이치구 著
〈신국판 / 190면 / 6,000원〉

학교공부를 잘 한다고 사업을 잘 하는 것은 결코 아니다. 지능지수(IQ)가 높다고 사업능력이 뛰어난 것은 더욱 아니다. 사업재능은 지능지수와는 다른 또 다른 능력, 바로 실천능력을 갖춰야 한다. 믿음과 목표의식이 따라줘야 한다. 그렇다면 이 사업능력을 평가하는 방법이 없을까. 사업을 하려는 사람은 비즈니스 IQ, 즉 사업지수(Business Quotient : BQ)가 좋아야 한다. BQ 항목에 세 가지만 해당되면 사표를 써도 좋다!

신을 거역한 사람들

피터 번스타인 著
안진환 외 譯
〈양장 / 540면 / 12,000원〉

세계적인 경영 컨설턴트인 저자가 리스크의 역사와 발전과정을 담았다. 탁월한 통찰력으로 현재의 시점에서 미래를 다루는 방법을 밝혀낸 여러 사상가들의 이야기가 담겨 있다. 리스크를 이해하고 측정하며 그 결과를 가늠하는 방법은 주목받을 만하고, 그리스시대부터 현재까지 인류의 다양한 위기의 순간들과 이를 헤쳐나가는 과정을 역사와 철학, 경제학 관점에서 돌아본다. 투자나 선택이 일상인 경영자들을 위한 책이다.

기업 최후의 전쟁 M&A

정규재 著
〈양장 / 518면 / 12,000원〉

이 책은 국내시장에서 치열하게 됐던 실제 기업전쟁을 실감 있게 그리고 있다. 이들 전쟁은 기업지배권의 탈취나 내분의 형태로, 외부의 공격자들과 기존 소유자들 사이에서 벌어진 것이다. 한국 대표기업 간 M&A의 실상과 이면사를 상세히 분석한 이 책은 때마침 한국기업의 위기와 금융산업 개편에 대한 논란이 진행 중이어서 특히 눈길을 끈다. 기업 M&A 이면사가 한 편의 소설처럼 박진감 있게 펼쳐진다.

월가 천재소년의 100가지 투자법칙

맷 세토 著
형선호 譯
〈신국판 / 344면 / 8,500원〉

10대 천재소년 맷 세토가 세운 뮤추얼 펀드의 연간 수익률은 단연 압도적이다. 이 소년은 〈월 스트리트 저널〉의 표지인물로 등장한 바 있으며, 전세계 투자자들이 조언을 듣기 위해 애쓴다. 17세에 억대 부자가 된 맷 세토가 100가지의 성공적인 주식투자 비법을 소개한다. 신선하고 반짝이는 그의 투자전략은 초보자들도 아주 쉽게 이해할 수 있으며 폭락과 반전을 거듭하는 우리 주식시장에서 성공을 보장할 것이다.

알기 쉽게 풀어쓴 새노동법 해설

윤욱현 著
〈신국판 / 520면 / 11,000원〉

1997년 3월 노동법이 전면 개정되었다. 개정 노동법은 개별적 노동관계법의 대명사인 근로기준법상의 변형근로시간제, 정리해고제 등을 도입하고 집단적 노동관계법에서 금지됐던 복수노조, 제3자개입, 정치활동 등을 허용했다. 이 책은 저자가 현장에서 직접 느끼고 체험한 노사간의 문제점들을 살펴보고 개정 노동법 전반을 알기 쉽게 해설한 책이다. 해당 법의 예시, 판례, 행정해석을 풍부히 들어 이해를 돕는다.

추락하는 일본경제

이봉구 著
〈신국판 / 364면 / 8,500원〉

일본이 미래에 대한 자신감을 잃고 있다. 일본경제는 물가, 부동산, 주가 등이 동반하락하는 디플레이션 현상까지 나타나는 대변혁기를 맞고 있다. 개인이나 기업의 자산이 줄고 경제성장률도 제자리걸음을 면치 못하는 사면초가의 상황에서 일본은 초조하다. 저자는 90년대 초 한국과 80년대 말 일본을 비교하면서, 일본경제의 위기와 이를 헤쳐나가려는 일본기업의 몸부림을 타산지석으로 삼으라고 제언한다.

트랜스포메이션 경영

—IMF시대의 기업생존전략—

이성용(Sunny Yi) 著
〈신국판 / 352면 / 9,500원〉

한국 유수의 기업들도 트랜스포메이션을 알고 있으며, 트랜스포메이션을 했다고 주장하는 기업도 있다. 그러나 제대로 된 트랜스포메이션을 수행한 기업은 거의 없다. 이 책은 트랜스포메이션의 필요성, 그 방법과 대상, 수행도구, 외부의 적절한 도움에 대한 정보를 망라했다. 전문용어를 극도로 자제하면서 기업경영뿐 아니라 한국경제가 나아갈 길, 제대로 된 트랜스포메이션의 방법을 요령 있게 제시했다.

칭기즈칸 일족

진순신 著
서석연 譯
〈전 4권 / 신국판 / 각권 7,000원〉

전설 속에 묻혔던 칭기즈칸을 생생한 역사적 인물로 되살려 냈다. 3년여 동안 아사히 신문에 연재되어 일본열도를 열광시킨 진순신의 최신작이다. 가장 짧은 시간에 가장 넓은 영토를 차지한 칭기즈칸과 그 일족의 세계제국 건설사가 유장하게 펼쳐진다. 치열한 권력투쟁, 끊임없는 배신과 모반…… 그러나 강인한 투쟁력과 야성으로 세계경영에 성공한 칭기즈칸과 일족의 투쟁사는 위기를 맞은 우리에게 청량한 자극이 될 것이다.

열린 세계와 문명창조

기 소르망 著
박선 譯
〈양장 / 428면 / 13,000원〉

기 소르망은 서로 다른 문화가 충돌하는 유럽, 러시아, 중국, 일본, 아프리카, 라틴아메리카의 국경으로 우리를 이끈다. 이 책은 서양인의 독백이나 나르시시즘이 아니라 바로 한반도에 대한 진단이며 치료제가 될 수 있다. 통독 이후의 문제, 북한의 실상(본문의 「아홉번째 여행」 참조)과 우리의 미래, 미국화로 상징되는 맥몽드(McMonde)의 악몽 속에서 나름대로의 대응법을 찾을 수 있기 때문이다.